“一带一路”营商环境法治研究丛书
"The Belt and Road" Legal Research Series on Business Environment
丛书主编：王莹莹

营商环境法治研究

第一辑

RESEARCH ON THE RULE OF LAW IN BUSINESS ENVIRONMENT

vol. 1

主编　王莹莹

中国民主法制出版社
全国百佳图书出版单位

图书在版编目（CIP）数据

营商环境法治研究．第一辑 / 王莹莹主编．-- 北京：中国民主法制出版社，2025. 6. --（“一带一路”营商环境法治研究丛书 / 王莹莹总主编）. -- ISBN 978-7-5162-3995-7

Ⅰ．D922.294

中国国家版本馆 CIP 数据核字第 2025VP7010 号

图书出品人：刘海涛
责任编辑：陈　曦　贾萌萌
文字编辑：刘　照

书名 / 营商环境法治研究（第一辑）
作者 / 王莹莹　主编

出版·发行 / 中国民主法制出版社
地址 / 北京市丰台区右安门外玉林里 7 号（100069）
电话 /（010）63055259（总编室）63058068　63057714（营销中心）
传真 /（010）63055259
http：//www.npcpub.com
E-mail：mzfz@npcpub.com
经销 / 新华书店
开本 / 16 开　730 毫米 ×1030 毫米
印张 / 16.25　字数 / 295 千字
版本 / 2025 年 8 月第 1 版　2025 年 8 月第 1 次印刷
印刷 / 北京建宏印刷有限公司

书号 / ISBN 978-7-5162-3995-7
定价 / 99.00 元

《营商环境法治研究》编委会

《营商环境法治研究》

主编

王莹莹

副主编

卢文捷　刘卫锋　贺小丽　贾同乐

编辑部

卢石宏　罗世琦　郭　帅　李思思　郑嘉欣

贺帅帅　李泽西　赵怡宁　闫昱洁　肖　扬

［巴基斯坦］Asif Kamal　胡家榛　程涵婧

陆星宇　韩佳雪　刘季恒　［赤道几内亚］Julio Cesar Obiang Sima Nzang

宇文雅　崔仪韵　韦一杭　石含宇

序一

“法者，治之端也”，这一跨越两千年的智慧箴言，深刻揭示了法治与商业共生共荣的内在逻辑。回望丝路驼铃悠扬的盛唐，朝廷颁行《关市令》规范交易秩序，设互市监而平贸易，终成敦煌“华戎所交一都会”之盛况。放眼当今世界，在全球化纵深发展与“一带一路”倡议稳步推进的时代浪潮中，法治化营商环境之于市场主体的活力迸发与效率提升，乃至区域及全球经济繁荣与稳定的作用愈加凸显。历史与现实的双重印证昭示：法治不仅是营商环境的根脉，更是文明互鉴、财富涌流的基石。

从2003年世界银行发布首份《营商环境报告》(*Doing Business*)到2023年世界银行《营商环境成熟度报告》(*Business Ready*)的推出，法治始终是衡量营商环境质量的核心标尺。可以说，法治化水平很大程度上决定了一个国家或地区营商环境的成熟度，既为全球营商环境建设提供了价值坐标，更为供给国家制度、规范社会治理指明了方向。

《营商环境法治研究》秉持“汇聚全球智慧、服务具体实践”的初心，立足世界视野与中国实际，系统性遴选国内外最新成果与深邃洞见，旨在为读者打开一扇洞察学术前沿的窗口，搭建一座连接理论与实践的桥梁，使最前沿的学术思想、最新的制度探索、最鲜活的实践经验得以及时传播，为持续优化营商环境提供坚实的智力支撑。

值得一提的是，《营商环境法治研究》独具“育人基因”的鲜明底色。西北政法大学“一带一路”营商环境研究院锐意创新，组建了由国内外营商环境理论与实务专家组成的学术委员会带领的、以研究生为主体的编辑部。从选题策划到译校打磨，这些充满朝气的青年学子全程深度参与，在学术前沿的追踪中拓宽国际视野，在严谨的学术实践中涵养专业素养，这一“实战化”的模式，正是对“服务国家战略、培养涉外法治人才”使命的生动践行。

《营商环境法治研究》的出版，承载着厚重的学术使命和社会期许。本书以“开放、前沿、务实”为理念，敏锐把握全球营商环境法治发展的脉搏，系统引介国际规则的前沿成果，积极推动中外制度的比较研究，更深入探索契合“一带一路”沿线国家需求的本土路径。《营商环境法治研究》将为经贸规则的高效对接提供学理支撑，为投资制度的优化升级贡献智识方案，为争端解决机制的创新探索实践范式，最终成长为具有显著国际影响力的知识枢纽与思想高地。

从华夏古国的法治智慧到当代全球的规则共建，《营商环境法治研究》的出版，源于对习近平总书记提出的“三大全球倡议”，即全球发展倡议、全球安全倡议、全球文明倡议的深切回应，旨在为全球营商环境治理提供中国方案。让我们携手同行，以法治之力护航营商环境优化，以开放之姿共绘全球经济治理新图景！

是为序。

西北政法大学党委书记
赵万东

序二

当今世界的主要特点是百年变局加速演进，多极并存，单边主义成为霸权霸凌弱小国家的工具，这些使得世界动荡不安。然世界并不因少数国家或个人的意志而转移，以全球产业链、供应链等相互依赖为标志的全球化依然为人类社会的主流和大势。人类的相互依存与生俱存，从未间歇。《易经·泰卦》言："拔茅茹，以其汇。"这说明早在三千余年前我们的祖先就已经意识到人类的生存与发展离不开其他人的合作，因为每个人表面看都像草（茅）一样是独立的，但其根部（茹）却是交织（汇）在一起的。人类的此种关联并非因外部环境的变化而改变，但人们应依外部环境的变化而采取不同的措施。故泰卦初爻曰："拔茅茹，以其汇，征吉。"否卦初爻则曰："拔茅茹，以其汇，贞吉亨。"泰卦和否卦是相反的两个卦，前者指代顺势，后者预示逆势。在相互依赖的情势下，顺势（全球化畅顺）时便应努力进取（征吉），逆势时亦应坚守正道（贞）则必会吉祥亨通（吉亨）。目前全球化遇有逆流，人们更应坚守正道，按世界的大势而行。

全球化的标志之一是人类的交流、交往与交易。此需要一个适当的环境，就交易言或曰营商环境。西北政法大学《营商环境法治研究》的创立可谓有创意、有远见、符合全球化的大势之举，符合事物发展的规律。自秦汉以降，西安便一直为中华民族发展的重镇。据《西安市志》记载，早在唐朝时期，西安便设有东、西两市，"唐长安商业市场多集中于东、西两市。东市，有邸（货栈）、肆（店）共220行业，商肆鳞次栉比，非常繁荣。西市较东市更为繁华，商肆行业更多，故有'金市'之称，它还是国际贸易市场，有来自中亚、南亚、东南亚及高丽、百济、日本等各国各地区的商人，尤以中亚与波斯（今伊朗）、大食（今阿拉伯地区）的'胡商'最多，人数达数千人"。

先贤早已就市场的运作从理论上进行了阐述，《系辞》云："日中为市，致天下之民，聚天下之货，交易而退，各得其所。"明代哲学大师来知德对此的解释是"天下之人其业不同，天下之货其用不同，今不同者皆于市而合之，以其所有易其所无，各得其所，亦犹物之有间者啮而合之，此噬嗑之义也"。所谓"噬嗑之义"是指《易经·噬嗑卦》，其辞曰："噬嗑，亨，利用狱。"根据卦象，《彖辞》的解释是"颐中有物曰噬嗑，噬嗑而亨，刚柔分，动而明，雷电合而章，柔得中而上行，虽不当位，利用狱也。"《大象》进而曰："雷电噬嗑，先王以明罚敕法"。综合言之，噬嗑卦指代人类间的交易就像上下牙齿咬东西，目的是将坚硬的食物嚼碎，从而可以进食。这寓意人们只有合作方能成就大事，而在此过程中，政府的法律和制度要有透明度，依之便可辨明是与非，使法律的权威得以彰显。也许这就是我们今天讲的营商环境。

唐朝西安的东、西市场繁荣也受益于当时的营商环境。"唐长安城商业的繁荣兴盛，得益于唐初的经济开放政策"。(《西安市志》) 这些开放政策包括不实行专卖制度，减轻商税，"准予出售永业田作为住宅、邸舍、碾硙之用"及"政府出租官营的邸店、车坊、碾硙，给私营商人经营" (西安市志)等。在具有优良营商传统的西安推动营商环境之优化可谓位当、时中。相信《营商环境法治研究》将为促进国际交流、交往、交易与合作，进而为人类的福祉与和平做出贡献。

浙江大学国际战略与法律研究院院长、文科资深教授

王贵国

目　录

给付的对待性与等价性：重读罗马法原始文献以应对当代问题

[意]桑德罗·斯奇巴尼*著

李苑君**译

一、

通常认为，自罗马法体系形成时期起，直至《优士丁尼法典》及其后续发展阶段，罗马法已发现并明确将“诚实信用”(*bona fides*)确立为市场运行的基本原则。这一原则尤其显现于公元前4至前3世纪，随着商业发展，罗马法学家以诚实信用为基础对若干新型契约进行创设。我建议重读这些法学家所撰写的文本，或许这些文本略显零散，但其中包含的若干观点构成了契约理论发展过程中的重要时刻。该过程历时虽长，并以明显缓慢的方式进行，却始终保有深入探讨的开放性，也许还有待于我们今日进一步阐释与补充完善。[1]

---

* [意]桑德罗·斯奇巴尼，意大利罗马第一大学的荣誉教授、博士生导师。感谢作者授权翻译并出版此文。

** 李苑君，罗马第二大学法学院博士研究生。

〔1〕 我们不能忘记法学家彭波尼(公元2世纪)被收录于《学说汇纂》第1卷第2篇中的观点，它处于非常重要的地位，并且对于迄今为止整个法律体系的所有法学家都仍然适用。根据这一观点，考虑到法学家在创制法方面的作用，他在阐述罗马法发展历程时，专门为法学家保留了一部分内容，“因为如果没有日益完善法的法学家，法就不会稳定存在”。(罗马法原始文献D. 1,2,2,13至结尾。Cfr. S. Schipani (a cura di), *Iustiniani Augusti Digesta seu Pandectae. Testo e Traduzione*, I. 1-4, Milano, 2005；参见《学说汇纂(第一卷)：正义与法·人的身份与物的划分·执法官》，罗智敏译，[意]纪蔚民校，中国政法大学出版社2008年版，第31页以下。

二、

公元前3至前1世纪，罗马法对后来被称为“契约”的双边或多边的结构性法律行为之阐述，已发展成熟到足以确定了一系列契约类型。通过遵守法律为各契约类型严格规定的规则，一个人承担了义务，即“订立”债之关系(这是“契约的典型性”，即只能使用法律中已经规定的契约，而任何个人/法律主体不得创设法律中未规定的新的“契约”)。[1]

公元1世纪初，在体系化方法取得显著进展的背景下，[2]法学家拉贝奥提出了一种解释，旨在对这一系列“订立债之关系”的行为进行有序化分类，并提出了一个极具创新潜力的观点。大约两个世纪后，另一位法学家乌尔比安(公元3世纪初)重申并引用了这一观点，而且对与这一观点相关的若干发展和争议问题进行了反思(至今，我们也明示或暗示地就其当代的相关问题继续进行讨论[3])。

> D. 50,16,19 乌尔比安《告示评注》第11卷：拉贝奥在《论内事裁判官》第1编中如此定义道：我们说“做某事”“管理某事”“订立契约”。“做”是一个在口头之债或要物之债中使用的一般用语，就像我们通常在要式口约中或支付现金的契约中使用的那样，“订立契约”是指相互间建立债

〔1〕 公元前2至前1世纪，典型契约的形式和结构具有高度的稳定性，甚至在几个世纪后仍反映在盖尤斯《法学阶梯》Gai. 3,89中。在此处，不同类型的契约被分为四种类型：通过交付物品成立的契约(消费借贷、使用借贷、寄托、质权)；通过宣布庄严词句成立的契约(提问债务口约；嫁资口约；解放奴隶允诺)；通过在家父登记簿上记载债务和/或债权成立的契约；通过当事人之间单纯合意而成立的契约(如买卖、出租与承租、合伙、委托)。(参见[古罗马]盖尤斯：《盖尤斯法学阶梯》，黄风译，中国政法大学出版社2008年版，第162页)有一段著名的文本(罗马法原始文献D. 46,3,80)反映了公元前1世纪初讨论和解决的一个问题，向我们展示了一个已经在前三类更古老的契约结构中稳定确立的规则(即债务是基于平等而相反的行为解除)在第四类出现较晚的契约中的类比适用。该文本，即在一个未被构建出典型性的“契约”类型中，展示了它通过识别适用于所有契约类型的共同规则而逐步构建这一新的契约的道路。

〔2〕 罗马法原始文献D. 1,2,2,41提到昆图斯·穆齐乌斯(公元前1世纪)的贡献，他通过引入“属”和“种”(如盖尤斯《法学阶梯》Gai.3,88对于契约的四大分类即为“属”；而分别归入四类契约的各种契约即为“种”。如盖尤斯《法学阶梯》Gai.3,135规定的合意契约由买卖、租赁、合伙与委托构成)的方法对法律分类整理，并从中得出该分类具有构成性功效的结论；以及罗马法原始文献D. 1,2,2,44提到塞尔维乌斯(公元前1世纪)及其学派对于汇编(*digestum*)的贡献，即他们将这些“属”和“种”按顺序进行整理与编排[Cfr. S. Schipani (a cura di), *Iustiniani Augusti Digesta seu Pandectae. Testo e Traduzione*, I. 1-4, Milano, 2005；参见《学说汇纂(第一卷)：正义与法·人的身份与物的划分·执法官》，罗智敏译，[意]纪蔚民校，中国政法大学出版社2008年版，第50—55页]。

〔3〕 Cfr. F. Gallo, *Contratto e atto secondo Labeone: una dottrina da riconsiderare*, in *Roma e America Diritto romano comune*, 7/1999, 17ss. 该文对《法国民法典》(1804年)第1108条及《意大利民法典》(1942年)第1321条进行了明确的批判性分析。更深入的探讨可参见：F. Gallo, *Synallagma e conventio nel contratto, Ricerca degli archetipi della categoria contrattuale e spunti per la revisione di impostazioni moderne, Corso di diritto romano*, I , Torino, 1992; Ⅱ, Torino, 1995。

的关系，即希腊人称之为“双务”的那类契约，如买卖、租赁、借贷、合伙。“管理”则是指不需要明示的意思表示而去做某件事情。[1]

拉贝奥提出，应将且仅将那些在功能上具有双边或多边性质的法律行为，即使缔约各方都负担债务的行为，视为“契约”。他进一步主张，应将在其所处时代同样能够发生债之效力，但在功能上属于单方法律行为的其他生前法律行为，即仅使一方负担债务的行为，应归类为“法律行为”（此类行为是以庄严的提问和相应一致的答复完成；或者通过在家父登记簿上记载债务和/或债权的方式达成）。而那些在当事人之间没有任何沟通的情况下实施的行为，应归类为“管理”。

拉贝奥强调“对待性”，希腊文译为“συνάλλαγμα”（synállagma），强调一项债务是另一项债务的“原因”。[2]因此，拉贝奥为双务契约的典型性开辟了道路，因为从他的推理中不难得出这样的结论，即每当双方当事人就对待给付达成一致时，契约就已经订立，即使这些给付并不符合罗马法中传统的四种合意契约所规定的给付类型，而该四种契约已被民法和万民法认可，并具有法律约束力。

拉贝奥开辟的这一理论曾遭遇反对。对此，乌尔比安的另一段文本中提供了一则颇为有趣的证据。

> D. 2,14,7pr. 乌尔比安《告示评注》第4卷：有些协议[3]是依据万民法［缔结的］，一些产生诉讼，另外一些产生抗辩。D. 2,14,7,1：那些产生诉讼的协议不保留使用它们［为“协议”］的名称，转而使用某种合同的典型名称，如买卖、租赁、合伙、消费借贷、寄托，以及其他类似的合同。D. 2,14,7,2：然而，尽管［就某项］事情［所缔结的协议］不完全符合某一种或者另外一种［典型］合同，但是存在原因，阿里斯托对杰尔苏优雅地答复说，存在债。例如，我已经给予你某物是为了你将给予我另外某物，我

〔1〕［意］桑德罗·斯奇巴尼选编：《契约之债与准契约之债》，丁玫译，中国政法大学出版社2001年版，第9页。

〔2〕“原因”（*causa*）这一术语是乌尔比安/阿里斯托在D. 2,14,7,2中使用的，我将在下文加以探讨。

〔3〕“协议”（*conventio*）这一术语表示汇聚于同一个地点，由此引申出对于给付和对待给付的一种共同的平衡达成一致：参见罗马法原始文献D. 2,14,1,3乌尔比安《告示评注》（第4卷）：“协议”（*conventio*）一词是一个一般性用语，是有关为取得一致或达成和解而为法律行为的人们所［达成］合意的全部［事项］。就像我们说“汇合”（*convenire*）是指那些来自不同地方的人向同一个地点聚集一样，“汇合”在另外一个意义上也是指出于不同目的的就同一［事项］达成合意，即汇聚成为同一个意见。并且，“协议”一词具有如此一般性［的意义］，以至于贝蒂文雅地说道：［所有的］合同、［所有产生］债的［双方或多方］行为，或者是以要物方式［如借贷、质权合同等］或者是以口头方式［如要式口约等］设立的，［也］都必须包含一项协议，否则无效。实际上，［即使是］以［通过说特定的话的］口头方式缔结的要式口约如果欠缺合意，也是无效的。在许多现代法典中，“协议”也被用作具有一般含义的术语。

已经给是为了你做某事：这是一个［双务］合同而由此产生了一个市民法之债。因此，我认为，在下列情况下毛里奇安鲁斯对尤里安的谴责是正确的：我将［奴隶］史蒂古给你是为了让你解放［另一名奴隶］庞菲罗。你［依照合同的规定］解放了［庞菲罗］，而［你接受给付的奴隶］史蒂古［却有权利瑕疵］受到［他人］追夺。尤里安写道，［对此］裁判官应当授予一个事实之诉。［毛里奇安鲁斯则］认为授予一个客体不确定的市民法诉讼，即通过描述该法律关系提起的市民法诉讼就足够了：因为存在一个合同，阿里斯托称之为synállagma，并由此产生诉讼。〔1〕

在这一文本中，阿里斯托(公元1至2世纪）支持从拉贝奥提出的建议中所引发的发展，即在存在对应性的情况下，便存在债的原因，从而在民法体系内产生对受到保护的各方当事人均应负担的债务。接着，文中提及尤里安(公元1至2世纪；伟大的法学家，哈德良皇帝曾请他将历任裁判官的告示汇编为“永久令”，其中包含了裁判官可以使用的各项诉讼规则）和毛里奇安鲁斯(公元2世纪）之间就此问题存在意见冲突。事实上，尤里安忠实于契约的法定性、典型性原则，否认“我给你一件东西，为的是你要以某种方式行事”的协议(例如，释放你的一个奴隶）会产生民法上债的关系。他还认为，尽管如此，如果双方中的一方已经履行了义务，一方面，裁判官不能授予其民法上的诉权，另一方面，基于实质性不平等的原因，会导致双方财产失衡，裁判官仍然可以干预，但只能授予一项基于这些实质性原因提起的裁判官之诉。〔2〕然而，毛里奇安鲁斯随后或许是在评注其前辈尤里安的文稿时，即针对尤里安此项见解提出反驳，并采纳与其对立的阿里斯托的观点，认为前述“我给你一件东西，为的是你要以某种方式行事”的协议产生民法上债的关系，从而产生民法上的诉权。

拉贝奥的观点尽管在法学家之间引起诸多争议，最终仍占据主导地位，并为以下结论的确立铺平了道路：在维护既有典型契约之中心地位的同时，也承认非典型契约，其与典型契约具有同等效力。在通常情况下，这些非典型契约大多没有各自

〔1〕 Cfr. S. Schipani (a cura di), Iustiniani Augusti Digesta seu Pandectae. Testo e Traduzione, I, Milano, 2005;《学说汇纂(第二卷)：司法管辖》，陈晓敏译，［意］司德法校，中国政法大学出版社2017年版，第163页。

〔2〕 在罗马法原始文献D. 1,1,7,1中，帕比尼安强调，“裁判官法是裁判官为了公共利益，为了帮助、填补、纠正市民法而引进的法”。在这种情况下，可以清楚地看出，在新型契约逐步成熟的背景下一种补充性作用的发挥，而这些新型契约当时已经在实践中被运用。(Cfr. S. Schipani (a cura di), *Iustiniani Augusti Digesta seu Pandectae. Testo e Traduzione*, I, Milano, 2005；参见《学说汇纂(第一卷)：正义与法·人的身份与物的划分·执法官》，罗智敏译，［意］纪蔚民校，中国政法大学出版社2008年版，第13页）。

的名称(即所谓的无名契约)，但即使没有名称，它们也有助于在保留典型性原则的同时，开放其他典型无名契约的创设，使民法更具有弹性。

此外，从长远角度看，这种发展是对市场需求的回应，市场往往倾向于吸收或改造那些单方契约，或使其转化为对应契约(这种转化有一个例子关于“委托”，它原本是无偿的，但1942年《意大利民法典》第1709条将其“推定”为有偿)，或使其限定在狭义的单方性范围内，且此类契约往往会导致无偿性。

在拉贝奥理论的启发下，这种对待给付的转化与上述契约理论的变革和平衡后来也被超越和改变：事实上，法学家们进一步对契约的一般规则进行了阐述，涵盖契约效力所必需的全部要素；与此同时，亦发展出日益丰富的契约类型。然而，这些契约的类型化只是为行为人与解释者提供一个方向性指引，其目的在于节省交易成本，提高交易效率与确定性。实践中，契约当事人甚至经常将各典型契约的部分内容结合在一起，并赋予其中某一契约类型以主导地位，但在契约体系的框架内已突破了典型性原则。

三、

同样必须强调的是，拉贝奥的理论具有根本性意义。他在“对待性”中把握到“契约”的本质特征要素，这也开辟并导向了对“给付等价性”的考量路径。

如果一项债务的“原因”存在于另一项债务中，那么在这两项债务之间缺乏等价性的情况下，债务负担较重的一方，就超过等价部分而言，缺乏“原因”。

但是这一结论在实际操作中遇到了困难，并将持续引发进一步讨论，有必要对此作出阐释。

首先出现的问题是由谁来负责等价性评估。

最直接的答案是，在合意契约中，由各方当事人一致的同意作出评估：事实上，一致同意的达成，体现了各缔约方在订约时对其现实利益与对方给付等价性的判断。但是，现实情况可能更加复杂，因为给付的确定可能是通过特殊方式作出的，并且/或者受到不适当因素的制约而影响意志适当和自由地行使。尤其重要的是，在此类契约中，各方当事人应根据诚实信用行事。

1. 在此基础上，可以适当地事先指出，罗马法已经以一种普遍的方式，即不限于此类契约所产生的债之关系，规定并保护了那些在缺乏合法有效原因的情况下相信自己是在履行某项债务而作出某种行为的人。换言之，罗马法不仅追究了受领该等假定的“不应履行的债务之履行”一方不当得利的后果，还进一步规定了可授予一项诉权，使行为人得以从该项并不存在的债务中获得解放，尽管该债务是没有根据的，却可能导致对方请求和/或行使诉权要求履行，这种履行构成一项不应为之行为的完成。有一段清晰的文本对此加以阐明，值得重新研读：

D. 12,7,3 尤里安《学说汇纂》第8卷：没有原因而负担债务之人，可以通过请求返还不确定物之诉而解除债对自己的约束；至于是负担的全部债务都没有原因，还是超出本应负担的部分［没有原因］，它们之间不存在差别，只是在前一种情形中，提起请求返还不确定物之诉是为了解除整个债的约束，而在另一种情形中，是为了解除部分债的约束。比如，通过要式口约承诺10［币］之人，如果不曾有任何原因对它们做出承诺，那么，通过请求返还不确定物之诉，他将免受整个债的约束；而倘若他本应承诺5［币］，却承诺了10［币］，借助相同的请求返还不确定物之诉，他将免受5［币］之债的约束。[1]

2. 在一个更为具体的层面上，关注的焦点集中在某些确定给付的方式上，即是或可以是由一方当事人或第三人确定给付内容。

或许可以说，某些情形并不属于我们当前所讨论问题的范围。例如，在工作租赁(locatio operis)（有时也称为“承揽租赁”，adprobatio）契约中，约定出租人委托承租人完成某项工作，并由出租人对完成的工作进行评估认可，即该认可由委托人作出：事实上，该认可显然可能会影响到承租人所负担债务之准确和具体的给付内容的确定。然而，严格地说，因给付内容系根据以诚实信用(善意)为基础的契约确定，而且该认可行为亦应基于同一诚实信用(善意)标准作出，因此，该认可并不构成对给付内容的决定，而仅是确认该给付内容与约定相符的行为。

D. 19,2,24pr. 保罗《告示评注》第34卷：如果在一个［工作］租赁的条款中约定应以所有权人的判断对工作予以认可，则视为已约定该工作应根据诚实之人的评价［予以同样认可］。如果约定以其他任何人的评价［对工作予以认可］，也应遵守同样的规定：因为诚实信用(善意)原则要求应根据这种诚实之人的评价……[2]

〔1〕 Cfr. S. Schipani (a cura di), *Iustiniani Augusti Digesta seu Pandectae. Testo e Traduzione*, Ⅲ, Milano, 2007;《学说汇纂(第十二卷)：请求返还之诉》，翟远见译，［意］纪蔚民校，中国政法大学出版社2012年版，第205页。

〔2〕 本段为译者对桑德罗·斯奇巴尼教授所著意大利文本的翻译。但该内容所在《学说汇纂(第

3. 如果在订立契约时，上述对于给付的认可不是由双方批准，而是将债务中对于给付内容的决定委托给一方当事人，罗马法学家明确指出，该当事人本身必须以“诚实之人”（*bonus vir*）的标准行事；如果委托给第三人，则应区分当事人意图是完全委托给被选择之人由其进行“任意裁量”，还是委托给该人按照“诚实之人”进行判断，这两种情形对于决定的可审查性以及在第三人决定前因其死亡而无法行使决定权时由他人替代的可能性，会产生不同的结果。其中，对于应根据“诚实之人”的客观标准作出决定提出异议的可能性仅存在于该决定没有按照该客观标准作出的情形，而对于“任意裁量”的决定提出异议仅在存在明显错误的极端情况下才可能适用。这在罗马法学家中是一个非常具有争议的问题，优士丁尼和他的法学家们对此选择了一个新的立场。但我现在不打算对此进行探讨，因为我曾在其他场合对这一问题作过论述，即便只是简要的。[1]

4. 需要重点关注的是这些诚实信用的裁判程式规定：法官必须判决被告应根据诚实信用向原告予以给付或作为。[2]

“根据诚实信用”（*Ex fide bona*），实际上不仅表示履行给付的方式，还表示该给付所产生的基础，这一基础塑造并决定了应为给付的具体内容。[3]

必须强调的是，法官并非偶然地被指定为“审判者或仲裁者”，他们在这一领域发挥了根本性作用，即作为“诚实之人”、作为公民、作为国家公务员，展开极为重要的工作，他们体现了对团结的忠诚和其他公民平等的渴望，尽管有时其职能会成为被讽刺的对象，但这种追求构成了“公众的组织”（res publica）的基本架构。这

十九卷)》的中文译文及其正式出版工作仍在准备中，待《学说汇纂(第十九卷)》中文译文出版后，可参见其中对于本段内容的翻译。

〔1〕 我在一个场合发表了相关发言，当时正值国际统一私法协会《国际商事合同通则》第一部分的发布会，该发言后被收录于：[意]桑德罗·斯奇巴尼：《桑德罗·斯奇巴尼教授文集》，费安玲等译，中国政法大学出版社2010版，第207页以下。关于罗马法原始文献的更深入研究，可参见G. GROSSO, *Obbligazioni. Contenuto e requisiti della prestazione. Obbligazioni alternative e generiche*, 3 ed., Torino, 1966, 93ss。

〔2〕 这一规定是根据不同文献中的各种考证而重构的，这些文献提供该规定的表述用语：其中最接近的是盖尤斯《法学阶梯》Gai. 4,47，几乎完全吻合；但也可参阅优士丁尼《法学阶梯》J. 4,6,30：“在诚信诉讼中，人们认为允许承审员享有根据善良和公平自由地估计应对原告返还的金额之权力”，该段被放入盖尤斯《法学阶梯》Gai. 4,61的开头，用以替代缺失的几行内容，因此前述语句的结果将继续为：“这意味着：考虑到原告也应根据同一原因实行给付，因而对被起诉人判罚给付余额。”在此省略的其他文本，参见O. Lenel, *Das* edictum perpetuum, Leipzig, 1927, rist Aalen, 1974, *passim*; M. Kaser, *Das Römische Privatrecht*, I, *Dar altrömische, das vorklassische und klassische Recht,* München, 1971, 484ss。

〔3〕 1804年《法国民法典》(1804年)第1134条第3款中对“诚实信用(善意)”的提及，似乎仅仅捕捉到了文中所指出的第一种视角，即履行给付的方式应当遵循某种规则，但所履行的给付本身已经事先确定。

与《十二铜表法》提出和实施的目标相符，[1]而且其追求平等的职能(在每一起争议中寻求实现更好和更公平的解决方案是法官的目标)亦在《学说汇纂》中被[2]"最公平的"裁判官告示重申，根据告示，每个人都应适用其针对他人所确立的相同权利，法官也必须接受与他给予其他人的相同的解决方案。我们也更应强调法学家的工作，在这一领域，他们创造革新性的解决方案，引导敏锐识别大概的差异点和必要的一致性，还引导"善良与公正"，这构成法之定义的标志特征，也是法学家的角色与作用。[3]

5. 然而，关于我上述简评结论的根本主题和我认为在这个时候值得指出的一个重要问题是，在为达成协议而进行的合同谈判中，当事人之间的权利严重失衡，可能严重削弱其中一方的意思自治。特别地，我认为有必要强调准确和完整的信息对这种平衡的影响。西塞罗(公元前1世纪)有一段著名的文本，我在其他地方已经提到过，但我还想再次援引。

> 西塞罗《论义务》3,12,50：……如果有一位正派之人在罗得斯岛食物匮乏、饥饿蔓延、粮价昂贵时，从亚历山大里亚把大批粮食运往罗得斯岛，倘若当时他知道有许多商人也离开了亚历山大里亚，看见许多满载粮食的船只驶向罗得斯岛，这时他是把这些情况告诉罗得斯人，还是保持沉默，以尽可能高的价格出售自己的粮食？我们设想他是一位智慧而正派的人，如果他认为向罗得斯岛人隐瞒真相是可耻的，他绝不会这样做……3,12,51：安提帕特罗斯(公元前3世纪末的哲学家)认为，应该让买主知道卖主知道的一切情况；狄奥革涅斯(早期哲学家，安提帕特罗斯以前的老师)认为，卖主应该按照民法的规定说明自己货物的缺陷，其他方面可不带欺诈地去做，并且由于他是卖主，他可以对他最有利的条件出售……3,13,57：在我看来(西塞罗本人认为)那位贩卖粮食的人显然不应该向罗

[1] 参见[意]彼得罗·雷西尼奥、桑德罗·斯奇巴尼：《民法典导论》，费安玲，罗冠男译，商务印书馆2025年版，第5页以下。

[2] 参见罗马法原始文献D. 2,2。Cfr. S. Schipani (a cura di), *Iustiniani Augusti Digesta seu Pandectae. Testo e Traduzione*, I, Milano, 200；《学说汇纂(第二卷)：司法管辖》，陈晓敏译，[意]司德法校，中国政法大学出版社2017年版，第16—23页。

[3] 参见罗马法原始文献D. 1,1,1pr.和D. 1,2,2,13 Cfr. S. Schipani (a cura di), *Iustiniani Augusti Digesta seu Pandectae. Testo e Traduzione*, I, Milano, 2005；参见《学说汇纂(第一卷)：正义与法·人的身份与物的划分·执法官》，罗智敏译，[意]纪蔚民校，中国政法大学出版社2008年版，第5页和第31页以下。(顺便一提，还应指出的是，当双方的给付不等价时，通常隐藏着某种其他"原因"以解释未达到等价性的给付部分；这种其他"原因"可能是赠与，但赠与不属于这种交易关系的商业性质范畴，也可能是当事人故意隐瞒而且这种不透明性无疑会引发法律上的诸多问题)。

> 得斯岛人隐瞒情况……对一件事情沉默并非就是“掩盖”，但是当你为了自己的利益不让知道情况会有益处的人知道你所知道的情况，那就是掩盖……3,17,72：……由于自然是法的源泉，因此下述一点是符合自然要求的：即任何人都不应该利用他人不明情况而获利……[1]

在这段非常清晰的文本中，信息被置于争论的中心。西塞罗对此具有明确的立场而支持信息的完整性，即使这可能会减少以显然必要的保密形式提供信息的信息提供者的利益。

合同当事人之间权利失衡的问题最早出现在19世纪，特别是在保护劳动者的劳动法领域。从19世纪下半叶开始，针对部门的具体法律开始出台，现在则以部门法规为指导，而且在某些情况下，受专门法典及围绕法典安排的其他更具体的法律规范。对劳动安全的重视，以及劳动安全所要求的(有时是必要的)能力复杂性日益增加，使得劳动法律法规必须关注的问题变得更加广泛，也使得必须分享的信息增多。

随后，在社会生活中的另一个领域，消费者权益法确立。这具体涉及分销和贸易组织(企业)，以及包括消费者终端的上游组织(企业)，还必须强调的是，无论是最终消费者本身，还是整个消费品生产链，都需要信息和能力。同样在这一领域，发展出了专门的部门法，并且迅猛扩张，也是为弥补消费者和中间商通常仅具有部分信息和能力的不足。

然而，信息和能力的失衡问题有时也涉及经济行为主体之间的关系，这与为获得信息渠道，和/或为获取信息和/或为使用信息而进行必要的经济投资问题相关联。

生产者之间和/或经营者之间关系的某种特殊性可追溯至体系形成时期；[2]在大革命和现代法典化时代，该特殊性也通过专门的商法典[3]实现了专业化，与此同时，亦出现将海商法分离出来的趋势；[4]如今，则呈现出一种将其重新统一到民法

---

〔1〕 有关西塞罗更完整的论证文本，参见[古罗马]西塞罗：《论义务》，王焕生译，中国政法大学出版社1999年版，第291—297，311页。

〔2〕 Cfr. F. Cerami-A. Di Porto-A. Petrucci, *Diritto commerciale romano. Profilo storico*, 2 ed., Torino, 2004.

〔3〕 仅以示例，我提及1807年《法国商法典》，1861年《德国普通商法典》(ADHGB)，随后是1900年《德国商法典》(HGB)。

〔4〕 前述《法国商法典》包含了“海商”一编，但这一部分常常被单独分离出来，例如，意大利1877年颁布的《海商法典》。

典及其法律体系中的“民商合一”趋势。[1]为了确认这一领域的专门性，相关法典或是侧重于商业行为的特殊性，或是聚焦于商业活动的职业性经营特征，即从事商业活动的经营主体在从事此类活动时一般区别于其他个人/法律主体。然而，这些参照标准并没有将这些经营主体从他们所在的拥有合同权利的关系中区分出来。

然而，如今即使在企业之间的合同中，以及一般在参与商品和服务生产过程的当事人之间的合同中，也可能存在经济实力、关系、认知和影响其发展能力方面的差异，这些差异可能大到足以产生质的重要性。事实上，在一个采用公共经济治理工具的国家的法律制度中，这种重要性的权重也是不同的。其中，这些公共经济治理工具能够作为合同事项相关规范的补充性干预手段，以保障当事人之间基本的合同权利条件处于相当的平等，从而保障私人自治能够正确行使，即在遵循上述“对待性”的前提下，以令人满意的自由形式行使，这构成整个制度的核心。例如，一个需要工资收入而维持生计的人，可能由于其困境状态而接受不公平的劳动条件，即使这些条件违反了一般应适用的标准，但国家的公共干预则试图纠正这种情形；又如，一个在预算的收支平衡上陷入困难的企业，可能遭受放贷者以高利率提供信贷的敲诈，或者屈从于债权人的要挟，被对方以远低于其实际价值的价格收购，而一项适当的信贷政策则可帮助其改善经营状况等。同样可以认为，这些公共经济治理工具也可以适当干预工商业发展水平相当的国家集团的内部关系，这些国家集团也规定了适当的经济治理措施，如欧盟，但……或者还可以认为，此类工具在较小程度上可能或者已经部分干预了欧盟与美国、日本之间实现各自经济的整合或协调活动，即从外部平衡各经济主体之间的差异，从而确保贸易条件减少失衡，并且在对中俄态度较不激进的背景下，保证“市场”的正常运转，但……

然而，如果这些经济主体取代政府的公共权力，会发生什么？当前的情况又是如何？

最重要的是，经济发达国家对非洲、拉丁美洲以及亚洲部分地区等经济落后国家所采取的行动往往未能遵守法的一般原则。这种不平等、不对称性，在涉及双方之间的行为和关系分别是一方属于所谓的工业化国家，另一方属于不具有经济引导和调控机制、缺乏保障自治之自由行使所必需最低限度的实质性平等之共同要素的其他国家的地区时，就会发生质的变化。

通过适当的阐述，这种差异的重要性变得显而易见和引人注目：例如，对于技

〔1〕 如1942年《意大利民法典》或最近的2014年《阿根廷民商法典》。

术变革及其相关已提供的信息，或者大多数被纳入保密信息的涉及不同行业生产领域的信息，忽视这些信息会给合同相对方带来严重的不利影响。又如货币体系中的差异，如使用某种货币的国家或国家集团，其对于该货币发行或管理的决策有更强和直接的关联与影响，而处于其外部的不适用该货币的国家，仅是该货币决策过程的旁观者，但却不是该货币汇率变动后果的旁观者。如今，这种不对称性因与信息相关、[1]与信息可获得性以及与理解和使用信息所需能力相关而产生的新型垄断而加剧。

面对这些发展，法学家必须学会加以应对：保护能够对抗这些发展的法律性与知识性工具，对其进行完善并使其适应新问题。对于法学家的培养也必须朝这一方向开展，并迎接这一挑战。构建并拓展这一共同法应成为法学家工作中努力追求的目标。

经济体系及其运行中的结构性不对称并不存在于欧洲的法律体系中，也不存在于欧盟或者西欧大陆与盎格鲁-撒克逊国家之间的关系中。相反，这种不对称性是美洲国家之间关系的特征，而且在评估《国际统一私法协会国际商事合同通则》（以下简称《通则》）的使用情况时，我们不能不考虑到这一点，以检验《通则》在规范、调整国际商事合同的适用性，这种规范、调整国际商事合同的方式在之前就已被认为比国际私法更能够实现公平。而且还应完善《通则》，如果可能的话，应加深对其的研究使其符合现实需求，即对目前特别广泛的问题的解决方案，必须通过对合同具体和全面的管理来寻求，其中必须考虑到对弱势方的保护。通过这种方式开展的工作也将有助于研究《通则》在其他存在上述不对称性的领域中的适用可能性。为了避免预断结论，并且需要立即强调的是，客观上的诚实信用作为《通则》第1.7条规定的核心原则，正如在万民法中的契约一样。在历史上，契约是在没有外部机制干预的情况下，以保障契约自由为一般假设前提而实现。这种契约自由规定被诉方有义务支付一切诚实信用，要求其应为该关系所给予某物或做某

〔1〕 请允许我强调一下第七届"'罗马法·中国法与民法法典化'国际研讨会：面向未来共同法的民法典"的主题；强调来自众多国家的同事们的重要出席，以及会议所讨论的内容。我还想强调的是，法学家的培养和法学领域的科学研究至关重要，同样重要的是法律体系所依托的原则，它们应不断更新与调整而不能被抛弃：中国《民法典》将"以人为本"及人的权利置于首要地位，这应当作为国内及国际市场规则的导向。因此，我对这个新成立的"一带一路"营商环境研究院的工作表示美好祝愿。共同法体系、金砖五国可能构成互相影响的时刻，即始终坚持必要的开放与灵活性，由此出发并实现更加广泛的共同社会与合作的扩张发展，而这一共同社会与合作将日益追求以人及其权利为核心作为目标。[关于共同法体系和金砖国家，参见T. Alexeeva-P. Catalano (a cura di), Aspetti giuridici del BRICS, Atti del Congresso di San Pietroburgo 2011, San Pietroburgo, 2011]。

事(Gai. 4,47)。这一表述意味着诚实信用的一般效力，而且在缔约前的活动中和给付的确定过程中——我们可以考察一下它与功能性的双务性之间的关联，该双务性即涉及各项给付之间的关系——以及在契约订立和执行后的各种事件中，似乎扮演着指导和限制私人自治的作用。它可以构成一个值得深入探讨发展的有价值的参考标准。

信息在当今是造成不平等的核心问题。

必须发展共同法。

此外，参见西塞罗《论义务》3,12,50ss.，与隐瞒瑕疵进行类比，但这种情况更糟糕，因为卖方知道存在价值减损的情形。

6.一个关于给付严重失衡的极端案例，显然是与所谓“重大损害”有关的情形。

在这一点上，可以指出的是，以标的物价值的一半为参考有一个直接的逻辑基础，即在实现特定目的中，若对于给付的履行尚不足一半，则未履行的部分就超过一半；例如，在一个房屋租赁合同中，因火灾烧毁了超过一半的房屋，便可认定出租人不能履行。

7.另一个问题是，一方当事人对于给付的履行负担过重。

诚实信用和“可以通过诚信诉讼纠正”（corrigi potest per iudicium bonae fidei, D. 17,2,79）规定在盖尤斯《法学阶梯》4,47中：“应当根据诚信给或做的事项”（Quidquid dare facere oportet ex fide bona）。

根据拉贝奥提出的观点及其发展，这并非引入某种强制性交换的理由，而是在此基础上保障市场机制的正常运作，确保交易各方在每个方面都实现实质性平等，包括每一方对其已知的关于未来发展的正确信息。

这一观点有时可能不够充分，但作为一个非经济学家，我只是强调拉贝奥视角的内在一致性及其所要求遵循的内容，如果我们不加以警惕，则它们存在被曲解和篡改的风险。

“根据诚实信用”（Ex fide bona）不仅意味着应以诚实信用的方式正确地履行义务，还意味着应由诚实信用加以界定与确认该义务。

罗马法学家的文献，例如：涉及关于给付内容确定的必要性，以及应履行的给付被过于笼统地决定时，该行为的无效性，但若是对特定类型的给付作出概括性决定时，该行为的有效性，参见D. 45,1,94; D. 45,1,115pr.; D. 13,4,2,5; D. 23,369,4; D. 45,1,115pr.; D. 30,71pr.。关于间接决定的情形，参见D. 18,1,7,1; D. 18,1,37。关于由第三人确定，我们找到了引入任意裁量与以诚实之人裁量的区分，参见D. 17,2,76; D. 50,16,73。若决定涉及“合伙份额”，参见D. 17,2,75. 76. 78. 79. 80。对于法学家之间的见解分歧，参见盖尤斯《法学阶梯》3,140; 3,142; 3,144。关于优士丁尼的创新性干预措施，参见优士丁尼《法学阶梯》J. 3,23,1，并参照《优士丁尼法典》C. 4,38,15；以及此干预通过修改被引入D. 19,2,25pr.等。

“易自然”道和平权之国际法价值

王贵国*

“易自然”[1]系尚在发展和完善中的以《易》天道自然的宇宙观为轴心，以老庄的哲学思想为基础，涵括儒家、法家等优秀传统文化思想，揭示中华传统文化在解释、补充、充实和发展当代国际法上的可能贡献的理论框架和研究方法。世界正处在百年未有之大变局。特朗普再次当选美国总统，重新提出以其他国家利益为代价的“让美国再次伟大”的政治诉求，并为此推出了一系列极端政策和措施，包括挑起对世界的贸易战，严重破坏了以《联合国宪章》为基石的世界秩序。《联合国宪章》宣布“人格尊严与价值”为当代国际社会致力于实现的目标，并以“和睦相处”“维持国际和平及安全”及不“使用武力”作为实现此目标的手段。世界的不确定性势必对“和平”构成威胁，从而使“和平”是否为国际法上的权利，成为重要议题。本文拟从“易自然”的视角，分析美国极端主义的本质和趋势，以及作为应对美国极端主义的策略，国际社会应重申和平权为国际法上的权利，是“人格尊严与价值”的保障和前提。

一、“易自然”看极端主义

《周易·乾卦·文言(九)》曰“亢龙有悔，与时偕极”[2]是对极端主义的确当描述。

---

* 浙江大学国际战略与法律研究院院长，浙江大学文科资深教授，欧洲科学院院士，美国杜兰大学Eason-Weinmann国际法与比较法荣休讲座教授，香港世界贸易组织研究中心主席，博士生导师，耶鲁大学法学院法哲学博士，主要从事中华传统文化与国际法理论、国际经济法、国际投资法、国际贸易法、国际金融法、国际争端解决、“一带一路”法律问题等方面的研究。

〔1〕 关于“易自然”的初期讨论，参见王贵国：《以“易自然”强化国际法上的发展权》，载《浙江大学学报(人文社会科学版)》2024年第7期；王贵国：《“易自然”道涉外法治》，载《政法论丛》2025年第1期。

〔2〕 杨天才译注：《周易》，中华书局2022年版，第19页。

什么是极端？"亢之为言也，知进而不知退，知存而不知亡，知得而不知丧。"[1]从特朗普的第一个任期结束到拜登的四年任期，再到特朗普第二个任期，美国总统所属的政党虽然换了，但美国政府推行的极端政策并没有改变，都是通过高关税、科技限制以及补贴等对中国等国极尽打压之事，其目的是最大限度地遏制中国等国的发展，维持其霸权地位。所谓的让美国再次伟大并不是要如何把美国做强做大，而是通过限制其他国家的发展、不让其他国家发展，而使美国保持相对优势，即霸权。其本质是美国人优先，在相当程度上体现的是种族歧视。采用种族歧视的手段限制其他国家的发展无疑是极端主义。

美国极端主义的政策特点是不遵守国际义务，肆意提高关税和科技打压，在对他国科技进步围堵限制的同时对美国企业进行补贴。2024年，李强总理在世界经济论坛年会开幕式上的特别致辞上表示："有关数据显示，2020至2022年全球新增歧视性贸易及相关投资措施年均超过5400项，是新冠疫情前的近2倍。"[2]这些措施的政策目标是阻止其他国家发展，特别是像中国这样新兴发展中国家的发展。由此可见，让美国再次伟大的实质是不让其他国家及其人民行使发展的权利。美国针对TikTok的一连串行为亦为一例。

2024年4月23日，美国国会参议院通过了《保护美国人免受外国敌对控制的应用程序侵害法案》(下称《TikTok剥离法》)，要求TikTok的母公司字节跳动在法案通过后的180天内剥离、出售TikTok业务，持股比例不得超过20%，否则TikTok将会在美国地区应用商店下架。一天后，时任美国总统拜登签署了该法案，从而使之成为法律。[3]2024年5月7日，TikTok及母公司字节跳动向美国哥伦比亚特区联邦巡回上诉法院提起诉讼，主张《TikTok剥离法》违反美国宪法，指出该法要求的"合格的资产剥离"在商业、技术及法律上均不可能实现，也无法在限定时间内完成。[4]

美国哥伦比亚特区联邦巡回上诉法院于2024年12月6日作出判决，称美国政府有权禁止TikTok，认为TikTok可能会在北京的压力下提供美国1.7亿用户的数据，从而构成美国的国家安全风险。[5]该法院在其判决中说，美国政府提供了有说服力

---

〔1〕(明)来知德集注、胡真校点:《周易》，上海古籍出版社2013年版，第19页。

〔2〕《李强在世界经济论坛2024年年会开幕式上的特别致辞(全文)》，载央广网，https://news.cnr.cn/native/gd/sz/20240117/t20240117_526560487.shtml，2025年1月7日访问。

〔3〕See US Congress. Protecting Americans' Data from Foreign Adversaries Act of 2024[EB/OL]. (2024-04-24)[2025-01-11]. https://www.congress.gov/bill/118th-congress/house-bill/7520/related-bills.

〔4〕See US News. TikTok Sues US to Block Law That Could Ban the Social Media Platform.[EB/OL]. (2024-05-07)[2025-01-11]. https://www.usnews.com/news/business/articles/2024-05-07/tiktok-sues-us-to-block-law-that-could-ban-the-social-media-platform.

〔5〕See United States Courts. Tiktok Inc. And Bytedance Ltd., Petitioners V. Merrick B. Garland, In His

的证据，证明《TikTok剥离法》是为了维护国家安全量身定制，最后驳回了TikTok等的告诉。[1]美国哥伦比亚特区联邦巡回上诉法院的判决不仅违反了美国法院一直标榜的维护言论自由的宪法原则，也不符合其在世贸组织承担的义务，甚至也不符合美国公司法关于法人独立等基本原则。特朗普上任后暂时搁置下架TikTok，同时提出以合资的方式持有TikTok。说白了，就是强买强卖。特朗普还主张从丹麦手中强买格陵兰岛，将墨西哥湾改为美洲湾，提出将加拿大作为第51州纳入美国的版图。特朗普最为极端的手段则是发起针对世界上除美国外的所有国家的关税大战。这些均说明，美国的极端主义已经发展到不顾忌其所宣扬的价值及与盟友的关系，可谓与时偕极。

二、"易自然"观察世界的视角

我们主张以"易自然"的方法观察、分析世界是因为《周易》或《易经》(或直接称为《易》)为人类文明的渊源之一，被尊为群经之首，诸子百家之源。[2]道家奉其为三玄之冠(三玄即《周易》《老子》与《庄子》)，儒家尊其为五经之首(五经为《周易》《诗经》《尚书》《春秋》《礼记》)。[3]《易》包含《易经》和《易传》两部分。《易经》是指以八卦相重而形成的六十四卦的卦象，卦名、卦辞和爻辞。《易传》则是指孔子及其后人所作十翼，包括《彖辞》上下、《象辞》上下、《系辞》上下、《文言》《说卦》《序卦》和《杂卦》。《易传》是对《易经》卦辞、爻辞从象和理的方面予以说明、解释、发挥，已成为人们研究《易》不可或缺的部分。[4]

前述不难看出儒家与《易》有深厚的渊源。老子的思想亦深受《易》的影响。老子曾在周朝任守藏室之史，有机会深入研究《易》，其《道德经》包含诸多《易》的哲学思想的内容。陈鼓应认为老子的哲学思想源于《易》，是引易入道，而《易

Official Capacity As Attorney General Of The United States, Respondent[EB/OL].(2024-09-16)[2025-01-13]. https://media.cadc.uscourts.gov/opinions/docs/2024/12/24-1113-2088317.pdf. p.11-12.

〔1〕 See United States Courts. Tiktok Inc. And Bytedance Ltd., Petitioners V. Merrick B. Garland, In His Official Capacity As Attorney General Of The United States, Respondent[EB/OL].(2024-09-16)[2025-01-13]. https://media.cadc.uscourts.gov/opinions/docs/2024/12/24-1113-2088317.pdf. p.65.

〔2〕 参见王贵国:《"易自然"道涉外法治》，载《政法论丛》2025年第1期。

〔3〕 参见王贵国:《以"易自然"强化国际法上的发展权》，载《浙江大学学报(人文社会科学版)》2024年第7期。

〔4〕 参见王贵国:《以"易自然"强化国际法上的发展权》，载《浙江大学学报(人文社会科学版)》2024年第7期。

传》则引道入易。[1]孔子五十以学《易》，韦编三绝，可见《易》之难学。[2]朱熹亦云："《易》难看，不比他书。《易》说一个物，非真是一个物，如说龙非真龙。"[3]《易》之所以难学，盖因其是一个完整的哲学体系，"人经三圣，世历三古"[4]，对中华传统文化有直接且重要的影响，对人类文明做出了重要贡献，至今仍然对人类的活动，特别是华人社会的生活、决策、决定等有重要作用。

《易》核心思想是阴阳，两大门户之卦为乾卦与坤卦。孔子就这两卦专门作了《文言》，进行解释。《易》的核心思想是"天道自然"，此亦为宇宙的规律。[5]人们一般认为，先天八卦由伏羲氏创作，伏羲氏通过观察天地，发现了天、地、火、水、山、泽、雷、风八种自然现象两两相互依存、相互作用以及万物相互感应的规律，从而为后世的阴阳五行思想奠定了基础。[6]《系辞下》曰：伏羲氏或"包牺氏之王天下也，仰则观象于天，俯则观法于地，观鸟兽之文，与地之宜，近取诸身，远取诸物，于是始作八卦，以通神明之德，以类万物之情"。[7]伏羲氏通过对前述八种自然现象的观察，进而对人本身以及大地万物的观察，基于其形象而创作了八卦，用以指导人类的活动，"作结绳而为网罟，以佃以渔，盖取诸离"。[8]

包牺氏认为这些自然现象的运作不受人的控制，是自然而然，进而主张人类应依此宇宙规律行事。孔子称此宇宙规律为"道"，即"形而上者谓之道，形而下者谓之器"。[9]形而上者指无形、无色、无味、看不见、摸不着，然又确实存在的事物，即道：有形的事物可以看得见、摸得着，是器。道与器的共同点是"形"，故二者相辅相成、不可或缺。《易》的另一思想是万物感应，即任何事物的发生、发展都会受到其他事物的影响，国家的情形亦然。[10]即使如美国这样的强国，在做出决策时也不可能完全独断专行，也必须考虑外部因素的影响。万物感应本身具有中立性和客观性，但就感应言，其是指一物之所为或不为被

〔1〕 参见陈鼓应：《道家易学建构》，商务印书馆2017年版，第1—33页。

〔2〕《史记》云："孔子晚而喜易，序《彖》《系》《象》《说卦》《文言》。读《易》，韦编三绝。曰：'假我数年，若是，我于《易》则彬彬矣。'"参见司马迁：《史记》，中华书局1959年版，第1937页。

〔3〕(宋)黎靖德编：《朱子语类》，王星贤注解，中华书局1986年版，第1660页。

〔4〕 许嘉璐编：《二十四史全译》，上海汉语大词典出版社2004年版，第772页。

〔5〕 参见王贵国：《以"易自然"强化国际法上的发展权》，载《浙江大学学报(人文社会科学版)》2024年第7期。

〔6〕 参见(汉)班固：《汉书》，中华书局1962年版，第1704—1705页。

〔7〕(明)来知德集注、胡真校点：《周易》，上海古籍出版社2013年版，第328页。

〔8〕 这从而也成为人们主张六十四卦自伏羲氏开始成形的依据。

〔9〕(明)来知德集注、胡真校点：《周易》，上海古籍出版社2013年版，第323—324页。

〔10〕 参见(明)来知德集注、胡真校点：《周易》，上海古籍出版社2013年版，第146—150页。

另一物所感觉到，从而后者再有所反应，后者的反应前者亦会有感并会作出反应，如此持续不断。如一个人对他人表现的是友爱，对方感受到此友爱，故对其的反应很可能是友善。《易》的哲学思想与智慧之可贵由此可见一斑。

《易》的乾卦和坤卦是门户之卦。乾卦的卦辞是“元亨利贞”。[1]《文言》对此的解释是，“元者，善之长也。亨者，嘉之会也。利者，义之和也。贞者，事之干也”。[2]这是将“元亨利贞”从人道的角度进行解释。朱熹则以春夏秋冬解释乾卦的卦辞，云：“‘元’者，生物之始，天地之德，莫先于此。故于时为春，于人则为仁，而众善之长也。‘亨’者，生物之通，物至于此，莫不嘉美，故于时为夏，于人则为礼，而众美之会也。‘利’者，生物之遂，物各得宜，不相妨害，故于时为秋，于人则为义，而得其分之和。‘贞’者，生物之成，实理具备，随在各足，故于时为冬，于人则为智，而为众事之‘干’。‘干’，木之身，而枝叶所依以立者也。”[3]朱熹还进一步指出：“‘元’者，物之始生，‘亨’者，物之畅茂，‘利’则向于实也，‘贞’则实之成也。实之既成，则其根蒂脱落，可复种而生矣。此四德之所以循环而无端也。然而四者之间，生气流行，初无间断，此‘元’之所以包四德而统天也。”[4]基于前述，朱熹认为“元亨利贞”是一个流行，是指事物从发生发展到瓜熟蒂落，从而导致新事物的发生。一个事物，包括机制、秩序、国家等发展到“贞”的阶段，如无新的元素加入，从而发生质变，成为新的事物或事物的新阶段，便会走向消亡。因此，《易》的“无往不复”不是说事物的发展是简单的循环，而是有进步和退步的往复之分。

乾卦的六爻则揭示了事物发展的六个阶段，或可说是每个人，每个机构与企业，每个国家，每个机制、秩序、制度所处的位置、阶段、状态、层次、情况等。每一阶段或位置都有不同的行事规律，人们只有遵循此规律方可成功，否则必然事倍功半或失败。其中，初九爻的“潜龙勿用”[5]，寓意在初始阶段，人们应韬光养晦，积蓄力量。但这并非指无所作为，而是说时机未到，能力尚不足，故应积蓄力量。正如年轻学子或初入职场者，虽心怀壮志，但仍需耐心磨砺，等待时机。九二爻的“见龙在田”[6]，意味着初具才能，但仍需努力学习，且不可急功近利。到了“九三爻”，爻辞是“君子终日乾乾，夕惕若厉，无咎”。[7]其意在说明一个人虽然有了一定的能

〔1〕(明)来知德集注、胡真校点:《周易》,上海古籍出版社2013年版,第1—2页。
〔2〕(明)来知德集注、胡真校点:《周易》,上海古籍出版社2013年版,第8—9页。
〔3〕(宋)朱熹:《周易本易》,苏勇校注,1992年版,第162页。
〔4〕(宋)朱熹:《周易本易》,苏勇校注,1992年版,第88—89页。
〔5〕(明)来知德集注、胡真校点:《周易》,上海古籍出版社2013年版,第2页。
〔6〕(明)来知德集注、胡真校点:《周易》,上海古籍出版社2013年版,第2—3页。
〔7〕(明)来知德集注、胡真校点:《周易》,上海古籍出版社2013年版,第3页。

力，但仍要谦逊谨慎，以免犯错。九四爻“或跃在渊，无咎”[1]象征虽有小成，能否大有作为则要看天时地利人和，故应以自然心态待之，不可患得患失。九五爻的“飞龙在天”[2]意味着事物的发展达到鼎盛时期，然此时更需注重与他人的合作与共赢。上九爻则是“亢龙有悔”[3]，警示人们不可一味进取，而忽略退让与反思，否则终将走向失败。《易经》通过乾卦等六十四卦的爻辞变化，揭示了事物发展的普遍规律与人生哲理。乾卦的意义在于说明人们在不同阶段应采取不同的策略与态度，以顺应天时地利人和，实现个人与社会的和谐发展。[4]同时，事物在经历一个发展阶段后，会开始新的循环，但已是更高层次的开始，而非简单的重复。

与其他卦不同，乾卦除了六个爻外还有一个用九爻。其爻辞是“见群龙无首，吉”。[5]《象》曰:“用九，天德不可为首也。”[6]《文言》曰:“用九，天下治也。”[7]首先，此处的“吉”是指“群龙无首”符合易道的本意，故会顺达。其次，如朱熹所说，“《易》说一个物，非真是一个物，如说龙非真龙”。[8]乾卦的“龙”是指阳气，故“用九”即用阳。阳有生发万物的功能，此功能反映了易道的本性。易言之，“群龙无首”寓意万物依大道而生而长，按时有序，各得其用，不争先后，从而达到致中和的状态，故“《易》与天地准，故能弥纶天地之道”。[9]我们说易道化育万物、按时有序，是因为万物负阴而抱阳，如日月之运行，如四季之相推。基于此，万物遵循大道的规律而发用，不需要人为的干预也会井然有序，达到和谐的境界。“《易》，广矣大矣。以言乎远则不御，以言乎迩则静而正，以言乎天地之间则备矣”[10]所言即此。将《易》的前述思想适用到人道，则是人与人生来就是平等的。国家是由人组成的，既然人与人是平等的，由人组成的国家当然也应该是平等的。或可说，这就是国际法上主权国家平等原则的哲学基础。据此可知，“群龙无首”强调的是人与人、人与万物的平等关系，而要实现人与人的和谐、人与自然的和谐，就要尊重他人、尊重自然。

同时，《易》的六十四卦是一个整体，代表的是宇宙规律，这些宇宙规律虽然看不见、摸不着，但并非处于实际的世界之外，而是存在于每个事物之中。从《易》的

〔1〕(明)来知德集注、胡真校点:《周易》，上海古籍出版社2013年版，第3页。
〔2〕(明)来知德集注、胡真校点:《周易》，上海古籍出版社2013年版，第4页。
〔3〕(明)来知德集注、胡真校点:《周易》，上海古籍出版社2013年版，第4页。
〔4〕参见(明)来知德集注、胡真校点:《周易》，上海古籍出版社2013年版，第1—18页。
〔5〕(明)来知德集注、胡真校点:《周易》，上海古籍出版社2013年版，第4—5页。
〔6〕(明)来知德集注、胡真校点:《周易》，上海古籍出版社2013年版，第8页。
〔7〕(明)来知德集注、胡真校点:《周易》，上海古籍出版社2013年版，第14页。
〔8〕(宋)黎靖德编:《朱子语类》，王星贤注解，中华书局1986年版，第1660页。
〔9〕(明)来知德集注、胡真校点:《周易》，上海古籍出版社2013年版，第302页。
〔10〕(明)来知德集注、胡真校点:《周易》，上海古籍出版社2013年版，第306页。

角度看，列国之间以及企业与国家之间经贸等方面的关系是相互依赖，且此性质的关系古已有之。泰卦的初九爻和否卦的初六爻言：“拔茅茹以其汇。”[1]“茅”即草，“茹”系根。此爻辞的意思是虽然表面看草都是一根根独立存在的，但其根部却相互交织、紧密相连，无法割裂。以此形容当今的国际形势相当恰当，政客的人为操弄使得一些国家、企业表面上无法关联，但其根本上的相互依赖无法改变。事实上，即使美国政府一直致力于围堵打压中国，但其仍不得不与中国续签科技合作协议，在天气、海洋学和地质学等领域的基础研究以及海啸警报、流感数据、空气品质监测、农业及害虫管理研究等领域合作。[2]或可说，这就是经济全球化的新形态。

在经济全球化的新形态下，随着人工智能、数字和网络技术的飞速进步，各国在经济、安全等方面的相互依赖亦显著加强，而极端主义系逆此人类发展之大势，必不获支持。即使人们为了自身的利益不得不暂时忍耐，也必然会另辟蹊径，继续经贸交流与交往，加强国家安全的防范等。可采用的方法便是双边及区域性安排。

三、“易自然”以兴革现有国际法律秩序

随着世贸组织不断发展壮大，一些双边自贸协定、区域性安排等不断增加。全球化的新形态要求一套既与现行秩序相吻合又可体现人类发展需求的制度安排，包括对现有国际法律原则、习惯和规则的兴革。从历史的角度观察，所有国际法律原则、习惯、规则无不来自内国法，而内国法都是以其所处社会的文化、传统、习惯等为基础。[3]内国法的原则、习惯、规则等进入国际法后，便以国际条约、国际组织的决议与裁决、国际习惯、一般法律原则等形式进入内国法。[4]格劳秀斯的《战争与和平法》[5]也是基于欧洲国家的内国法。内国法则反映其社会的价值。因此，任何对现有国际秩序的兴革都必须基于各国的文化和传统以及相关的法律原则和规则。在此过程中，由于参加的国家构成会有变化，如一些原来非主流的南方国家现可起到远大于以前的作用，[6]原来主要反映西方发达国家价值的国际法律原则和

---

〔1〕(明)来知德集注、胡真校点:《周易》，上海古籍出版社2013年版，第64页。

〔2〕参见《中美续签两国政府科学技术合作协定》，中华人民共和国中央人民政府，https://www.gov.cn/lianbo/bumen/202412/content_6992558.htm，2025年1月20日访问。

〔3〕参见王贵国:《百年变局下之国际法治——中华传统文化的视角》，载《中国法律评论》2022年第1期。

〔4〕王贵国:《百年变局下之国际法治——中华传统文化的视角》，载《中国法律评论》2022年第1期。

〔5〕[荷兰]雨果·格劳秀斯:《战争与和平法》，马忠法等译，上海人民出版社2022年版。

〔6〕以国际货币基金组织为例，该机构的治理改革方向之一为扩大发展中国家、保护最贫困成

规则需要纳入全球南方的诉求和价值。

中国系世界第二大经济体，在对现有国际法律秩序的兴革过程中，中华传统文化蕴含的思想、原则、习惯、规则及其所反映的价值当可作为中华民族为人类做出贡献的基础和依据。[1]这也是“易自然”的目的。如前所述，依“易自然”的研究方法，《易》乾卦的“潜、见、惕、或、飞、亢”的六个发展阶段，[2]可代表人生、企业及秩序的发生发展的轨迹，是纵坐标，而“元亨利贞”则是横坐标；任何一个人、一个企业、一个秩序的每一发展阶段都要经历“元亨利贞”的流行，从而进入到更高的阶段或是灭失，而进入更高的阶段，并非原来的、一成不变的形态，而是质和形都发生了蜕变。《系辞》的“穷则变，变则通，通则久”[3]即为此意。

在事物从低级向高级的蜕变过程或流行过程中，人们亦需遵守一定的原则和标准，或曰操守，方可成功。就此，坤卦为人类提供了选择。坤卦的卦辞是“元亨，利牝马之贞，君子有攸往，先迷而后得主。利西南得朋，东北丧朋，安贞吉”。[4]“牝马”是母性的象征，也代表大地，大地生育万物、养育万物、任劳任怨、从不居功。君子效法坤道，就要有包容仁爱之心，同时要坚持原则。果如此，即使开始时迷失方向，也会渐次找到符合大道的目标。“朋”者，同类也，意即只要按大道的要求行事，定会得到志向相同的人和国家的支持，与此同时也会失去没有共同志向的人或国家，这也无不妥。儒家的“道不同，不相为谋”[5]亦为此意。

坤卦的七爻及爻辞分别为：初六，履霜，坚冰至；六二，直方大，不习，无不利；六三，含章可贞，或从王事，无成有终；六四，括囊；无咎，无誉；六五，黄裳，元吉；上六，龙战于野，其血玄黄；用六：利永贞。[6]坤卦主要是讲地道，即作为与天相对的地的本性。如果将坤卦的地道适用到人道，大地的本性或曰伟大的母性应成为人们效仿的典范。其中，“履霜，坚冰至”体现的是“道”，意在说明见微知著的道理，寓意人们要注意发现事物的前兆，并为之提前做好准备，运筹帷幄，将好的元素发扬光大，将不好的元素消灭于初始。正所谓“积善之家必有余庆，积不善之家必有

员国的投票权。参见国际货币基金组织：《IMF如何决策》，https://www.imf.org/zh/About/Factsheets/Sheets/2022/How-the-IMF-makes-decisions，2025年2月6日访问。

〔1〕 参见王贵国：《“易自然”构国际法治：论国际法律秩序之兴革》，载《浙江工商大学学报》2025年第1期。

〔2〕 参见(明)来知德集注、胡真校点：《周易》，上海古籍出版社2013年版，第1—4页

〔3〕 (明)来知德集注、胡真校点：《周易》，上海古籍出版社2013年版，第330页。

〔4〕 (明)来知德集注、胡真校点：《周易》，上海古籍出版社2013年版，第19页。

〔5〕 杨伯峻：《论语译注》，中华书局1980年版，第168页。

〔6〕 参见(明)来知德集注、胡真校点：《周易》，上海古籍出版社2013年版，第21—23页。

余殃”。[1]

坤卦六二爻的爻辞是“直方大，不习，无不利”。[2]“直”指正直，“方”指义或适宜。故《文言》曰：“君子敬以直内，义以方外。敬义立而德不孤。”[3]《论语》则进一步说“德不孤，必有邻”。[4]将坤卦六二爻的思想适用到人类社会便是，一旦条件成熟，万物就会生发，且大地的方域广阔，孕育并承载万物。她像母亲一样守护万物，不需学习，也万无一失。正所谓“‘如保赤子。’心诚求之，虽不中，不远矣。未有学养子而后嫁者也”。[5]如果人们有坤卦之德，内心正直，做到品行端正，行为合宜，对外端方，包容公正，即使不修习，也会无往不利。六三爻意在赞扬蕴含章美但含而不漏的美德。六四爻则主张人们应谨言慎行，不居功，厚德载物，不以名利为目的。古代的“裳”代表下衣，黄则代表土地的颜色。六五爻已到达高位或正位，然其仍坚持谦下的品德，寓意如果一个人身居要位或一个国家非常强盛，仍能发挥大地的品德，其从事事业则一定得心应手，美在其中。中华民族包容宽厚的美德实根于此。

坤卦六五爻的另一层意思是以衣服的颜色比喻大地的纹理，说明阴气到达五爻，阳气也伴随而来，预示着冬天即将过去，春天即将到来。《淮南子》曰：“天地之道，极则反，盈则亏。”[6]人道与坤道相似，寒冷的冬天到来，也就预示着明媚的春天即将来临。人们经常说最黑暗的时候就是黎明的开始也是此意。上六爻的“龙战于野，其血玄黄”则是说阴气达到顶峰必会转阳，形成阴阳交错，相互为和的状态。玄黄者，天玄地黄，阴阳之交合犹如早晨太阳将要从东方出来时的颜色，说明阳气已经产生且开始驱逐阴寒，将为万物带来生机。此阴阳和合的状态符合大道运行的规律，是常态，故用六爻称之为“利永贞”“贞”是指正道，“利永贞”的意思是永远坚持正道则无不有利。老子曰：“万物负阴而抱阳，冲气以为和。”[7]其说的也是万物皆禀阴阳二气而生，皆含阴阳二气，故“冲气”系指阴阳二气的相互作用，从而达到平衡，即“为和”的状态。《淮南子》的“阴阳和，则万物生矣”[8]说的也是

〔1〕《易传·文言》，坤卦，载(明)来知德集注、胡真校点：《周易》，上海古籍出版社2013年版，第24页。

〔2〕(明)来知德集注、胡真校点：《周易》，上海古籍出版社2013年版，第21—22页。

〔3〕《易传·文言》，坤卦，载(明)来知德集注、胡真校点：《周易》，上海古籍出版社2013年版，第25页。

〔4〕杨伯峻：《论语译注》，中华书局1980年版，第40页。

〔5〕《大学》第10章，载(宋)朱熹集注：《论语、大学、中庸》，上海古籍出版社2023年版，第259页。

〔6〕《淮南子·泰族训》第10章，载陈广忠译注：《淮南子》，中华书局2023年版，第1186页。

〔7〕《道德经》第42章，载陈鼓应：《老子今注今译》，商务印书馆2021年版，460页。

〔8〕《淮南子·泰族训》第4章，载陈广忠译注：《淮南子》，中华书局2023年版，第1175页。

"和"是阴阳之气达到和谐的状态，体现的是天地之道，故宇宙万物的发生发展和变化都必须遵循"和"的规则。[1]

对现有国际秩序兴革就是对之进行改良，使之更适应人类社会的发展。然任何一个制度、一个秩序总是对某一部分国家和人有利，而对另一部分人不利或不甚有利。但此有利和不利是相对的，一个制度、秩序对一部分国家或个人在某一方面是有利的，而在其他方面却是不利或不甚有利的，是常态。故此，任何一项兴革总会有人坚决且全面反对，有人坚决且全面拥护，另外的人为动摇不定的中间分子。改革、兴革之成功不仅有赖于坚定的支持者，也必须争取中间力量。《易经》的革卦对此颇有启发。

革卦的卦辞是："巳日乃孚，元亨利贞，悔亡。"[2]"巳日"讲的是时间、时机，"孚"则是指他人的信任。《彖辞》曰："巳日乃孚，革而信也。文明以说，大亨以正，革而当，其悔乃亡。天地革而四时成，汤武革命，顺乎天而应乎人，革之时义大矣哉。"[3]这就是说随着社会的发展，原有的制度和规定势必跟不上形势的发展，故需因势利导进行变革。"汤武革命"是指商汤革了夏桀的命，周武王革了商纣的命，这些变革都顺天应人，因桀纣已失去人心，在此情况下的变革犹如一年四季的变化，属适时而为。这说明变革不仅需要审时度势，还必须得到社会的认可和支持，实现后一种的方法便是使社会了解变革之必要性。变革是新的开始，也就是"元亨利贞"流行的新起点。基于此，《易经》特别强调天时（"巳日"）、人和，即诚信（"乃孚"）的重要性。

革卦[4]特别注重革新时机的把握，初九爻以"黄牛之革"寓意不可妄动，以"有孚改命"[5]说明在改革过程中要不断调整变革的方法，以便争取社会的支持。而一旦时机成熟，就要义无反顾地推动变革，"大人虎变"[6]即为此意。此外，革卦还告诫人们革新一定要取信于民。九三爻的"征凶，贞厉"的意思是急于求成的变革不

〔1〕 参见张连珍：《易理人生》，中国文史出版社2021年版，第210页。

〔2〕《易经·革卦》，卦辞。关于此卦辞的"己日"，有说是"巳日"或"改日"。傅佩荣对之的解释是以基本八卦配合十天干的"纳甲说"，即"乾卦纳甲、壬，坤卦纳乙、癸，艮卦纳丙，兑卦纳丁，坎卦纳戊，离卦纳己，震卦纳庚，巽卦纳辛。因此，己日是指离卦，皆为十日一轮。"参见傅佩荣：《易经·傅佩荣译解》，东方出版社2017年版，第360页。本文从傅佩荣解释。

〔3〕（明）来知德集注、胡真校点：《周易》，上海古籍出版社2013年版，第226—227页。

〔4〕（明）来知德集注、胡真校点：《周易》，上海古籍出版社2013年版，第226—230页。

〔5〕（明）来知德集注、胡真校点：《易经·革卦》，九四爻爻辞，载来知德集注、胡真校点：《周易》，上海古籍出版社2013年版，第226—230页。

〔6〕（明）来知德集注、胡真校点：《易经·革卦》，九四爻爻辞，载来知德集注、胡真校点：《周易》，上海古籍出版社2013年版，第226—230页。

会有好的结果。那么应如何做呢？革卦的答案是“革言三就，有孚”。[1]“革言三就”是指就改革方案讨论了三次，当然三次并非限于三次，而是说要反复讨论，直到获得社会的认可或相信变革是有利于社会进步的为止。孟子云：“得天下有道，得其民，斯得天下矣；得其民有道，得其心，斯得民矣。”[2]此论是对“有孚三就”的最佳注解。

兴革方案在付诸实施前先广泛讨论，一方面可以向社会解释兴革之重要性，从而得到社会的信任与支持；另一方面通过讨论也可以使社会成员有参与感，使之觉得自己是相关兴革方案的主人。有了天时和人和两个基本元素，兴革还要有地利的配合。当今世界的特点是变，但变中也有不变或曰同。推动兴革应以社会的同作为起点。

推动国际法律秩序之兴革不应仅着眼于当下，而要以人类的长远需要为目标。人类的长远需要事实上已经写入了《联合国宪章》，即基本人权、人格尊严和价值，发展权则为人权不可分割的内容，由联合国大会通过的宣言等多次重申。这些目标的实现有赖于每个国家、每个社会在经济、社会等诸方面的发展，而对发展构成严重威胁的是战争和武装冲突。纵观近年战争导致包括军人和平民的成千上万的死伤，数百万人流离失所，成为难民。这些都是对人权的最大摧残；一个人没了生命也就没有人权可言，一个人连家都没了还能主张什么人权？故推动人人享有和平的权利，承认和平权为实现发展权等人权的前提条件，为国际社会的当务之急。

四、“易自然”以推动国际法上的和平权

和平环境是人权的前提和保障，将和平权纳入人权的范畴，在国际上推动当可获所有主持正义之士的支持。科技的发展推动社会进步，同时也带来负面影响，如改变了传统的战争观念。科技的快速发展使得平民经常成为战争的牺牲品。例如，2024年9月黎巴嫩真主党的千计传呼机、对讲机几乎同时爆炸导致近40人死亡、2000多人受伤，当中很多为无辜百姓甚至儿童。[3]俄乌冲突、加沙冲突以来，无人机的大量使用，智能武器如导弹的应用，使得电厂、炼油厂、医院等基础设施遭

〔1〕（明）来知德集注、胡真校点：《易经·革卦》，九四爻爻辞，载来知德集注、胡真校点：《周易》，上海古籍出版社2013年版，第226—230页。

〔2〕（宋）朱熹集注：《孟子》，上海古籍出版社2022年版，第95页。

〔3〕 See The New York Times. How Israel Built a Modern-Day TrojanHorse: Exploding Pagers[EB/OL].(2024-09-18)[2025-01-20]. https://www.nytimes.com/2024/09/18/world/middleeast/israel-exploding-pagers-hezbollah.html.

到破坏，从而导致平民死伤，其生活也受到严重影响。[1] 2025年4月底以来的印度和巴基斯坦之间的冲突亦导致平民死伤。或可说，现代科技的发展使战争对士兵的相对伤亡减少而对平民的杀伤力迅速增加。此已严重危及人类的生存及生命权，和平权作为人权的根本权利有必要被提上国际社会的日程。

和平权的基础是《联合国宪章》，其序中提到："联合国人民同兹决心欲免后世再遭今代人类两度身历惨不堪言之战祸。重申基本人权，人格尊严与价值，……并为达此目的：彼此以善邻之道，和睦相处，维持国际和平及安全，以保证非为公共利益，不得使用武力。[2]基于两次世界大战给人类造成巨大灾难的教训，《联合国宪章》将和睦相处、不使用武力作为实现基本人权及人格尊严与价值的必要条件，然和平并未作为权利被写入《联合国宪章》。

1970年10月24日联合国大会通过的《关于各国依联合国宪章建立友好关系及合作之国际法原则之宣言》（下称《国际法原则宣言》）宣布"每一国应以和平方法解决其与其他国家之国际争端，避免危及国际和平、安全及正义"[3]，并"应以谈判、调查、调停、和解、公断、司法解决、区域机关或办法之利用或其所选择之他种和平方法寻求国际争端之早日及公平之解决。"[4]联合国大会决议虽然不具有国际条约的效力，但可反映国际社会的意志。就和平解决争议言，《国际法原则宣言》具有解释和具体化《联合国宪章》的作用，说明各国有义务通过和平手段解决争议，具有默示和平权作为国际法上的权利的作用。

国家主权原则是当代国际法的根本原则，是《联合国宪章》的基础和前提，因此和平权应以国家主权原则为基础，和平权的行使不应妨碍国家自卫权、反对他国或他人干涉内政的权利之行使。

作为国际法上的权利，和平权与发展权有密切的联系。如果没有和平，经济和社会发展便不可能实现。发展权是人权不可或缺的一部分，其特点为既是集体权利又是个人权利。[5]因此，和平权亦应兼具集体和个人权利的性质。

---

〔1〕 See Military.Russian Missile Attack Forces Ukraine to Shut Down Power Grid[EB/OL].(2025-01-15)[2025-01-20]. https://www.military.com/daily-news/2025/01/15/russian-missile-attack-forces-ukraine-shut-down-power-grid.html.

〔2〕 See United Nations. United Nations Charter[EB/OL].(1945-06-26)[2025-01-20]. https://www.un.org/en/about-us/un-charter/preamble.

〔3〕 联合国：《关于各国依联合国宪章建立友好关系及合作之国际法原则之宣言》[EB/OL].(1970-10-24)[2025-01-20]. https://www.un.org/zh/documents/treaty/A-RES-2625(XXV)。

〔4〕 联合国：《关于各国依联合国宪章建立友好关系及合作之国际法原则之宣言》[EB/OL].(1970-10-24)[2025-01-20]. https://www.un.org/zh/documents/treaty/A-RES-2625(XXV)。

〔5〕 关于国际发展权的讨论，参见王贵国：《易自然以强化国际法上的发展权》，载《浙江大学学报》

和平权的内涵应包括以调解等非讼方式解决争议，以及禁止以武力伤害平民的生命和财产、破坏基础民用设施等。以非讼方式解决争议可使争议各方都得到满意的结果，有利于合作的继续，也兼具预防争议，不使之扩大的作用。以非讼及和平方式解决争议在人类历史上源远流长，代表了人类的共同价值。中华传统文化对之有丰富的论述，《易》的讼卦云："有孚，窒惕，中吉，终凶。利见大人，不利涉大川。"[1]"窒"是指障碍、阻碍，"惕"寓意要警惕，"涉大川"则是指开展事业。讼卦卦辞的大意是诉讼会阻碍事物、事业的发展，影响双方的合作，故要提高警惕，要努力以诚信的品德解决争议。以诚信的品德解决争议就是不时刻意夸大事实，实事求是，且为了使争议圆满解决，可请公正无私的圣贤决断。关于"终凶"，来知德认为，"终者，极而至于成也。讼已非美事，若讼之不已至于其极，其凶可知矣"。[2]由此可知，讼卦的本义是警示世人不要轻启讼端，否则必有凶险。《象传》曰："君子以作事谋始。"[3]"作事谋始"要求人们将功夫放在讼端肇始之前，也就是避免、预防诉讼，而不是诉讼本身。避免或预防诉讼的根本是在为人处世及进行交易时，有宽广的胸怀、包容的心态、充分考虑对方的需求，同时要事先设计一套解决、化解争议的制度或机制。

讼卦不仅告诫人们要尽量避免诉讼，还主张如果诉讼失败或是无法与对方达成协议，便应顺应大道，安守本分、检讨自己，即"不克讼，复即命，渝安贞，吉"。[4]"渝"即变；"渝安贞"就是改变策略，接受现实，顺应大道，而如此做是吉祥的，不会有损身份。讼卦还指出，即使诉讼胜利也不一定是值得高兴的事情。上九爻曰："或锡之鞶带，终朝三褫之"。"锡"，赐也；"鞶带"，古代官服的带子，寓意因诉讼成功而升官晋爵，但由于当事人骄傲自满、恃功傲物，缺乏谦下的品德，而引来别人对他的非议，从而受到惩罚。老子的"功成身遂天之道"[5]及"宠辱若惊，贵大患若身"[6]讲的也是此道理。

前述讼卦和老子的思想都说明，避免、预防诉讼有利于合作和发展，是最佳选择。如不幸涉及诉讼，也要讲求诚信，重证据、摆事实、讲道理；输了，要服输认罚；

(人文社会科学版)2024年第7期。

〔1〕(明)来知德集注、胡真校点：《周易》，上海古籍出版社2013年版，第42页。

〔2〕(明)来知德：《来注易经·卷之二》，讼卦，载郑红峰主编：《周易全书》，光明日报出版社2021年版，第1110页。

〔3〕(明)来知德集注、胡真校点：《周易》，上海古籍出版社2013年版，第42页。

〔4〕(明)来知德集注、胡真校点：《周易》，上海古籍出版社2013年版，第44—45页。

〔5〕(魏)王弼注、楼宇烈校释：《老子道德经注》，中华书局2011年版，第23页。

〔6〕(魏)王弼注、楼宇烈校释：《老子道德经注》，中华书局2011年版，第32页。

赢了，无需持功好胜。《大学》云：“子曰：‘听讼，吾犹人也，必也使无讼乎！’无情者不得尽其辞，大畏民志，此谓知本。”[1]朱熹对之解释是：“情，实也。引夫子之言，而言圣人能使无实之人不敢尽其虚诞之辞。盖我之明德既明，自然有以畏服民之心志，故讼不待听而自无也。观于此言，可以知本末之先后矣。”[2]朱子之言可谓中的。

不轻启讼端的价值观的延伸是主张和平，反对战争，即使在不得已的情况下，如反对敌人的入侵，也应尽量减少人员的伤亡。就此，《易》师卦六五爻曰：“田有禽，利执言，无咎。”[3]“田有禽”的表面意思是自家的土地上来了野禽，伤害庄稼。“执”者，执获。此爻辞寓意国家的领土遭到侵犯，故要兴师讨伐。来知德对此爻辞的解释是“敌加于己，不得已而应之”。[4]因为国家遭到侵略，这样的战争属于自卫性质，是正义的战争，师出有名，故不会引起他人的非议。

《易经》主张即使是正义的战争，也要少杀人、慎杀人。离卦曰：“王用出征，用嘉折首，获匪其丑，无咎。”[5]其意思是正义之师斩杀了敌方的首领，俘虏其从属，是不会有灾祸的。为什么呢？首先，战争是正义的战争。《象传》曰：“‘王用出征’，以正邦也。”[6]来知德云：“‘征’之为言，正也。寇贼乱邦，故‘正’之。”[7]这就是说，战争是因为寇贼兴乱，而不是穷兵黩武。在此情况下，最好的方法就是对贼首进行打击，对其他人进行教育，因而可以长治久安，也就“无咎”。

主张和平、反对战争也是老子等道学家的一贯主张。老子云：“以道佐人主者，不以兵强天下，其事好还。师之所处，荆棘生焉，大军之后，必有凶年。善者果而已，不敢以取强。果而勿矜，果而勿伐，果而勿骄。果而不得已，果而勿强。”[8]“以道佐人”的“道”即宇宙的自然规律，是大道、易道。“其事好还”是说世上的事很多都是反复其道的，以强凌弱者及好以武力征服人者可能很快就遭到他人的武力攻击。因此，即使打了胜仗，也要适可而止，因为战争是在不得已的情况下进行的，同时战争一定会给老百姓带来灾难。这就是“果而勿矜，果而勿伐，果而勿骄”的

---

〔1〕《论语、大学、中庸》，(明)朱熹集注，上海古籍出版社2023年版，第253页。

〔2〕(宋)朱熹：《四书章句集注》，中华书局2011年版，第7页。

〔3〕(明)来知德集注、胡真校点：《周易》，上海古籍出版社2013年版，第49页。

〔4〕(明)来知德：《来注易经·卷之二》，讼卦，载于郑红峰(主编)，《周易全书》，光明日报出版社2021年版，第1115页。

〔5〕(明)来知德集注、胡真校点：《周易》，上海古籍出版社2013年版，第144—145页。

〔6〕(明)来知德集注、胡真校点：《周易》，上海古籍出版社2013年版，第145页。

〔7〕(明)来知德：《来注易经·卷之六》，离卦，载郑红峰主编：《周易全书》，光明日报出版社2021年版，第1185页。

〔8〕(魏)王弼注、楼宇烈校释：《老子道德经注》，中华书局2011年版，第80页。

道理。基于此，老子认为“兵者不祥之器，非君子之器，不得已而用之，恬淡为上。胜而不美，而美之者，是乐杀人”。[1]之所以不可穷兵黩武的另一原因是“物壮则老”；如果一个国家到处派兵打仗、炫耀武力，到最后一定自食恶果，因其不符合自然大道，故“早已”。[2]老子甚至提出“战胜，以丧礼处之”[3]的著名论断。

作为儒家创始人的孔子也主张以和平方式解决争议。《论语》有“卫灵公问陈于孔子”。[4]“陈”，阵也，意即陈兵列阵之事。“孔子对曰：‘俎豆之事，则尝闻之矣；军旅之事，未之学也。’明日遂行。”[5]孔子非未学军旅之事，而是不愿意谈论与战争有关的事情，故而宁愿离开。《论语》还云：“子之所慎：齐、战、疾。”[6]齐即斋，斋者，斋戒也，是祭祀的礼节。孔子将战争与祭祀的礼节和疾病同而论之，足见其对战争的慎重态度。“子不语怪、力、乱、神”。[7]“力”有勇力之意，可引申为武力或战争。孔子“不语”是指其不主张、不倡导战争。这与儒家“仁”的核心思想一致。

儒道以及诸子百家关于反对非正义战争的论述比比皆是，俯首可拾。这些思想深深融入中华民族的血液，成为中华民族的文化基因，影响着一代代人的行为。由中国政府提出的和平共处五项原则就是此中华民族特质的反映。和平共处五项原则能很快得到国际社会的广泛承认，说明和平是人类的基本价值。基于此，将和平权作为人类的基本权利，应得到支持，故推动和平权符合宇宙的自然规律，即易道。

那么，应如何推动和平权的落实呢？我们认为，作为世界第二大经济体的中国有责任承担此造福人类的责任。可供参考的方法包括以“一带一路”倡议为平台，在“一带一路”参与国间的双边甚至多边协定中纳入和平权的内容，然后在更广泛的国际层面推动。任何事情都需要有开始，作为起点，中国可在涉外法治的建设中纳入和平权，使之成为涉外法治，进而成为国际法治的内容。

[1] (魏)王弼注、楼宇烈校释：《老子道德经注》，中华书局2011年版，第83页。
[2] (魏)王弼注、楼宇烈校释：《老子道德经注》，中华书局2011年版，第80页。
[3] (魏)王弼注、楼宇烈校释：《老子道德经注》，中华书局2011年版，第83页。
[4] 杨伯峻：《论语译注》，中华书局1980年版，第159页。
[5] 杨伯峻：《论语译注》，中华书局1980年版，第159页。
[6] 杨伯峻：《论语译注》，中华书局1980年版，第68页。
[7] 杨伯峻：《论语译注》，中华书局1980年版，第71页。

形式与功能在《营商环境报告》排名中的体现：意大利的投资者保护状况是否依旧糟糕？

[意]卢卡·恩里克斯 [意]马泰奥·加尔甘蒂尼*著
贾同乐**译

一、引言

《营商环境报告》(DBR)是由世界银行开展的一项评估工作的结果的报告汇编，旨在对全球近两百个司法管辖区的监管效率进行比较。《营商环境报告》每年依据涵盖商法多个领域的基准指标对各国的监管框架进行评估，并将评估结果以排名形式呈现。《营商环境报告》对被评估国家有显著影响：如果排名结果不尽如人意，相关国家往往会受到政治压力，促使政府将报告中揭示的制度缺陷列为优先改革事项。

投资者保护是《营商环境报告》评估的重要领域之一。“保护投资者指数”(PII)通过多项变量得分汇总形成，这些变量根据《营商环境报告》的方法论对增强股东保护机制的法律规则进行编码。更具体地说，保护投资者指数衡量的是，在上市公司与其控股股东之间假定的交易当中，各司法管辖区如何保护上市公司中的少数股东。

《营商环境报告》在投资者保护领域的评估方法引发了学术界在理论与实践层面的热烈讨论。一方面，评估标准的适当性，甚至衡量立法效率的可能性都受到了

* 卢卡·恩里克斯是安理国际律师事务所公司法学教授并兼任耶稣学院教职；马泰奥·加尔甘蒂尼是德国马克斯·普朗克国际、欧洲与监管程序法研究所高级研究员。本文为合作研究成果，其中第1、2、3、5、6、7部分由马泰奥·加尔甘蒂尼主笔。感谢作者授权翻译并出版此文。

** 贾同乐，西北政法大学民商法学院讲师、硕士生导师、“一带一路”营商环境研究院执行院长，法学博士。

质疑；另一方面，据报道，多个司法管辖区存在编码错误。在此，本文无意参与关于跨法系法律体系经济立法基准化比较的讨论[1]，也不会深入审查保护投资者指数所采用的变量是否恰当。相反，我们旨在评论《营商环境报告》对意大利投资者保护的评估存在过度形式主义倾向的缺陷。此外，我们还指出，由于对相关法律的历史性误读，导致意大利立法近年取得的实质性进展未被合理评估；这使得《营商环境报告》为展示法律框架演进所呈现的历史数据，错误传递出意大利近年来在投资者保护领域停滞不前的负面印象。尽管我们重点关注编码错误问题，但我们的分析具有更广泛的理论意义。我们的主要观点是，在评估指标体系的构建与测量过程中，应采用功能性方法，而非形式主义分析[2]。当相关法律制度通过不同的法律手段实现了《营商环境报告》所设想的结果时，所赋分数应反映相同的投资者保护水平。这可能需要评估变量在定义上具备更多的灵活性。此外，我们强调，在评估某一司法管辖区内适用于投资者保护的规则时，必须关注其整体法律框架的协同作用。事实上，尽管某些规则乍看之下并不符合相关标准，但如果将其置于更广泛的法律背景中考虑，而非孤立地看待，可能会得出不同的评估结论——这种系统性视角下的规则往往能更有效地实现投资者保护目标。[3]

本文在阐述《营商环境报告》方法论(第二部分)后，总结了当前学术界关于《营商环境报告》评估的积极和消极方面的讨论(第三部分)。随后阐述了意大利关于关联方交易(Related Party Transactions Risk,RPTs)的主要法律框架(第四部分)。接着论证了《营商环境报告》评估存在方法论缺陷——其未能充分认识到意大利通过差异化监管工具所实现的投资者保护效果实则与《营商环境报告》标准具有等效

〔1〕 类似基准测试也在欧盟进行，特别是在劳动法和社会法领域，采用所谓的“开放协调方法”: see, e.g., Sabrina Regent, *The Open Method of Coordination: A New Supranational Form of Governance*?, 9 EUR. L. J. 190(2003)。

〔2〕 See John Armour et al, *How Do Legal Rules Evolve? Evidence from a Cross-Country Comparison of Shareholder, Creditor, and Worker Protection,* 57 AM. J. CoMp. L. 586, 600 (2009)(主张应根据变量对企业实践的功能性影响来选择变量，并提出一套标准，旨在将功能性变量与正式规则相匹配)。See also Mathias Siems & Simon Deakin, *Comparative Law and Finance: Past, Present and Future Research,* 166 JITE 124 (2010)(比较法是功能主义的，而比较法与金融通常只是验证某一特定法律规则在不同国家是否存在)；Mathias Siems, *Numerical Comparative Law: Do We Need Statistical Evidence in Law in Order to Reduce Complexity*?, 13 CARDOZO J. INT'L & CoMp. L. 531, 540 (2005)(统计评估通常仅限于验证某一司法管辖区是否存在某一法律规定，而指数应包含功能性等价的衡量标准，以避免结果失真)。

〔3〕 参见贝尼托·阿鲁纳达:《经商环境如何危及制度改革》，载《欧洲商业组织法评论》2009年第10卷(其中指出“在衡量不同法律传统国家的制度时，需要认识到不同的法律结构适应不同的背景”)。See John Armour et al, How Do Legal Rules Evolve? Evidence from a Cross-Country Comparison of Shareholder, Creditor, and Worker Protection, 57 AM. J. CoMp. L. 586, 600 (2009) (某一特定制度，即使孤立地看并非最优，但如果其移除会对其他互补制度产生不利影响，则应予以保留)。

性(第五部分)。然后，我们深入分析了导致这种编码错误的方法论缺陷，以证明功能性方法如何有助于获得更准确的评估(第六部分)。最后，我们量化了这些编码错误的影响，以表明《营商环境报告》的不准确性可能削弱各国制定实效性立法的积极性，同时助长形式化改革倾向，从而产生不良的激励(第七部分)。第八部分为总结部分。

二、《营商环境报告》与投资者保护水平的评估

自2004年起，国际金融公司(IFC)——世界银行集团的成员机构——开始评估全球各地的经济立法质量。该研究对比了各司法管辖区内进行商业活动的相对便利性，其评估结果每年发布一次，汇编于《营商环境报告》中。该报告采用统一标准，展示被评估国家在此共同标准下的表现，旨在展现各国监管框架的改进成效。

《营商环境报告》的评估结果通过一个综合性全球指标（“营商便利度”）及多个针对商业活动具体领域的专项排名呈现。在专项排名体系中，“保护投资者指数”(PII)于2005年首次推出，指如何有效保护小股东的利益，使其免受利益冲突交易的侵占。其基本理论是：当产权(在此指投资者的权益)事先得到明确界定，并在事后得到有效执行时，经济便能实现持续繁荣发展。[1]这一假设几乎无可置疑[2]，尽管现行立法质量与金融市场发展之间的因果关系[3](甚至相关性[4])仍然是未决问题。

为了评估针对董事滥用公司资产的保护措施，保护投资者指数根据一套标准

〔1〕 参见克劳德·梅纳尔、贝特朗·杜马雷:《我们能否根据经济效率对法律体系进行排名？》，载《法律与政策杂志》2008年第26卷(回顾了埃尔南多·德索托关于通过定义和实施产权来减少非正式性，并进而降低交易成本的理论)。关于《营商环境报告》背后的理论框架，参见贝丝·阿勒林和西蒙·迪金：《劳动法、公司治理与法律来源：一种制度互补性的案例？》，载《法律与社会评论》2007年第41卷；贝特朗·杜马雷主编：《衡量法律的指标？：〈营商环境报告〉方法论的局限》，2006年版，第21—23页；阿莱西奥·M.帕切斯：《公司法如何发挥作用？法律与金融以及其他方面》，载迈克尔·福雷、扬·斯密茨主编：《法律有影响吗？法律与经济增长》2011年版第297，299—300页。

〔2〕 See INDEP. EVALUATION GRP., An Independent Evaluation Taking the Measure of the World Bank-IFC Doing Business Indicators, 3 (Oct., 2008).

〔3〕 John Coffee, *The Rise of Dispersed Ownership: The Role of Law in the Separation of Ownership and Control,* 111 YALE L. J. 1, at 59-66 (2011)(在许多情况下，股票市场在旨在保护少数股东的立法出台之前就已发展)；BRIAN R. CHEFFINS,CORPORATE OWNERSHIP AND CONTROL: BRITISH BUSINESS TRANSFORMED 35-40 (2010)(尽管金融市场有所发展，但英国法律传统上对投资者的保护较少)。

〔4〕 See also John Armour et al., Shareholder Protection and Stock Market Development: An Empirical Test of the Legal Origin Hypothesis, 6 J. EMPIRICAL LEGAL STUD. 343 (2009).

化准则，汇总了相关立法的数据并进行评分。[1]该指数通过对三个子指数的评估来量化各司法辖区的法律框架，这些子指数分别为衡量关联方交易的信息披露要求（“披露程度”指数）、董事责任范围（“董事责任程度”指数）以及股东可获得的法律救济（“股东诉讼便利度”指数）。保护投资者指数是这三个子指数的平均值。

该条款涉及的评估变量包括：有权批准交易的公司决策机构、该机构在决策前可获得的信息翔实程度与决策后向公众披露的信息范围。同时考量法律执行机制的有效性(例如，持有流通股本比例低于10%的股东是否具备直接诉讼或派生诉讼的诉权、董事损害赔偿责任的具体规定，以及是否存在利润追缴制度等救济措施)。此外，通过证据开示程序获取举证材料的能力亦构成重要的评判标准。

变量设定均基于一项对各国司法管辖区具有普遍适用性的假设交易。在该虚构案例中，上市公司“买方公司”(注册于目标国主要证券交易所的制造业企业)从“卖方公司”购入运输车队。詹姆斯先生持有买方60%的已发行股本，是买方的控股股东，并且是董事会成员。他还拥有卖方90%的股份。在这笔属于买方正常业务范围内的交易中，车队价值相当于买方资产的10%，且其价格高于市场价值。假设交易已履行全部必要审批程序并完成信息披露，不存在欺诈行为。在此情形下，若买方公司因此遭受损失，其股东有权对詹姆斯先生及其他相关责任主体提起诉讼。

评估小组首先确定各司法管辖区适用于相关交易的规则。根据法律救济措施的可获得性，通过以下假设进行评分：防范资产掏空的监管工具数量越多，表明对

〔1〕 自2003年9月首次发布以来，《营商环境报告》一直采用安德烈·施莱弗及其合作者所著知名科学研究方法论。最初见国际金融公司：参见 initially Int'l Fin.Corp. [IFC], Doing Business in 2004. Understanding Regulation, DOINGBUSINESS.ORG, 7 (Sep.,2003),http://www.doingbusiness.org/-/media/GIAWB/Doing/2oBusiness/Documents/AnnualReports/English/DBo4-FullReport.pdf. For PII see Int'l Fin. Corp. [IFC], DoingBusiness in 2005.Removing obstacles to growth, DOING BUSINESS.ORG, 85 (Jan. 1, 2005),http://www.doingbusiness.org/-/media/FPDKM/Doing/o2oBusiness/Documents/AnnualReports/English/DBO5-FullReport.pdf,referring to Rafael La Porta et al., Law and Finance, 106 J.POL. ECON. 1113 (1998)，其中首次提出了一套准则——“反董事权利指数”，旨在测试公司法与证券法质量与上市公司所有权集中度之间的可能相关性；id. At 1150. See subsequently Int'l Fin. Corp. [IFC], Doing Business 2010. Reforming through difficult times,DOINGBUSINESS.ORG,42(Sep.9,2009),http://www.doingbusiness.org/-/media/GIAWB/Doing/2oBusiness/Documents/Annual-Reports/English/DBlO-FullReport.pdf, where reference is made toSimeon Djankov et al., The law and economics of self-dealing, 88 J. FIN. ECON. 430 (2008)(定义了一个新的、更详细的框架——“自我交易指数”)。有关《营商环境报告》中其他指数的相关研究，请参见Kevin E. Davis & Michael B. Kruse, Taking the Measure of Law: The Case of the Doing Business Project, 32 LAW & Soc. INQUIRY 1101 (2007). Reliance on academics or outsources in the production of indicators is no exception: cf. Kevin E. Davis et al., Introduction: Global Governance by Indicators in GOVERNANCE BY INDICATORS. GLOBAL POWER THROUGH QUANTIFICATION AND RANKINGS 3,13 (Kevin E. Davis et al. eds., 2012).。

投资者的保护机制越完善。

三、《营商环境报告》：对国家改革议程的影响与评论

鉴于《营商环境报告》(DBR)所宣称的旨在通过高效的监管环境促进经济增长的目的，该报告对国家政策讨论产生了显著影响。[1]这种影响体现在两方面：一方面，一些国家明确为了符合《营商环境报告》评估框架所设定的标准而推动法律改革；[2]另一方面，来自其他司法管辖区的学者和政治家对该评估方法及其结果表示了强烈反对。广泛的批评也证明了《营商环境报告》在全球政策领域的重要性。[3]

这种重要性的原因是多方面的。对于发展中国家而言，能否获得世界银行的贷款项目可能取决于《营商环境报告》的评估结果，该结果被视为一种指标来衡量受援国想要改善其经济表现以提高公民生活水平的意愿。对于发达国家而言，不理想的排名会给政府带来政治压力。其“点名批评”效应通常因媒体对《营商环境报告》的广泛报道而放大。[4]与其他关于国家绩效的评估研究不同，[5]《营商环境报告》通过排名所有参与司法管辖区来对标评估结果，从而在各司法管辖区之间营

〔1〕 See INDEP. EVALUATION GRP., An Independent Evaluation Taking the Measure of the World Bank-IFC Doing Business Indicators, 3 (Oct., 2008), at 44-6(促进了国家关于立法改革的辩论，尽管其作为政策优先顺序指南的作用较弱，因为它往往仅关注更大问题中的专门方面，而忽略了国家背景)。See also INDEP. PANEL, Review of the Doing Business Report, DBRPANEL.ORG, 19 (Jun. 24, 2013), http://faculty.washington.edu/hgwolff/Doing%20business%20review%20panel%20report%20w ith%20signatures%2Oand%2OBibliography.pdf, many institutions refer to the DBR without considering its inherent limitations. See also Ralf Michaels, Comparative Law by Numbers? Legal Origins Thesis, Doing Business Reports, and the Silence of Traditional Comparative Law, 57 AM. J. CoMp.L. 772 (2009)(列出《营商环境报告》吸引力的因素并评估其影响)。

〔2〕 See, e.g., Caralee McLiesh & Pedro Arizti, The Doing Business Project, in OECD, MFDR PRINCIPLES IN ACTION: SOURCEBOOK ON EMERGING GOOD PRACTICES 110 (2006) (reporting how Jordan, Korea,Mozambique, Nicaragua, Serbia and Montenegro have used the DBR as a reform driver).

〔3〕 关于法国，参见贝特朗 • 杜马雷主编：《衡量法律的指标?：〈营商环境报告〉方法论的局限》，2006年版，第21—23页；阿莱西奥 •M.帕切斯：《公司法如何发挥作用? 法律与金融以及其他方面》，载迈克尔 • 福雷、扬 • 斯密茨主编：《法律有影响吗? 法律与经济增长》，2011年版，第297，299—300页。

〔4〕 See INDEP. EVALUATION GRP., An Independent Evaluation Taking the Measure of the World Bank-IFC Doing Business Indicators, 3 (Oct., 2008), at 41(传播策略是《营商环境报告》成功的决定因素之一，但有时可能会误导用户，例如，在仅证明相关性时却断言因果关系)。

〔5〕 See, e.g., CEPEJ, European Judicial Systems. Efficiency and Quality of Justice, COE.INT (2012),http://www.coe.int/t/dghl/cooperation/cepej/evaluation/2014/Rapport_2014-en.pdf (on the evaluation of domestic judicial systems).

造了一种竞争氛围。[1]此类排名满足了公众对“易于理解的信息”的需求[2]，尽管各地立法存在技术性差异，但排名具有强大的象征意义，且易于被公众广泛理解[3]

尽管《营商环境报告》自首次发布以来影响深远，[4]但仍有许多法律学者对其评估方法和结果提出了批评。批评主要集中在评估过程的两个关键方面：评估标准的选择以及评估遵守这些标准的过程。关于标准选择的批评常指向其采用“单一标尺”衡量不同司法管辖区立法的合理性，这种[5]“一刀切”的方法显然忽略了法律体系的多样性。[6]批评者指出，理想的评估方式应因法律、政治和社会背景而

〔1〕 排名与评分不同，可能会给人一种没有改革的印象，尤其是当许多司法管辖区同时改进时，而且可能会掩盖国家间的差异程度(David Irwin, Doing Business: Using Ratings to Drive Reform, 26 j. INT'L. DEV., 658 (2013) (ebook). See also INDEP. EVALUATION GRP., supra note 5, at xvi(“一个国家排名的变化在很大程度上取决于其在分布中的位置；小的变化可能导致排名的大幅跳跃，反之亦然。这些因素会导致排名异常”)；INDEP. PANEL, Review of the Doing Business Report, DBRPANEL.ORG, 19 (Jun. 24, 2013), http://faculty.washington.edu/hgwolff/Doing%20business%20review%20panel%20report%20with%20signatures%2Oand%2OBibliography.pdf, at2, 2-20(虽然建议保留国家排名，但承认《营商环境报告》已经通过“前沿距离”指标提供的绝对分数更具信息量；后续发展《营商环境报告》将强调每个国家所取得的结果与最高效管辖区的表现之间的差异变化。这应该有助于更清晰地指出那些虽然改变了竞争者之间的距离但不足以确保更好排名的改进及保护投资者指数将更名为“保护少数投资者”指数，覆盖更多的规则。例如，将关注股东权利，包括新股发行的优先购买权以及强制要约收购规则的存在，此外，还将评估需要提交股东大会决策的事项，如新股发行。此外，评估还将关注董事会的构成，特别是独立董事或非执行董事的比例，以及董事长和首席执行官的职责分离情况)。

〔2〕 Mathias Siems, Numerical Comparative Law: Do We Need Statistical Evidence in Law in Order to Reduce Complexity?, 13 CARDOZO J. INT'L & CoMp. L. 531, 540 (2005) (统计评估通常仅限于验证某一司法管辖区是否存在某一法律规定，而指数应包含功能性等价的衡量标准，以避免结果失真)，第534页(数值分析满足了降低复杂性以增加比较法实用性的需求)。

〔3〕 See Ralf Michaels, The Functionalism of Legal Origins, in DOES LAW MATTER? ON LAW AND ECONOMIC GROWTH 31 (Michael Faure & Jan Smits eds. 2011) (reductionist quality of rankings is an advantage for their marketability).

〔4〕《营商环境》指标经常被列为最重要的指数编制活动之一：参见Kevin E. Davis et al., Introduction: Global Governance by Indicators in GOVERNANCE BY INDICATORS. GLOBAL POWER THROUGH QUANTIFICATION AND RANKINGS 3,13 (Kevin E. Davis et al. eds., 2012). at3。

〔5〕 [IFC], Doing Business in 2005. Removing obstacles to growth, DOINGBUSINESS.ORG, 85 (Jan. 1, 2005), http://www.doingbusiness.org/-/media/FPDKM/Doing/o2oBusiness/Documents/AnnualReports/English/DBO5 -FullReport.pdf, at 16；PANEL, Review of the Doing Business Report, DBRPANEL.ORG, 19 (Jun. 24, 2013),http://faculty.washington.edu/hgwolff/Doing%20business%20review%20panel%20report%20with%20signatures%20and%20Bibliography.pdf，强调了“雇佣工人”衡量标准向更细致方法的转变，《营商环境报告》最近为此提供了绝对数据而非排名。2014年4月宣布的对DBR方法的一些修正也将改变目前其余指标所遵循的方法。特别是，《营商环境报告》将强调每个国家所取得的结果与最高效管辖区的表现之间的差异变化。这应该有助于更清晰地指出那些虽然改变了竞争者之间的距离但不足以确保更好排名的改进。See Int'l Fin. Corp. [IFC], Forthcoming changes to the Doing Business report, DOINGBUSINESS.ORG (Apr. 30,2014),http://www.doingbusiness.org/-/media/GIAWB/Doing /2oBusiness/Documents/Methodology/Survey- Instruments/DB15/Forthcoming -methodology -changes to -the Doing BusinessReport.pdf。

〔6〕 有关该方法的回顾，请见Alessio M. Pacces, How does Corporate Law Matter? 'Law and Finance' and Beyond, in MICHAEL FAURE & SMITS, DOES LAW MATTER? ON LAW AND ECONOMIC

异，[1]首先，若评估范围外的规则与被评估规则产生互动，可能会限制甚至逆转《营商环境报告》方法论中孤立考量的规则本应产生的积极效果。“纸面上的良法”不等于“实践中的良法”，后者高度依赖正式与非正式的执行机制。然而，《营商环境报告》方法论却完全忽视了法律执行的实际操作。[2]此外，无论变量构建得多么好，在衡量每个标准的重要性时，以及在因此确定最终排名时，都不可避免地存在一定程度的主观性。[3]

也有人质疑，某些特定标准是否能准确衡量企业家所处的法律环境。世界银行本身已经认识到其评估结果的政策影响可能有问题，并随后修订了其方法论。例如，原本衡量雇佣和解雇员工便利度的劳动法指标就引发了广泛关注。该指标基于一种假设，即减少监管(从而降低解雇员工的负担)应被视为效率更高的代表。批评者指出，放松监管并不一定意味着更好的监管。[4]他们认为没有证据表明宽松的劳动法能够提高经济绩效或创造更多的就业机会。[5]这些批评促使世界银行对劳动法指标的方法论进行了调整，将其纳入新的“雇佣员工”指标，并将其从构成“营商环境便利度”的指数中剔除。[6]

GROWTH 303-307 (Michael Faure & Jan Smits eds., 2011)。

〔1〕 参见戴维斯、克鲁斯:《衡量法律：经商环境项目案例》，载《法律与社会调查》，2007年第32卷。依赖学术界或外包机构来生成指标并非例外(第1102—1103页)；贝尼托・阿鲁纳达:《测量制度的陷阱：经商环境是否损害了商业？》，载《比较经济学杂志》2007年第35卷；克劳德・梅纳尔、贝特朗・杜马雷:《我们能否根据经济效率对法律体系进行排名？》，载《法律与政策杂志》2008年第26卷(回顾了埃尔南多・德索托关于通过定义和实施产权来减少非正式性，并进而降低交易成本的理论)，第77—80页；独立小组，PANEL, Review of the Doing Business Report, DBRPANEL.ORG, 19 (Jun. 24, 2013), http://faculty.washington.edu/hgwolff/Doing%20business%20review%20panel%20report%20with%20signatures%2Oand%2OBibliography.pdf, at3。

〔2〕 参见独立评估小组:《评估世界银行—国际金融公司经商环境指标的独立评估》，第15—16页和第24页。《营商环境》指标主要衡量书面法律和法规，但每个指标的相关性取决于法律的实际执行，而《营商环境》并不旨在衡量这一点。

〔3〕 Cf. For a similar consideration with reference to corporate governance indices see Sanjai Bhagat et al., The Promise and Peril of Corporate Governance Indices, 108 COLUM. L. REv. 1825 (2008)(市场参与者在权衡治理特征时可能有不同的偏好，且某些变量可能是其他变量的替代品)。

〔4〕 参见cf. Kevin E. Davis et al., Introduction: Global Governance by Indicators in GOVERNANCE BY INDICATORS. GLOBAL POWER THROUGH QUANTIFICATION AND RANKINGS 3,13 (Kevin E. Davis et al. eds., 2012), at 9(每项变量的选择都不可避免地反映了对监管角色及其对社会影响的潜在意识形态假设)。

〔5〕 See, e.g., Janine Berg & Sandrine Cazes, Policymaking Gone Awry: The Labor Market Regulations of the Doing Business Indicators, 29 COMP. LAB. L. & POL'Y J. 350,355-360 (2008).

〔6〕 See Peter Bakvis, The World Bank's Doing Business Report: A last fling for the Washington Consensus,15 EUR. REv. LAB. RES 434 (2009); Int'l Fin. Corp. [IFC], Doing Business 2014. Understanding Regulations for Small and Medium-Size Enterprises, DOINGBUSINESS.ORG, 2 (Jun. 1,2013),http://www.doingbusiness.org/-/media/GIAWB/Doing%2oBusiness/Documents/AnnualReports/English/DB14 -Full -Report.pdf.

其他批评意见针对的是“开办企业便利度”[1]以及“保护投资者指数”指标本身。因此，他们对全球“营商环境便利度”这一指标提出了质疑，认为该指标不可避免地反映甚至放大了子指标定义不当的问题。[2]

一些学者提出了股东保护的替代性评估标准，试图更准确地理解不同司法管辖区的比较优势。[3]2014年4月，《营商环境报告》宣布其方法论将进一步调整，以回应这些批评意见，并提高评估的全面性。这将促使人们对其研究结果进行更加审慎地考量。[4]然而，该评估框架仍将不可避免地面临批评——学者们对于不同法律规则的相对重要性仍会持有不同观点。

即便抛开理论争议，《营商环境报告》的准确性也受到了质疑。[5]该评估依赖于假设性的交易场景，如第二部分中描述的买方和卖方交易，这些场景旨在测试法律在类似情况下的运作方式。[6]相关法律规则的数据通过向当地专家发放问卷收

---

〔1〕 参见贝尼托·阿鲁纳达：《测量制度的陷阱：经商环境是否损害了商业？》，载《比较经济学杂志》2007年第35卷；（营商环境报告方法论认为那些程序要求，如预注册和注册费用较低且时间较短的司法管辖区，得到更好的评分，这低估了降低法律确定性带来的成本）；关于自我交易法律与经济学的反驳，for a reply contra Simeon Djankov et al., The law and economics of self-dealing, 88 J. FIN. ECON. 430 (2008). See also Arrufiada,supra note 3, for a counter-reply。

〔2〕 [IFC], Doing Business in 2005. Removing obstacles to growth, DOINGBUSINESS.ORG, 85 (Jan. 1, 2005), http://www.doingbusiness.org/~/media/FPDKM/Doing/o2oBusiness/Documents/AnnualReports/English/DBO5 -FullReport.pdf, at 16; PANEL, Review of the Doing Business Report, DBRPANEL.ORG, 19 (Jun. 24, 2013),http://faculty.washington.edu/hgwolff/Doing%20business%20review%20panel%20report%20with%20signatures%20and%20Bibliography.pdf，许多机构引用《营商环境报告》时并未考虑其固有的局限性，第4页（指出没有充分理由简单地对各指标取平均值以得出“营商便利度”指数，并建议将其删除）。

〔3〕 For an alternative shareholder protection index cf. Priya P. Lele & Mathias M. Siems,Shareholder Protection: A Leximetric Approach, 7 J. CORP. L. STUD. 17 (2007)；同一指数，See also Mathias Siems & Simon Deakin, Comparative Law and Finance: Past, Present and Future Research, 166 JITE 124 (2010)（比较法是功能主义的，而比较法与金融通常只是验证某一特定法律规则在不同国家是否存在），第128—135页；CENTRE FOR BUSINESS RESEARCH, EXTENDED SHAREHOLDER PROTECTION INDEX (www.cbr.cam.ac.uk)。

〔4〕 保护投资者指数将更名为“保护少数投资者”指数，覆盖更多的规则。例如，将关注股东权利，包括新股发行的优先购买权以及强制要约收购规则的存在，此外，还将评估需要提交股东大会决策的事项，如新股发行。另外，评估还将关注董事会的构成，特别是独立董事或非执行董事的比例，以及董事长和首席执行官的职责分离情况；See also Int'l Fin. Corp. [IFC], Doing Business 2015. Measuring Business Regulation - Questionnaire, DOINGBUSINESS.ORG (2015),http://www.doingbusiness.org。

〔5〕 See Kevin E. Davis & Michael B. Kruse, Taking the Measure of Law: The Case of the Doing Business Project, 32 LAW & Soc. INQUIRY 1104-1107, 1111-1115 (2007).（可以得出结论，《营商环境报告》评估中的缺陷使得该报告不可靠，无法作为全面法律改革的依据）。

〔6〕 然而，这种方法也引发了一些学者的争论。他们认为，由美国经济学家选择的假设情景很可能带有普通法司法管辖区的特定特征，从而导致在与大陆法司法管辖区的比较中存在偏见（另见拉尔夫·迈克尔斯：《按数字比较法律？法律起源理论、<营商环境报告>与传统比较法的沉默》，载《美国比较法期刊》2009年第57卷（列出《营商环境报告》吸引力的因素并评估其影响），第786页；另见马蒂亚斯·西姆斯、西蒙·迪金：《比较法与金融：过去、现在与未来研究》，载《国际与欧洲经济学期刊》2010年第166卷（比较法是功能主义的，而比较法与金融通常只是验证某一特定法律规则在不同国家

集，评估结果随后会与世界银行负责评估的团队进行讨论。[1]

然而，这一程序并非总是可靠。[2]例如，意大利的保护投资者指数评分就受到错误的影响，而《营商环境报告》已承认了这一点。[3]

四、意大利有关关联方交易的框架

《关联方交易条例》(以下简称PRT或条例)规定了意大利上市公司必须遵守的

是否存在)；(由于法律与金融研究流派主要基于美国证券法，因此可以视为一种“隐性基准测试”，衡量与美国模式的相似度)；PANEL, Review of the Doing Business Report, DBRPANEL.ORG, 19 (Jun. 24, 2013),http://faculty.washington.edu/hgwolff/Doing%20business%20review%20panel%20report%20with%20signatures%20and%20Bibliography.pdf，许多机构引用《营商环境报告》时并未考虑其固有的局限性，第16页(用于测试变量的假设情境选择可能存在本土偏见))。然而，《营商环境报告》标准的适当性也遭到了美国视角的质疑(阿莱西奥·M.帕切斯：《公司法如何发挥作用？法律与金融以及其他方面》，载迈克尔·福雷和扬·斯密茨主编：《法律有影响吗？法律与经济增长》，2011年版第297，299—300页。

〔1〕 See INDEP. EVALUATION GRP., An Independent Evaluation Taking the Measure of the World Bank-IFC Doing Business Indicators, 3 (Oct., 2008), at 13-9; see Kevin E. Davis & Michael B. Kruse, Taking the Measure of Law: The Case of the Doing Business Project, 32 LAW & Soc. INQUIRY 1101 (2007), at 1095、1099-1100.

〔2〕 法国第一版《营商环境报告》中出现的许多错误曾在法国法律和政治界的争论中被指出(另见克劳德·梅纳尔、贝特朗·杜马雷：《我们能否根据经济效率对法律体系进行排名？》，载《法律与政策杂志》2008年第26卷，(其回顾了埃尔南多·德索托关于通过定义和实施产权来减少非正式性，并进而降低交易成本的理论)，第45页；二进制代码不适用于国家法律下有多于两个选项的情形)，因此在后续版本中已被修正(安妮-朱莉·凯尔赫尔、贝内迪克特·福瓦尔克-科松：《法律是否为经济竞赛？法国对世界银行营商环境报告的反应与法律的经济分析》，载《美国比较法学杂志2009年第57卷)。在“创业便利度”指标的评估中，其他国家也存在错误(参见贝尼托·阿鲁纳达：《测量制度的陷阱：经商环境是否损害了商业？》，载《比较经济学杂志》2007年第35卷，第743—744页；贝尼托·阿鲁纳达：《经商环境如何危及制度改革》，载《欧洲商业组织法评论》2009年第10卷，第559页；另见比约恩·霍伊兰德等：《国际排名的暴政》，载《发展经济学杂志》2012年第97卷(衡量《营商环境报告》评估中的不确定性)。类似的错误也出现在拉·波尔塔等人的研究中(《法律与金融》，载《政治经济学杂志》1998年第106卷)，其中首次提出了一套准则——“反董事权利指数”，旨在测试公司法与证券法质量与上市公司所有权集中度之间的可能相关性[另见霍尔格·斯帕曼：《“反董事权利指数”再探》，载《金融研究评论》2010年第23卷(该研究发现46个受调查国家中有33个国家的数据存在编码错误，纠正这些错误后，原研究中普通法在投资者保护方面优于大陆法的结论被推翻)]。

〔3〕 “股东诉讼便利度”指数包含一个变量，用于衡量民事诉讼所需的证明程度。如果该证明标准低于刑事案件适用的举证责任，则该司法管辖区得一分。截至2012年报告，该变量得分为0(见2012年意大利国家表)。然而，正确的指标应为1，因为根据意大利的规定，刑事责任需要证明故意行为，而民事责任则基于过失，过失更容易证明。这一错误在2013年的报告中得到了修正。由于这一变化并未反映任何法律改革，因此2013年和2014年的报告在此方面未显示出随时间的变化：see Int'l Fin. Corp. [IFC], Doing Business 2014 - Economy Profile: Italy, DOINGBUSINESS.ORG,60(OCt.29,2013),https://openknowledge.worldbank.org/bitstream/handle/10986/18495/828700It alyoITAoBoxo382o99BooPUBLICo.pdf?sequence=1&isAllowed=y. The same holds true for other rankings, which were consequently amended in retrospect (id., at 57). Similar retroactive corrections are not exceptional: see INDEP. EVALUATION GRP., supra note 5, at 17. See also DU MARAIS,supra note 4, at 40, 54(关于保护投资者指数的证据标准问题，是按照普通法法律传统构建的，可能对大陆法系国家来说没有意义，从而导致编码错误)。

规则和原则，以确保关联方交易能够充分向市场披露，并满足实质性和程序性公正的最低标准。[1]该条例于2010年由意大利证券交易委员会批准，并于1年后全面实施。条例包含一套详细的规则，但也为某些选择性条款留出了空间。[2]由于《营商环境报告》的模拟仅考虑默认条款，因此，除了少数例外情况，我们的描述仅限于默认情况下适用于PII假设交易的规则。

该条例规定，全体董事会应负责决定是否进行关联交易。因此，在这方面不允许将权力委托给高管人员。[3]然而，在作出此类决定之前，应由一个特别委员会进行评估，该委员会成员仅由无关联[4]且独立[5]的董事组成。该特别委员会应评估交易的实质性、公平性以及公司在交易中的利益。特别委员会必须参与导致关联交易批准的谈判和内部决策过程。特别委员会不但有权及时获取正在进行的谈判信息，而且可以在整个过程中要求就特定问题作出澄清，并向高管人员提供意见。[6]委员会还可以请求其自行选择的独立专家提供咨询。公司将承担相关额外专家费用的支出。[7]

特别委员会可以通过发布具有约束力的建议来否决交易。或者，也可以依据明确的章程条款选择放弃特别委员会的投票要求，转而采用董事会双重多数决的法定人数要求。除非独立董事中的多数成员批准，否则不得进行交易。[8]然而，该条例[9]允许公司通过股东大会的特别授权来推翻独立董事具有约束力的否定意

〔1〕 See Art. 2 RPT Regulation (Consob Decision No. 17221 of 12 Mar. 2010, as amended; O.J. No. 152 of 2 Jul. 2010). We provide here an overview of the rules applicable to Buyer's transaction with Mr. James. For a more comprehensive description of the Regulation see Marcello Bianchi et al.,Regulation and self-regulation of related party transactions in Italy, QUADERNI DI FINANZA CONSOB No.75, at 10-13 (2010); Organisation for Economic Co-operation and Development [OECD], Related Party Transactions and Minority Shareholder Rights, 115- 6, (2012).

〔2〕 参见，例如，Marcello Bianchi et al., Regulation and self-regulation of related party transactions in Italy, QUADERNI DI FINANZA CONSOB No. 75, at13(指出最相关的可选条款)。

〔3〕 参见《关联方交易条例》，第8条之(1)，(a)项。

〔4〕 就本法规而言，如果董事既不是相关交易的对方，也不是其关联方，则被视为无关联。

〔5〕 如果董事符合适用公司治理准则的要求，则被视为独立。如果公司未遵守任何准则，则适用一些默认要求[参见《关联方交易条例》，第3条之(1)，(h)项]。

〔6〕 参见《关联方交易条例》，第8条之(1)，(b)项独立董事的早期参与提高了其审查质量，并改进了要求在向全体董事会作出交易最终决定时披露利益冲突的一般规则，参见《民法典》第2391条。因此，该程序超出了《营商环境报告》方法论范围，其中仅遵守一般规则就足以在“是否要求詹姆斯先生向董事会披露利益冲突”这一变量上获得最高分(2分)(如果仅一般性地要求披露存在冲突而不作进一步说明，则得1分，否则不得分)。

〔7〕 公司可以对涉及较不重要交易的意见费用设定上限。

〔8〕 参见《关联方交易条例》，第8条之(1)，(c)项。

〔9〕 参见《关联方交易条例》，第8条之(2)项。

见——无论是以委员会决议的形式还是以双重多数表决机制的形式。[1]公司选择此方案时，适用的程序应确保拟议交易只有在达到普通法定人数且获得无关联股东多数批准(即所谓的“洗白”程序)后方可进行。[2]因此，如果少数股东的多数投票反对该交易，则不得进行交易。[3]

条例中的特定条款对信息披露提出了强制要求，这些要求是对内部信息临时披露一般规则的补充。[4]企业需披露的信息包括但不限于：交易是否被认定为关联方交易、与关联方的关系性质(需明确识别)、交易金额、所遵循的审批程序以及董事会或特别委员会内的反对意见(如有)。[5]

无论关联方交易是否被认定为内幕信息，企业都必须在相关机构批准交易之日起7日内，或在特定情况下自合同提案之日起，发布详细信息。[6]此类信息必须按照法规规定的标准格式进行披露，披露内容必须包括但不限于：公司在交易中的利益以及确定支付对价所采用的标准。同时，所有利益冲突(包括间接利益冲突)都必须披露，例如，当管理层的薪酬受到关联方交易绩效影响时。[7]此外，年度报告和中期报告须披露个别重大关联方交易的具体信息。[8]

---

〔1〕 2014年4月，欧盟委员会提出了一项建议，旨在在全欧洲范围内就关联方交易引入立法。根据该建议，任何超过公司资产5%或可能对利润或营业额产生重大影响的交易，在进行之前必须获得股东的批准：参见《欧洲委员会关于修改2007/36/EC指令的欧洲议会和理事会指令提案》第9c条之(2)，第9页(2014年)。

〔2〕 参见《关联方交易条例》，上文注释35，第11条之(3)。公司法典和章程可以规定，为了使洗白程序生效，股东大会的出席人数必须达到不超过10%的最低门槛。

〔3〕 少数股东多数批准机制抵消了未强制要求利益冲突股东放弃投票权的条款的影响(参见《民法典》第2373条)。

〔4〕 根据《统一金融法》第114条和181条，以及欧盟委员会指令2003/6/EC第6条，公司必须立即披露那些一旦公开可能会对其股票价格产生重大影响的交易相关的内部信息。在《营商环境报告》的方法论中，并未提及交易如何与临时披露义务相关联，这可能是因为美国法律下并不存在此类义务。对《营商环境报告》模型交易是否涉及价格敏感信息的评估将高度依赖于裁量权，尽管卡车车队的交易金额很可能使得信息披露成为必要。由于《营商环境报告》将德国视为一个要求对詹姆斯先生交易进行即时、详细披露的司法管辖区(See Review of the Doing Business Report, DBRPANEL.ORG, 19 (Jun. 24, 2013),http://faculty.washington.edu/hgwolff/Doing%20business%20review%20panel%20report%20with%20signatures%20and%20Bibliography.pdf，其中因为适用规则要求披露交易但未要求披露詹姆斯先生的利益，所以给予了1分的评分)，并且这一结论只能基于欧盟法律下的临时披露义务得出(因为德国法律下并无针对关联方交易的特定披露义务)，因此，我们在下文中将同样假设詹姆斯先生的交易在意大利也会触发临时披露义务。

〔5〕 参见《关联方交易条例》，第6条；另见欧盟委员会指令2003/6/EC，第6(7)条。

〔6〕 用于收集相关数据的问卷仅涉及交易获批后72小时内发布的信息(Int'l Fin. Corp. [IFC], Doing Business 2014.Measuring Business Regulation - Questionnaire, DOINGBUSINESS.ORG, 5 (2014),http://www.doingbusiness.org)。

〔7〕 参见《关联方交易条例》，第5条及附件4。

〔8〕 参见《关联方交易条例》，第5条。

五、关联方交易法规出台后意大利的投资者保护测评

根据2014年《营商环境报告》，意大利在“投资者保护指数”（保护投资者指数）18个子指标中，有10个未达到最高评分。值得注意的是，该报告在历史监管演变分析部分，并未记录意大利近年来在投资者保护规则体系上的实质性调整。尽管意大利早在2010年即批准了RPT，并于2011年正式实施，但该重要监管改革未被纳入投资者保护领域的制度创新评估范畴。因此，评估的大多数评分较为准确地反映了意大利当前及过往的法律与监管环境，但部分评分存在偏差。

编码错误可能导致对某一司法管辖区当前投资者保护水平的低估或高估。此外，若过去的评分被人为抬高，可能会掩盖后续的改进，从而影响对规则演变真实情况的呈现。就意大利而言，其部分评分（无论是当前还是历史时期）未能准确反映国家法律框架的原因是多方面的。在某些情况下，这可能源于对意大利法律的基础性误解；在另一些情况下，编码错误可能源自对适用法规或《营商环境报告》方法论本身采取形式主义的解读而非功能性的解读。因此，根据《营商环境报告》的评估，意大利法律体系在近年来未取得实质性进展。该报告认为，意大利2010年未通过任何值得注意的改革，2011年也未实施任何新法规。[1]尽管《营商环境报告》团队指出“严格的改革努力必然会反映在营商环境指标中”[2]，但无论改革是否旨在提高《营商环境报告》排名，我们希望证明该排名未能充分反映意大利改善后的法律体系。[3]

在第7部分，我们分析了过往评估中的错误如何导致对意大利法律发展进程的误导性描述。在本节中，我们重点指出当前生效法律的编码存在的一处错误。具体而言，《营商环境报告》未能充分体现独立董事对关联交易（RPTs）的审查职能，以及由此产生的对不公平交易的否决权。我们认为，独立董事的引入对意大利公司治理实践产生了重大影响：有证据表明，积极股东可利用该法规成功对关联交易

---

〔1〕 参见Int'l Fin. Corp. [IFC], Doing Business 2012 - Economy Profile: Italy, DOINGBUSINESS.ORG, 61-63 (Jan. 1,2012), http://www.wds.worldbank.org/external/default/WDSContentServer/WDSP/IB/2012/02/23/000333038 20120223235145/Rendered/PDF/65323OItalyoDooBox365711BooPUBLICo.pdf. 见图1。

〔2〕 See Int'l Fin. Corp. [IFC], Doing Business in Italy - Reform opportunities, DOINGBUSINESS. ORG, 3 (2012), http://www.doingbusiness.org/-/media/GIAWB/Doing/o2oBusiness/Documents/SubnationalReports/DB13 Italy.pdf.

〔3〕 See Organisation for Economic Co-operation and Development, supra note 35, at 117 (“Italy has made considerable progress in recent years to promote and defend shareholder rights and to improve transparency”).

提出异议，[1]这证明旨在保护中小股东权益的新法律机制绝非流于形式，而是切实有效。

尽管我们承认，在评估一个国家对少数股东的法律保护程度时，偶尔出现一个错误尚可容忍，但我们特别关注这个错误，主要是基于以下三个原因。

首先，该错误对意大利的“保护投资者指数”排名的影响不可忽视。事实上，它导致意大利在最新的《营商环境报告》中的排名下降了18位。[2]其次，它影响了关联方交易法规核心监管机制之一的评估，而该条例的制定初衷是确保利益冲突交易在公平条件下进行。因此，《营商环境报告》对意大利监管框架的误解，远比这单一错误所显现得更为严重。第三，这一编码错误揭示了《营商环境报告》评估体系在平衡客观性与深入考量各国司法辖区特殊制度设计时面临的挑战。

诚然，关联方交易法规中的某些程序性要求确实独具特色，因此，可能难以将它们精确地归入《营商环境报告》所采用的标准化法律框架模型中。特别委员会对关联方交易具有约束力的审查意见即属此类情况。保护投资者指数评分标准在于评估公司治理机构是否对交易提供了充分的法律批准。根据评分体系：若仅由首席执行官批准关联方交易，则得0分；若董事会或股东大会必须对交易进行表决，且“詹姆斯先生”作为董事会成员或股东有权投票，则得1分；若需董事会批准，而“詹姆斯先生”不得投票，则得2分；若必须由股东大会投票表决，且“詹姆斯先生”必须回避，则得最高分3分。

根据负责评估意大利营商环境团队的说法：“[关联方交易]需先经独立董事委员会预先批准，并由董事会最终批准。此外，新规允许利益相关方参与批准流程(董事会)。再者，根据新规，无论委员会意见如何，董事会(其中利益相关方可投票)对交易拥有最终决定权。值得注意的是，根据新规，独立董事委员会无权阻止或否决关联方交易。根据《营商环境报告》的方法论，意大利在此问题上得1分。”[3]

然而，该陈述在描述意大利关联方交易法规时并不准确，且对其程序保障机制的运作存在误解。如第4部分所述，新法规的核心在于由独立董事组成的特别委员

〔1〕 参见Organisation for Economic Co-operation and Development [OECD], Related Party Transactions and Minority Shareholder Rights, 115- 6, (2012), at 117(“近年来，意大利在促进和保护股东权利以及提高透明度方面取得了重大进展”)。

See BELCREDI & ENRIQUES (2014), at 27-8(报告琥珀资本有限合伙公司在丰迪阿里亚SAI和帕玛拉特等公司取得的成功举措)。

〔2〕 参见下文表6。

〔3〕 See DBR TEAM, Doing Business Project Response - Italy, 13 (Jul. 19, 2011) (unpublished manuscript) (on file with the authors).

会对关联方交易的审查。独立董事委员会对交易的否决权是保护少数股东的主要工具，具体而言，独立董事参与交易谈判。董事会对关联方交易的批准需以独立董事委员会具有约束力的正面意见为前提。换言之，独立董事委员会对关联方交易拥有否决权。[1]

要求独立董事委员会提供具有约束力的意见，弥补了2003年意大利立法者做出的一个令人遗憾的决定，即未禁止利益相关董事投票。[2]利益相关董事不得成为可否决该决议的特别委员会成员。[3]

总之，根据默认规则，若独立董事委员会给出否定意见，关联方交易将被阻止。因此，正确的评分应为2分，而非1分。[4]

由于我们初步认为合理的编码方式与《营商环境报告》给出的评分不一致，因此在下一部分，我们将深入分析《营商环境报告》评分背后的逻辑，并对其进行批判性评述。

六、《营商环境报告》评估方法论问题

营商环境团队的解释[5]表明，尽管意大利的独立董事拥有否决权，但《营商环境报告》对意大利的评分仍为1，原因有两方面：

(1) 该案例研究假设委员会的批准仅为一种形式要求(见第2部分)，因此，独立委员会对关联方交易并无最终决定权，因为最终批准权仍归董事会所有。

(2) 利益相关方可在董事会的最终决策中参与投票。

---

〔1〕 委员会具有约束力的意见是默认规则，但对于选择退出该规则的公司，需满足双重多数法定人数要求。参见《关联方交易条例》，第8条之(1)，(c)。

〔2〕 参见《民法典》第2391条。确需指出的是，若董事会决议获得多数票，且利益相关董事的投票具有决定性，那么在该决议对公司有害的情况下，该董事会决议(以及关联方交易)可被撤销。

〔3〕 此外，在公司选择退出默认规则(即特别委员会否决权)的情况下，他们的投票也不得计入独立董事的多数票。参见委员会具有约束力的意见是默认规则，但对于选择退出该规则的公司，需满足双重多数法定人数要求。

〔4〕 需说明的是，公司可通过章程修订选择退出该制度(根据一般规则，《民法典》第2368条和第2369条，该修订需获股东大会出席股东所持资本2/3多数通过)，从而使独立董事委员会不再对关联方交易拥有最终决定权；但若公司选择退出该制度，批准关联方交易的权力将转移至股东大会，并需获得无利益冲突股东的赞成票。因此，若采用该可选制度，正确评分应为3分。但在下文分析中，我们不考虑这一假设，因为《营商环境报告》侧重于默认规则。若欧盟委员会关于强制要求股东批准的提案最终成为法律(参见2014年4月，欧盟委员会提出了一项建议，旨在在全欧洲范围内就关联方交易引入立法。根据该建议，任何超过公司资产5%或可能对利润或营业额产生重大影响的交易，在进行之前必须获得股东的批准及随附文本)，那么意大利——与其他所有欧盟司法管辖区一样——将在该变量上获得3分。

〔5〕 DBR TEAm, Doing Business Project Response - Italy, 2 (Jul. 19, 2011) (unpublished manuscript) (on file with the authors).

这两点在形式上是正确的。然而,《营商环境报告》评估未能理解支撑意大利关联方交易规则的监管机制。实际上,根据该方法论及其执行团队的解读,当前的意大利监管制度与由董事会普通投票批准关联方交易的制度之间不存在差异。这种判断具有误导性,因为两种机制——普通投票程序与独立委员会否决权——实质上可能导致截然不同的结果。过于僵硬的分类始终存在误解无法完美契合其分类的法规(如意大利关联方交易监管规则)的风险。然而,与简单的"打钩"操作相比,从功能主义角度审视法律似乎更为合理。

关于上述第一点(独立委员会无最终决定权),从功能主义角度看,关键在于谁最终负责审查关联方交易,而非谁最终批准这些交易。这两项职能通常交织在一起,因为董事可以通过单一投票决定批准或拒绝提案,因此,《营商环境报告》的方法论基于这种常见的投票模式。然而,关联方交易监管规则规定的程序在某种程度上将这两个阶段分开。一旦独立董事委员会投出否决票,董事会便无法再对同一事项进行投票。

换句话说,从投资者保护的角度来看,重要的是除"詹姆斯先生"及董事会之外的其他人是否能对交易说"不"。整个董事会(包括作为投票成员的"詹姆斯先生")仍可以决定是否批准交易,这一点并不重要。事实上,独立无利害关系董事组成的专门委员会已对拟议交易的公平性和合理性进行了前置性审查。因此,该评估框架(或其应用方式)存在不当假设——即唯有通过强制回避机制才能避免利害关系方的不当影响。这种方法论实际上将任何偏离这一标准的监管机制都视为不完善,而忽视了其实际保护效果是否具有同等效力。[1]

在意大利,只有在独立董事委员会批准的情况下,董事会才可以否决关联方交易。委员会的批准是一种治理机制,旨在确保从公司利益的角度出发对关联方交易的公平性进行独立评估。将这种批准视为初步授权的评估方式,未能正确评价除全体董事会投票之外的其他监管策略。因此,《营商环境报告》评估未遵循比较法中显而易见的原则,即不同的监管工具可以实现相同的结果。[2]根据《营商环境

〔1〕 Cf. Mathias Siems, Measuring the Immeasurable: How Law Turns into Numbers, in DOES LAW MATTER? ON LAW AND ECONOMIC GROWTH 115, 120-121 (Michael Faure & Jan Smits eds. 2011)(贾科夫等人的方法论假设所有考虑的司法管辖区都存在相同类型的问题,而这远非显而易见)。

〔2〕 更广泛地来看,《营商环境报告》团队的思维方式(据我们理解)扭曲了"所有必要的批准都已获得"这一假设,西蒙·贾科夫等:《法律与经济学:自我交易》,载《金融经济学杂志》2008年第88卷(定义了一个新的、更详细的框架——"自我交易指数"),第432页中也做了同样的假设。这一假设使得诸如董事责任指数等标准的评估更加明确(例如,股东原告是否能够要求詹姆斯先生对买卖双方交易给公司造成的损害承担责任)。这些变量的编码实际上取决于交易是否违反了适用的公司规则,而方法论通过明确这一假设排除了交易违规的可能性。基于这一功能,该假设包括首席执行官、董事会或股东(视

报告》的错误解读，当投票程序发生在关联方交易最终批准之前且独立于最终批准时，与那些由董事会直接批准关联方交易且无股东主导投票的监管体系相比，投资者的保护程度较低。确实，法律规则的分类需要最低限度的形式主义，因为纯粹的功能主义解释会导致编码过程中出现过度的主观性。[1]另外，《营商环境报告》团队假设独立董事的积极批准仅是一种形式(即将其视为投票过程中无关紧要的步骤)，而非多阶段决策的第一步，这本质上也是一种主观意见的表达。

此外，尽管按照关联方交易法规，特别委员会的投票是默认机制，但也可以选择在董事会投票时采用双重多数法定人数规则。从这一信息可以得出两个逻辑结论。首先，在一种可选规则体系中，如果全体董事会和独立委员会多数成员的决策被合并为一个决策，那么这种体系与那些将决策分开进行的体系在功能上并无差异。因此，既然没有人会将双重多数要求视为毫无实际意义的初步授权，那么对于功能上等效的监管机制也应同样如此看待。其次，通过要求"詹姆斯先生"(指存在利益冲突的大股东或董事)回避表决，监管环境将更加有效——这也涉及相关利益方是否被允许投票的问题——因为在多数独立董事反对的情况下，董事会将无法批准决议。[2]因此，尽管根据关联方交易监管规定，利害相关董事可以投票，但独立委员会的具有约束力的前置意见(即投票)达到了相同的效果，甚至更进一步。事实上，即使在"詹姆斯先生"不被允许投票的制度中，其出席董事会仍可能对决议产生重大影响。关联方交易监管规定采用的默认机制避免了这一风险，因为非独立董事不能成为特别委员会成员。[3]与仅要求"詹姆斯先生"及其他非独立董事会成员回避投票的法规相比，意大利关于关联方交易审议的程序提供了更高水平的保护。关键在于特别委员会的组建机制——即使某些董事对特定交易没有直接利益关联，但只要仍可能受到"詹姆斯"先生的影响(这类董事在投票时往往难以

情况而定)的最终批准(参见西蒙·贾科夫等:《法律与经济学：自我交易》，载《金融经济学杂志》2008年第88卷，第433页："买方进行交易。所有必要的批准都已获得，所有必要的披露都已做出")。当涉及批准关联方交易的程序变量时，同样的前提并不合理，因为它将待衡量的变量(最终决策责任)纳入了假设之中。

〔1〕 See Armour et al., supra note 2, at 600-1建议扩大相关变量的集合，以降低形式主义压倒功能主义的风险。

〔2〕 需要注意的是，贾科夫等人的论文在关于股东大会批准的规定中要求"交易必须由无利害关系的股东批准"[见Simeon Djankov et al., The law and economics of self-dealing, 88 J. FIN. ECON. 430 (2008)(定义了一个新的、更详细的框架——"自我交易指数")，第434页]，但并未规定相关股东不得投票。这种变量的表述——尽管是针对股东大会的——更能反映防止利益冲突决定决策过程结果的规则功能。强制弃权是确保这一结果的最直接规则，但并非唯一规则。

〔3〕 这也是双重多数投票被认为是次优解决方案的原因，该方案要求公司在制定内部程序时做出明确选择。

违背其意愿)，就会被排除在特别委员会之外。

从方法论角度来看，唯有从极端形式主义视角解释适用法律，忽视特别委员会作用的做法才具有合理性。即使采取形式主义方法，将委员会批准定性为普通授权的做法仍值得商榷。显然，这种形式主义方法表面上旨在确保不同司法辖区的评估标准统一。然而，依赖形式主义来确保一致性和客观性可能会导致错误的结论。首先，我们已经论证形式分类(例如，将独立董事表决定性为前置审批而非多阶段董事会决策的组成部分)也可能是武断的：武断性和客观性难以并存。其次，现行编码实践若聚焦程序性要求的定性而非其功能，可能会忽视公司治理的核心特征，并错误评估投资者保护机制的有效性。[1]

相反，我们的分析证实采用功能主义方法[2]将使《营商环境报告》的评估更加准确。[3]这一方法假设(本文未对该假设展开讨论)对基准测试活动的信任有助于推动适当的法律改革。[4]如果比较法研究得当，它确实应避免轻率地断言某一司法

〔1〕《营商环境报告》团队在评估意大利司法管辖区时所采用的方法并非孤立现象。类似(且对称)的例子是，法国因其规定而获得了最高分，需说明的是，公司可通过章程修订选择退出该制度(根据一般规则，《民法典》第2368条和第2369条，该修订需获股东大会出席股东所持资本2/3多数通过)，从而使独立董事委员会不再对关联方交易拥有最终决定权；但若公司选择退出该制度，批准关联方交易的权力将转移至股东大会，并需获得无利益冲突股东的赞成票。因此，若采用该可选制度，正确评分应为3分。但在下文分析中，我们不考虑这一假设，因为《营商环境报告》侧重于默认规则。若欧盟委员会关于强制要求股东批准的提案最终成为法律，那么意大利——与其他所有欧盟司法管辖区一样——将在该变量上获得3分。根据《法国商法典》第 L225—41 条和 L225—40 条，董事会授权的关联方交易可由股东投票决定；见国际金融公司《2014 营商环境报告——法国经济概况》，世界银行，2013年10月29日，第65页，http://www.wds.worldbank.org/external/default/WDSContentServer/WDSP/IB/2014/04/30/000260600_20140430162822/Rendered/PDF/828360FranceoFRAOBox0382098BOOPUBLICO.pdf。首先，该评估显然忽略了这样一个事实：股东批准是在合同签订之后才被要求的，因此并不构成交易通过的先决条件(see Organisation for Economic Co-operation and Development, supra note 35, cit., at 64)。其次，即使股东否决了批准，该交易仍然有效(2nd ed 2009,Oxford University Press)，尽管批准该交易的董事可能需承担损害赔偿责任[(C.CoM) Artt. L225-41 and L225-42); PAUL LE CANNU & BRUNO DONDERO, DROIT DES SOCIETES 500 (2013)]。

〔2〕 See, e.g., KONRAD ZWEIGERT & HEIN KOTZ, INTRODUCTION TO COMPARATIVE LAW 32-47 (3rd ed.1998).

〔3〕 参见Ralf Michaels, Comparative Law by Numbers? Legal Origins Thesis, Doing Business Reports, and the Silence of Traditional Comparative Law, 57 AM. J. CoMp. L. 772 (2009); Ralf Michaels, The Functionalism of Legal Origins, in DOES LAW MATTER? ON LAW AND ECONOMIC GROWTH 31 (Michael Faure & Jan Smits eds. 2011)(建议加强比较经济学与比较法之间的融合)；Anne-Julie Kerhuel & Fauvarque-Cosson, Is Law an Economic Contest? French Reactions to the Doing Business World Bank Reports and Economic Analysis of the Law, 57 AM. J. CoMp. L. 828 (2009)；另见克劳德•梅纳尔、贝特朗•杜马雷：《我们能否根据经济效率对法律体系进行排名？》，载《法律与政策杂志》2008年第26卷(《营商环境报告》忽视了有效比较研究的基本规则)。

〔4〕 因此，我们并不涉及功能主义的本质及其优劣的讨论，这是一个在比较法领域仍存在高度争议的概念(for an overview Michaels, The Functional Method of Comparative Law, in THE OXFORD HANDBOOK OF COMPARATIVE LAW 339 (Mathias Reiman & Reinhard Zimmermann eds. 2008)。相反，《营商环境报告》本身采用的方法是比较不同司法管辖区，以评估其相对效率(see id. at 373-6)；相较于形式主义，功

管辖区缺乏特定法律工具，仅仅因为其制度具有特殊性。相反，它应努力寻找在形式上虽不同于用于比较的标准工具，但能发挥相同作用的替代规则。[1]其他法律工具至少与强制利害关系董事回避表决同样有效[2]，无论这些工具是在交易提交董事会全体会议之前还是之后发挥作用。事实上，只有既具备独立性又与交易无利害关系的董事才能参与独立委员会。因此，不同立法工具可能在无需额外成本的情况下，比单纯要求利益冲突成员回避表决更能有效发挥作用。根据康拉德·茨威格特和海因·科茨的观点："任何比较研究所涉及的问题必须以纯粹的功能性术语提出；问题必须在不涉及本国法律体系概念的情况下表述。因此，与其问'外国法律对销售合同有何形式要求？'，不如问'外国法律如何保护当事人免受突发情况影响，或免于被迫履行合同？'"[3]

因此，比较法研究必然涉及一定程度的概括。在寻找具有相同功能的规则时，需要放弃形式化定义，转而采用能够包容不同形式规则的更宽泛分类——尽管从形式主义视角看这些规则存在差异，但其都能实现相同的规范效果。[4]通过审查冲突交易批准所需的形式要件，《营商环境报告》的方法论假设，在不计算"詹姆斯先生"投票的情况下，董事会批准是确保交易公平性的第二有效治理机制，仅次于少数股东批准。然而，该方法未能提出真正关键的问题，即："相关司法管辖区是否通过确保交易的批准过程不受'詹姆斯先生'的利益冲突影响，从而有效保护外部投资者？换言之，是否要求在无利害交易关系董事不同意的情况下，交易不得通过？"这个问题聚焦于被评估规则的核心目标(消除董事会决策中"詹姆斯先生"的利益影响)，而非其外部表现形式(如詹姆斯先生的回避表决、双重多数决、无利害关系董事预审等程序安排)。

七、错误编码的影响

在适用法律的动态演变过程中，可以清晰地看到指标对各国政策的影响。[5]

能主义方法的正确应用将更符合《营商环境报告》的基本假设。

〔1〕 John Reitz, How to Do Comparative Law, 46 AM. J. CoMp. L. at 621 (1998)(关于比较法方法论)。

〔2〕 John Reitz, How to Do Comparative Law, 46 AM. J. CoMp. L. at 623 (1998)(每个司法管辖区可能以不同方式符合用于比较的理想法律工具)。

〔3〕 ZWEIGERT & KdTZ, supra note 69, at 34.

〔4〕 John Reitz, How to Do Comparative Law, 46 AM. J. CoMp. L. at 625 (1998)(比较分析……迫使比较法学者构建更广泛的类别，以纳入那些……在功能上等效的术语)。

〔5〕 参见Kevin E. Davis et al., Introduction: Global Governance by Indicators in GOVERNANCE BY INDICATORS. GLOBAL POWER THROUGH QUANTIFICATION AND RANKINGS 3,13 (Kevin E. Davis

《营商环境报告》提供了一种历史性视角来考察法律改革。事实上，年度变化突出了一个国家是否致力于改善其监管环境。[1]若排名长期停滞不前或下降，可能表明政策制定者没有关注对经济增长至关重要的法律领域。[2]因此，《营商环境报告》对监管改革趋势的关注，为相关利益方提供了有价值的信息。

潜在投资者不仅能够横向比较不同国家的立法，还可以纵向观察同一司法辖区内的法律演变阶段，从而获得更全面的决策依据。

在此方面，某一年错误地给予某国高分，可能会悖论性地导致对其后续改革的低估。即便相关法律体系已取得实质性改善，评分图表仍可能显示该司法辖区未有进步。意大利再次提供了典型案例，因为在《关联方交易条例》颁布之前，《保护投资者指数》中的两个变量被错误编码。

第一个错误编码是关于《营商环境报告》中假设的自我交易(如关联方交易)是否需要在年度账目中披露：2012年之前的《营商环境报告》对此赋予了2分(即“要求披露交易条款和詹姆斯先生的利益冲突”[3])。这意味着，调查问卷的受访者认为此类交易确实应在年度账目中详细披露。[4]然而，在《关联方交易条例》颁布之前，法律仅笼统地要求公司披露与其受控、关联、控股实体及共同控制下其他实体的关系，但根据主流解释，该条款并不要求对个别可能引发利益冲突的自我交易进行详细披露。[5]因此，即便在国际财务报告准则(IFRS)实施后，上市公司的会计实践中仍未包含此类交易的详细信息。[6]后续出台的《关联方交易条例》明确规定，年度及半年度财务报告需披露达到重要性门槛的自我交易。而在该条例颁布前，此项目本应得分为0分。

et al. eds., 2012), at 11(关于指标作为“治理技术”的讨论)。

〔1〕 历史数据也有助于测试一个国家随时间推移的相对吸引力，从而消除短期条件对排名的影响[see John Armour et al., Shareholder Protection and Stock Market Development: An Empirical Test of the Legal Origin Hypothesis, 6 J.EMPIRICAL LEGAL STUD 343, 350-353 (2009)]。

〔2〕 当然，这只是一种可反驳的推定，因为一个国家可能比DBR排名更高的其他国家更致力于改革，只是选择以“自己的方式”进行。

〔3〕 在此变量中，如果仅要求披露交易条款，而不强制披露詹姆斯先生的利益冲突，则得1分；否则得0分。

〔4〕 A similar mistake affects the Djankov et al. paper's coding: see Luca Enriques et al., Corporate Governance Reforms in Italy: What Has Been Done and What Is Left to Do, 10 EUR. Bus. ORG. L. REV 477,503-504 (2009).

〔5〕 See Giovanni Emanuele Colombo, II bilancio d'esercizio [The Financial Statement], in TRATTATO DELLE S.p.A. 157 (Giovanni Emanuele Colombo & Giuseppe Benedetto Portale eds., UTET 1994].

〔6〕 参见国际会计准则第24号，第18段(允许在区分交易类别的情况下对关联方交易进行汇总)。另见意大利会计原则委员会第140号(2007年)。在《关联方交易法规》生效前，公司通常在年度报告中汇总披露关联方交易(见意大利证券交易委员会(2008年),《关于关联方交易监管的咨询文件》)。

同样，在2012年之前，《营商环境报告》对变量“是否要求立即向公众和/或股东披露交易信息？”这一变量也错误地给予了2分评分。[1]在《关联方交易条例》生效之前，关联方交易的即时披露义务可能源于要求持续披露价格敏感信息的一般规定[2]或意大利证券交易委员会的一项规定，该规定要求对特定关联方交易进行专门披露(《发行人规定》第71—72条，在2001年至2010年间适用)。类似于“购买方”公司的交易极有可能属于持续披露义务的范围[3]。因此，合理的评分应为1(因为并未明确要求披露詹姆斯先生的利益冲突)。根据意大利证券交易委员会《发行人规定》第71—72条，触发披露义务的条件非常模糊，以至于在该规定下，极少有交易根据该条款被公开披露。更具体地说，只有那些可能危及发行人财务稳定性或其财务报表可靠性的交易——根据发行人自己的判断——才必须披露。由于案例研究的假设中这些条件并未得到满足，因此无法确定“詹姆斯先生”的交易是否必须根据第71—2条进行披露。相比之下，自2011年起生效的《关联方交易条例》[4]要求公司在发布价格敏感信息时，必须声明与交易其他方可能产生利益冲突的关

〔1〕 在此变量中，如果要求披露交易条款，但不要求披露詹姆斯先生的利益冲突，则赋1分；否则赋0分。

〔2〕 根据《统一金融法》第114条和181条，以及欧盟委员会指令2003/6/EC第6条，公司必须立即披露那些一旦公开可能会对其股票价格产生重大影响的交易相关的内部信息。在《营商环境报告》的方法论中，并未提及交易如何与临时披露义务相关联，这可能是因为美国法律下并不存在此类义务。对《营商环境报告》模型交易是否涉及价格敏感信息的评估将高度依赖于裁量权，尽管卡车车队的交易金额很可能使得信息披露成为必要。由于《营商环境报告》将德国视为一个要求对詹姆斯先生交易进行即时、详细披露的司法管辖区(参见Int'l Fin. Corp. [IFC], Doing Business 2014 - Economy Profile: Germany, DOINGBUSINESS.ORG, 64 (Oct. 29, 2013),http://wwwwds.worldbank.org/external/default/WDSContentServer/WDSP/IB/2014/05/01/00026o6o0-2014 0501155900/Rendered/PDF/82843GermanyoDEUoBox382098BOOPUBLICO.pdf，其中因为适用规则要求披露交易但未要求披露詹姆斯先生的利益，所以给予了1分的评分)，并且这一结论只能基于欧盟法律下的临时披露义务得出(因为德国法律下并无针对关联方交易的特定披露义务)，因此，我们在下文中将同样假设詹姆斯先生的交易在意大利也会触发临时披露义务。

〔3〕 根据《统一金融法》第114条和181条，以及欧盟委员会指令2003/6/EC第6条，公司必须立即披露那些一旦公开可能会对其股票价格产生重大影响的交易相关的内部信息。在《营商环境报告》的方法论中，并未提及交易如何与临时披露义务相关联，这可能是因为美国法律下并不存在此类义务。对《营商环境报告》模型交易是否涉及价格敏感信息的评估将高度依赖于裁量权，尽管卡车车队的交易金额很可能使得信息披露成为必要。由于《营商环境报告》将德国视为一个要求对詹姆斯先生交易进行即时、详细披露的司法管辖区(参见Int'l Fin. Corp. [IFC], Doing Business 2014 - Economy Profile: Germany, DOINGBUSINESS.ORG, 64 (Oct. 29, 2013),http://wwwwds.worldbank.org/external/default/WDSContentServer/WDSP/IB/2014/05/01/00026o6o0-2014 0501155900/Rendered/PDF/82843GermanyoDEUoBox382098BOOPUBLICO.pdf，其中因为适用规则要求披露交易但未要求披露詹姆斯先生的利益，所以给予了1分的评分)，并且这一结论只能基于欧盟法律下的临时披露义务得出(因为德国法律下并无针对关联方交易的特定披露义务)，因此，我们在下文中将同样假设詹姆斯先生的交易在意大利也会触发临时披露义务。

〔4〕 参见关联方交易条例，第6条之(1)，(a)。

系。[1]一旦考虑了建议的编码修正，过去几年内意大利“未做出任何重要改进”的误导性印象便会消除。下表1和图1展示了我们认为适当的《营商环境报告》编码调整。[2]

表1 《营商环境报告》编码错误及调整

序号	信息披露程度指数（子变量）	2011 年调整后	2012 年进一步调整
1	哪个公司机构为交易提供法律上充分的批准？	1	2*
2	詹姆斯先生是否需要向董事会披露利益冲突？	2	2
3	是否需要立即向公众和 / 或股东披露交易？	1**	2
4	是否需要在定期发布的文件（年度报告）中披露交易？	0**	2
5	交易发生前，外部机构是否需要审查交易条款？	0	0
—	信息披露程度指数	4	8

* 该变量经过调整，以反映独立董事委员会具有约束力的意见的作用（见第 5 和第 6 部分）。

** 这些变量经过调整，以反映 2011 年 1 月《关联方交易监管条例》全面生效前的情况，当时并未明确规定詹姆斯先生必须立即披露利益冲突，也未规定在年度账目中需要进行特别披露。

同样地，如下表2至表5及图2显示，若按2011年的情况评估，意大利的排名将大幅下降(从第59位降至第93位)；而在2012年，当首次评估监管措施的效果时，其排名大幅提升(从第65位升至第29位)；此外，在撰写本文时可获得的最新调查(2014年)中，意大利的排名进一步上升(从第49位升至第32位)。

〔1〕 此外，上市公司必须在批准后7天内发布一份信息文件，其内容由法规本身规定，并涵盖交易的所有特征以及詹姆斯先生利益的详细披露。参见上文注释49及随附文本；参见关联方交易法规，上文注释35，第5条之(1)和(3)；另见关联方交易法规，附件4。尽管这些信息比RPT法规第6条之(1)，(a)规定的更为详细，但远远超出了“是否要求立即向公众和/或股东披露交易？”这一变量获得2分所需的信息。因此，我们对此不予考虑，因为发送给当地专家的问卷——尽管其方法论对此未予说明——仅关注交易批准后72小时内应进行的披露。

〔2〕 为了全面反映《经商环境报告》编码错误的影响，表1和图1列出了我们识别出的所有错误，无论这些错误是源于对适用规则的基本误解，还是由于对监管框架的过度形式主义解读。

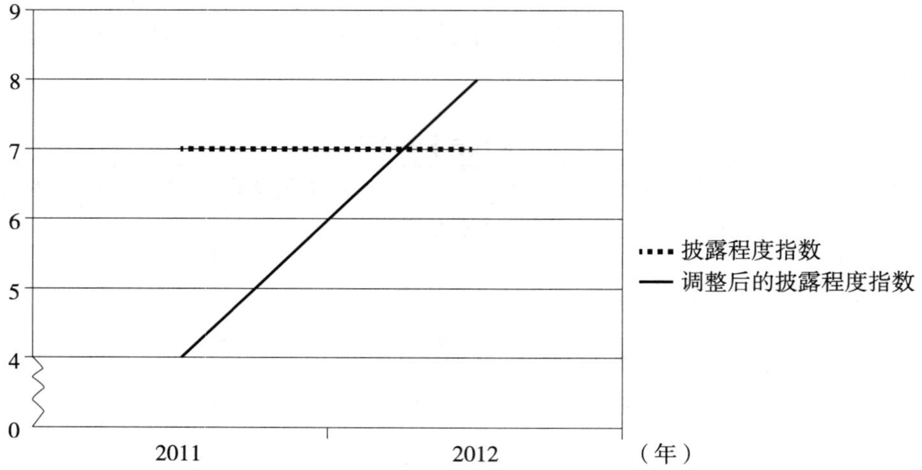

图1　调整后的意大利排名(信息披露程度指数)

表2　2011年《营商环境报告》编码调整及修正前后排名对比

项目	2011 年原始排名	2011 年《营商环境报告》修正排名	2011 年调整后排名 **
投资者保护（排名）	59	44	93
信息披露程度指数	7	7	4
董事责任指数	4	4	4
股东诉讼便利性指数	6	7*	7
投资者保护强度指数	5.7	6	5

表3　2012年《营商环境报告》编码调整及修正前后排名对比

项目	2012 年原始排名	2012 年《营商环境报告》修正排名	2012 年调整后排名 **
投资者保护（排名）	65	46	29
信息披露程度指数	7	7	8
董事责任指数	4	4	4
股东诉讼便利性指数	6	7*	7
投资者保护强度指数	5.7	6	6.3

表4　2013年《营商环境报告》编码调整前后排名对比

项目	2013年原始排名	2013年调整后排名**
投资者保护（排名）	49	32
信息披露程度指数	7	8
董事责任指数	4	4
股东诉讼便利性指数	7	7
投资者保护强度指数	6	6.3

表5　2014年《营商环境报告》编码调整前后排名对比

项目	2014年原始排名	2014年调整后排名**
投资者保护（排名）	52	34
信息披露程度指数	7	8
董事责任指数	4	4
股东诉讼便利性指数	7	7
投资者保护强度指数	6	6.3

* 在表2和表3中，“(年份)《营商环境报告》修正排名”列中的“股东诉讼便利性指数”由6调整为7，以反映变量“民事诉讼的举证标准是否低于刑事案件？”的适当编码，并随后由《营商环境报告》团队修正。

** 在表2至表5中，“[年份]调整后排名”列显示了根据我们的分析所得出的适当编码。

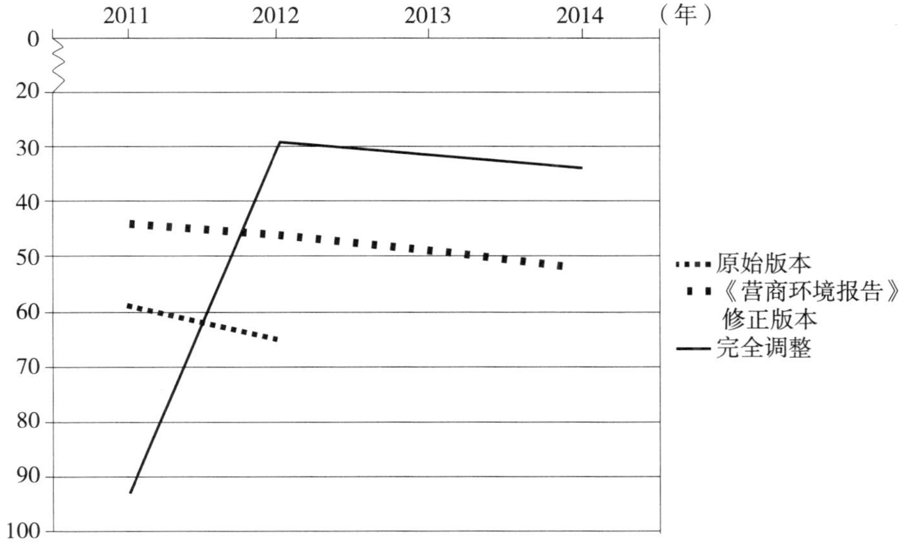

图2　调整后的意大利排名(投资者保护指数)

因此，若将2011年及之前的情况与2012年及之后的情况进行比较(见图2)，可以发现，意大利的竞争力并未明显提升，甚至有所下降。然而，调整后的变量显示，截至2014年，意大利的排名实际上比2011年提升了59位。《营商环境报告》的中的数据误差如表6所示，该表衡量了这些误差对意大利2011年和2014年排名的影响。

表6 《营商环境报告》数据误差对意大利2011—2014年排名影响

保护投资者指数	原始排名 (1)	《营商环境报告》修正排名 (2)	调整后排名 (3)	△ (3)–(1)	△ (3)–(2)
2011 年	59 (5.7)	44 (6)	93 (5)	–34	–49
2014 年	无	52 (6)	34 (6.3)	无	+18
变化(排名)	无	–8	+59	无	+67

八、结论：功能主义方法与透明评估

《营商环境报告》通过向政策制定者传递“健全法规可提升竞争力”以及“降低监管成本、简化行政程序是经济增长关键要素”的理念，为发展中国家和发达国家采取更有效的经济监管提供了激励。[1]然而，为确保排名准确性，避免不恰当的评估向当地改革者传递扭曲的激励至关重要。我们分析了报告的一些编码错误，这些错误影响或曾影响过《营商环境报告》对意大利投资者保护制度的评估。一些错误仅仅是由于对适用规则的错误解释(例如，对年报中关联交易强制披露的评分)(第7部分)，一些错误则属于方法论问题(如确定具有法律效力的交易批准主体时)。实际上，评估体系未能认识到意大利证券交易委员会关联方交易法规所规定的程序性保障实际上比《营商环境报告》中关于董事会批准的相关变量更为有效(第6部分)。

任何排名系统都不可能完美，因为量化评估需要一定程度的简化。[2]然而，可以采用一些策略来提高《营商环境报告》评估的准确性，并解决其在评估意大利关联方交易法律框架时存在的缺陷。在制定这些指标的编码过程中有改进空间。尽

〔1〕 参见，例如，克劳德·梅纳尔、贝特朗·杜马雷：《我们能否根据经济效率对法律体系进行排名？》，载《法律与政策杂志》2008年第26卷(存在不完善之处，但其优点在于将制度分析作为理解发展和增长的关键因素提上了重要议程)；INDEP. EVALUATION GRP., An Independent Evaluation Taking the Measure of the World Bank-IFC Doing Business Indicators, 3 (Oct., 2008), at 44。

〔2〕 See also Mathias Siems & Simon Deakin, Comparative Law and Finance: Past, Present and Future Research,166 JITE 529 (2010).

管《营商环境报告》评估已经遵循了一些评分最佳实践(例如，公布提供国家法规初步信息的专家身份[1])，但在合理解释存疑的编码决策方面，其透明度仍然不足。[2]此外，通过规定对《营商环境报告》的决策进行外部审查，可以提高排名的可靠性。这将降低制度惯性和确认偏差导致最终指标失准的风险——即使流程错误更多源于操作疏漏而非方法论缺陷[3]

除了将编码流程纳入可审查范围并在国别报告中解释临界案例外，方法论应始终遵循更具功能性的方法。通过关注所审查规则的功能而非其形式特征，可以大幅减少所凸显的缺点。具体来说，这种方法将至少带来两方面的改进。首先，在排名之前，必须更准确地了解所评估司法管辖区的社会背景。[4]通过将目标规则与相关法域的其他法律经济特征协同分析，可得出更全面的评估结果。实际上，《营商环境报告》依赖理想化的规则框架进行统计分析，这种简化处理存在失真风险。[5]其次，任何一套监管标准都不太可能涵盖所有相关的投资者保护法律：完整信息既难收集也难处理。在这种情况下，功能性方法可以通过避免循环论证的风险来提高评估质量，而循环论证是形式主义方法的主要缺陷之一。实际上，形式主义方法假设只有特定的法律手段才能确保有效的投资者保护，因此忽视了不符合其框架的替代方案。[6]

---

〔1〕 其他提供指标的组织并非同样透明：有关样本审查，请参见Nikhil K. Dutta, Accountability in the Generation of Governance Indicators, GOVERNANCE BY INDICATORS. GLOBAL POWER THROUGH QUANTIFICATION AND RANKINGS 43, at 449-450 (Kevin E. Davis et al. eds. 2012)。

〔2〕 参见INDEP. PANEL, Review of the Doing Business Report, DBRPANEL.ORG, 19 (Jun. 24, 2013), http://faculty.washington.edu/hgwolff/Doing%20business%20review%20panel%20report%20with%20signatures%2Oand%2OBibliography.pdf,，许多机构引用《营商环境报告》时并未考虑其固有的局限性，第5页(建议公布贡献者提交的内容，以便外部用户评估每个指数的不确定性水平)。

〔3〕 参见Nikhil K. Dutta, Accountability in the Generation of Governance Indicators, GOVERNANCE BY INDICATORS. GLOBAL POWER THROUGH QUANTIFICATION AND RANKINGS 43, at 440 (Kevin E. Davis et al. eds. 2012)。根据INDEP. PANEL, Review of the Doing Business Report, DBRPANEL.ORG, 19 (Jun. 24, 2013), http://faculty.washington.edu/hgwolff/Doing%20business%20review%20panel%20report%20with%20signatures%2Oand%2OBibliography.pdf，许多机构引用《营商环境报告》时并未考虑其固有的局限性，第5、29—30页，如果在评估过程中纳入外部审查等风险缓解措施，错误编码可能更容易避免。

〔4〕 关于功能主义方法的认知作用，参见Ralf Michaels, The Functionalism of Legal Origins, in DOES LAW MATTER? ON LAW AND ECONOMIC GROWTH 31 (Michael Faure & Jan Smits eds. 2011), at 3-4。

〔5〕 参见Ralf Michaels, The Functionalism of Legal Origins, in DOES LAW MATTER? ON LAW AND ECONOMIC GROWTH 31 (Michael Faure & Jan Smits eds. 2011), at 12，关于统计还原论。

〔6〕 一种潜在的本土偏见可能解释了这种选择偏差，这是由于参与评估网格制定的人员自然而然地倾向于优先考虑其原籍司法管辖区的法律解决方案(然而，这种方法也受到了一些学者的评论。他们认为，由美国经济学家选择的假设情景很可能带有普通法司法管辖区的特定特征，从而导致在与大陆法司法管辖区的比较中存在偏见)。

因此，采用《营商环境报告》方法论的国家若希望改革其投资者保护法规，可能会被诱导采取“打钩式”的合规策略——即使改革对投资者并无实质裨益，仍会通过那些符合《营商环境》评估框架的法规。例如，意大利只需对少数法律条款进行形式性修订，即可在保护投资者指数排名中上升数位，而这些修改并不会实质性提高当前对少数股东的保护水平。例如，可以引入对“詹姆斯先生”的强制性弃权规定。然而，如我们所述，此类改革几乎无法增强少数股东对公司决策的影响力。又如，由于《营商环境报告》主要关注默认规则，〔1〕意大利只需强制要求股东批准相关方交易同时仍允许公司通过章程选择退出或授予独立董事否决权)，即可显著提升排名表现。〔2〕再一次强调，没有证据表明这将加强投资者保护，控股股东可以通过修改章程轻松地规避默认规则。再如，由于意大利证券交易委员会(Consob)关联方交易法规允许但未强制要求独立董事自主选聘外部专家，〔3〕但若强制要求外部专家提供公允性意见，将直接提升意大利的评分〔4〕然而，法律和经济学文献常常对董事会任命的外部专家的可靠性表示怀疑。〔5〕这也正是现行法规未作强制要求的原因所在。〔6〕

---

〔1〕 参见需说明的是，公司可通过章程修订选择退出该制度(根据一般规则，《民法典》第2368条和第2369条，该修订需获股东大会出席股东所持资本2/3多数通过)，从而使独立董事委员会不再对关联方交易拥有最终决定权；但若公司选择退出该制度，批准关联方交易的权力将转移至股东大会，并需获得无利益冲突股东的赞成票。因此，若采用该可选制度，正确评分应为3分。但在下文分析中，我们不考虑这一假设，因为《营商环境报告》侧重于默认规则。若欧盟委员会关于强制要求股东批准的提案最终成为法律，那么意大利——与其他所有欧盟司法管辖区一样——将在该变量上获得3分。

〔2〕 然而，如果欧盟委员会关于股东大会批准重大关联方交易的提案获得通过，类似的解决方案将被排除在外[参见European Commission, Proposal for a Directive of the European Parliament and of the Council amending Directive 2oo7/36/EC Art. 9c(2), at 9, (2014)]。在该提案中，股东投票是强制性的，不允许选择退出。

〔3〕 参见公司可以对涉及较不重要交易的意见费用设定上限。

〔4〕 参见表1，第5行。

〔5〕 参见，例如，乔纳森 •R.梅西，《金融监管中的监管者效应》，康奈尔法律评论，第98卷，第621页(2013年)（公平意见旨在提供针对诉讼风险的保护，而不是向董事和投资者传达有用的信息；外部专家有动机提供与公司董事会偏好结果相一致的意见)；达伦 •J.基斯根等，《公平意见是否公正？并购案例研究》，金融经济学杂志，第91卷，第179页(2009年)（发现并购交易中的公平意见对目标公司股东几乎没有价值，而收购方股东的结果则喜忧参半)；史蒂文 •J.克利夫兰，《投资银行家在提供公平意见时的经济与行为分析》，阿拉巴马法学评论，第58卷，第299页(2006年)（声誉考量对投资银行家提供符合客户意愿的意见的约束力很弱)。

〔6〕 参见，例如，乔纳森 •R.梅西：《金融监管中的监管者效应》，载《康奈尔法律评论》2013年第98卷(公平意见旨在提供针对诉讼风险的保护，而不是向董事和投资者传达有用的信息；外部专家有动机提供与公司董事会偏好结果相一致的意见)；达伦 •J.基斯根等：《公平意见是否公正？并购案例研究》，载《金融经济学杂志》2009年第91卷(发现并购交易中的公平意见对目标公司股东几乎没有价值，而收购方股东的结果则喜忧参半)；史蒂文 •J.克利夫兰：《投资银行家在提供公平意见时的经济与行为分析》，载《阿拉巴马法学评论》2006年第58卷(声誉考量对投资银行家提供符合客户意愿的意见的约束力很弱)。

如果我们假设的上述措施得以实施，意大利的信息披露指数可能达到 10。[1] 由此，投资者保护指数(保护投资者指数)将上升至 7，[2]在其他条件不变的情况下，意大利在《营商环境报告》中的投资者保护排名将是第16位。然而，如上文所述，意大利投资者保护水平并不会因此得到实质性改善。

当前的评估方法实际上鼓励各国向单一法律工具集合趋同，不可避免地排除了制度特色或至少使其更难被评估，从而阻碍了那些既能降低实施成本又能确保同等保护水平的新型法律工具的采用。简而言之，趋同化压制了实验创新。[3]相比之下，功能性评估将提高制度设计的灵活性，[4]这在投资者保护领域尤为关键，因为不当利益输送手段会随着法律环境的变化而不断演变。[5]这就像一场“警察与盗匪”的博弈游戏，要求持续测试新的法律应对策略。

---

〔1〕 强制性公平意见将使当前信息披露程度指数得分7分增加1分；强制“詹姆斯先生”弃权将再增加1分，而股东参与(作为“詹姆斯先生”弃权的替代措施)将增加2分。

〔2〕 保护投资者指数实际上是信息披露程度指数(提高至 10)、董事责任程度指数(维持在 4)以及股东诉讼便利度指数(维持在 7)的平均值。

〔3〕 See Larry Ribstein & Bruce Kobayashi, An Economic Analysis of Uniform State Laws, 25 J. LEGAL STUD. 131, 140 -141 (1996) ((统一法律导致较低程度的法律实验)。

〔4〕 关于功能主义在规则制定中的作用，参见Ralf Michaels, The Functionalism of Legal Origins, in DOES LAW MATTER? ON LAW AND ECONOMIC GROWTH 31 (Michael Faure & Jan Smits eds. 2011), at 4 。独立小组，前引第 9 条，第 23 页，建议定期审查指数，以减少选择性偏差。

〔5〕 Vladimir Atanasov et al., Law and Tunneling, 37 J. CORP. L. 1 (2011)(分析了不同的隧道行为技术和反隧道行为策略，并声称在哪些规则更适合保护投资者方面没有广泛共识)。

“保交楼”政策背景下破产审判的新挑战与新进路探析
——以困境房地产企业在建工程复工续建为视角

姚建军*

引言

习近平总书记指出：住房问题既是民生问题也是发展问题，关系千家万户切身利益，关系人民安居乐业，关系经济社会发展全局，关系社会和谐稳定。[1]众所周知，随着经济压力增大及国家针对房地产行业调控政策收紧的影响，加之疫情及房地产企业内部资金管理不规范等因素，因房地产企业资金链断裂导致的“房企暴雷”现象频发，伴随的是各地“烂尾楼”接踵而来。“烂尾楼”现象引发多地出现购房者以向贷款银行发出停贷告知书等方式表达自身利益诉求，基于房地产行业涉及消费购房人、拆迁安置户、建设工程款债权人、金融机构债权人及其他房地产上下游企业等众多利益主体，各方主体利益诉求不一且冲突激烈，房地产企业资金链断裂引发的债务危机极易引发“蝴蝶效应”，并可能蔓延传导并对国家民生保障、国家金融安全及社会稳定等产生不利影响。统计数据表明，因企业发生债务危机而陷入困境的房地产企业数量逐年增多，房地产企业被裁定进入破产程序的案件数量也是居高不下，破易云平台于2023年7月3日发布的《中国破产行业大数据报告第1期》[2]数据显示：自2016年至2023年6月30日前，从涉案企业所属行业分布来看，全国范围内已公开的企业破产案件中涉及房地产行业的案件数量

* 姚建军，法学博士，西安市中级人民法院法官。

〔1〕 参见《习近平强调：加快推进住房保障和供应体系建设》，载人民政府网。

〔2〕《中国破产行业大数据报告第1期》，载微信公众号“破易云平台”，2023年7月3日。

高居第二位，涉房地产企业案件数量占比高达7.23%，仅次于占比9.68%、案件数量排名第一的涉批发业企业案件。

面对房地产行业出现的前述困境，2022年7月28日中共中央政治局会议明确提出了"保交楼，稳民生"的政策，会议指出"要稳定房地产市场，坚持房子是用来住的、不是用来炒的定位，因城施策用足用好政策工具箱，支持刚性和改善性住房需求，压实地方政府责任，保交楼、稳民生"[1]。"保交楼"是党中央下达给各地地方政府的重任，但同时，如何落实"保交楼"的国家大政方针也是作为司法机关的人民法院必须回应的时代议题，具体言之即包括：在"保交楼"的政策背景下如何有效发挥破产审判的效用，有效推动困境房地产企业在建工程复工续建，切实维护房地产行业涉及的多方主体的合法权益[2]，有效服务于房地产行业平稳健康发展及社会稳定。

事实上，涉困境房地产企业的破产审判程序对于"保交楼"及房地产行业系统性危机的化解有着天然的程序优势：首先，破产审判程序受到《企业破产法》等相关法律及司法解释整体框架的约束，能够在解决"保交楼"问题的过程中贯彻法治化、市场化的原则，避免行政手段过度干预市场运行；其次，困境房地产企业经破产审判程序形成的债务清偿方案必然需要达到平衡各方债权人利益诉求的效果，符合前述标准的债务清偿方案才有可能真正彻底实现"保交楼"及困境房地产企业危机化解的目标；最后，困境房地产企业进入破产审判程序后债权停止计息、执行程序中止、管理人接管及债权人会议监督等配套的法律机制能够为在建工程顺利复工续建提供制度保障，避免困境房地产企业在债务的泥淖中继续深陷。

有鉴于此，本文旨在立足于困境房地产企业在建工程复工续建破产司法实践，梳理实践中出现的不同复工续建模式，在此基础上探讨当前破产审判所面临的新挑战并分析思考相应的应对策略以明晰破产审判之新进路，以期能够充分发挥破产审判程序在推动困境房地产企业在建工程复工续建的程序优势，顺利完成"保交楼、稳民生"的重任，切实维护国家金融安全及社会稳定。

---

〔1〕《中共中央政治局召开会议　习近平主持会议》，载中国政府网，https://www.gov.cn/xinwen/ 2022-07/28/content_5703255.htm，2024年6月18日访问。

〔2〕 参见韩玥：《 破产程序中的回迁安置债权属性及其清偿顺位研究 》，载《法律适用》，2024年第4期。

一、困境房地产企业在建工程复工续建破产司法实践

结合笔者自身司法裁判经验及当前困境房地产企业在建工程复工续建破产司法实践，经笔者梳理总结，常见的复工续建操作模式可概括为以下四种：债权融资式重整、股权融资式重整、出售式重整及混合式重整。前述四种复工续建模式在具体操作层面虽各具特色，但各种模式的核心则殊途同归，即解决在建工程续建的资金来源问题，这也是困境房地产企业破产重整的核心。以下将结合困境房地产企业在建工程复工续建破产司法实践逐一明晰各复工续建模式的具体操作路径。

（一）债权融资式重整

债权融资式重整是指重整投资人向作为债务人的困境房地产企业提供借款来维续或恢复生产、续建项目，该类借款实践中一般通过金融机构、政府融资平台或民间债权人等进行，此种模式下前述融资一般将作为共益债务，依照《企业破产法》第42条[1]之规定优先清偿。困境房地产企业在获得融资后，将该笔融资投入至在建工程复工续建中，完成在建工程的复工续建后对在建工程进行变现处置，即将建设完毕的已售房产交付购房者，未售房产进行出售，并在实现销售回款后以销售回款支付重整投资人投入的共益债务的借款本息。此类模式在实践层面已有较多案例，例如，西安某荣房地产开发有限公司破产案[2]中，该案管理人即采用公开招募共益债投资人方式进行融资，招募公告中该案管理人对于资金用途、所需资金金额、投标最高利率限制、借款期限及借款性质等均进行明确规定，以在最大程度上吸引潜在投资人。除管理人以市场途径公开招募债权融资重整投资人外，政府渠道融资也多以此种模式参与到困境房地产企业重整案件中，例如，为支持“保交楼”工作开展，中国人民银行与原中国银行保险监督管理委员会就曾联合于2022年11月11日发布《关于做好当前金融支持房地产市场平稳健康发展工作的通知》[3]，通

〔1〕 参见《企业破产法》第42条：人民法院受理破产申请后发生的下列债务，为共益债务：(1)因管理人或者债务人请求对方当事人履行双方均未履行完毕的合同所产生的债务；(2)债务人财产受无因管理所产生的债务；(3)因债务人不当得利所产生的债务；(4)为债务人继续营业而应支付的劳动报酬和社会保险费用以及由此产生的其他债务；(5)管理人或者相关人员执行职务致人损害所产生的债务；(6)债务人财产致人损害所产生的债务。

〔2〕 参见陕西省西安市阎良区人民法院民事裁定书，(2018)陕0114破申2号—1。

〔3〕 参见《中国人民银行 中国银行保险监督管理委员会关于做好当前金融支持房地产市场平稳健康发展工作的通知》，载中国政府网，https://www.gov.cn/xinwen/2022-11/23/content_5728454.htm，2024年6月23日访问。

知要求“按照‘后进先出’原则，项目剩余货值的销售回款要优先偿还新增配套融资和专项借款”，这一要求在本质上与债权融资式重整中一般将融资借款作为共益债务优先清偿的逻辑具有一致性。

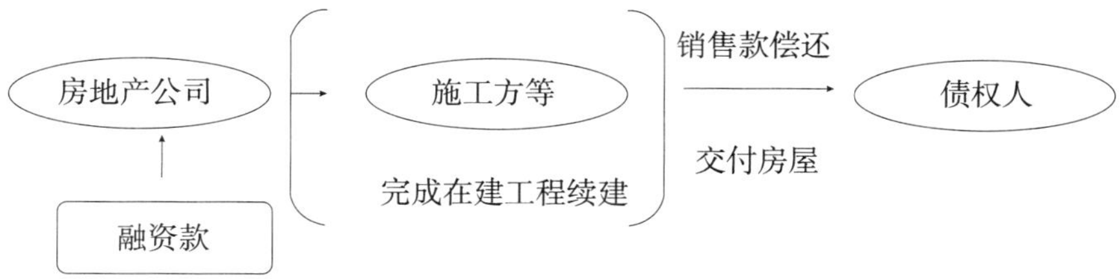

图1　债权融资式重整示意图

债权融资式重整的核心优势在于完成在建工程续建后的收益首先由全体债权人分享，若完全清偿债权人债权后仍存在剩余收益，该收益可由困境房地产企业的原股东享有。但此种模式的劣势也较为明显，因复工续建资金来源在大部分情况下需要靠困境房地产企业通过自行融资方式解决，对于已陷入困境的房地产企业而言融资难度较高。

（二）股权融资式重整

股权融资式重整，即将困境房地产企业的全部或部分股权作为获得融资的对价，困境房地产企业原出资人将所持的全部或部分股权让渡至重整投资人，重整投资人作为困境房地产企业的新出资人进行开发建设和经营。作为困境房地产企业新出资人的重整投资人在开发建设和经营过程中投入重整资金，该重整资金一部分用于清偿困境房地产企业原有负债，另一部分用于在建工程复工复建等项目开发建设工作。待在建工程复工续建工作完成后将建设完成的已售房产交付购房者，未售房产进行出售，并以实现的销售回款继续用以清偿困境房地产企业的负债。例如，由北京市第一中级人民法院裁定受理的某华联公司及其控股公司重整相关案件中，根据重整计划以及其他公开信息，盈新资管、平安资管等便作为重整投资人采用股权融资式重整通过受让某华联公司部分转增股份的方式参与该案重整。从股权融资式重整的具体操作模式能够看出，此种模式对重整投资人的资金实力和运营能力的要求均较高，因而实践中的招募难度也最大。

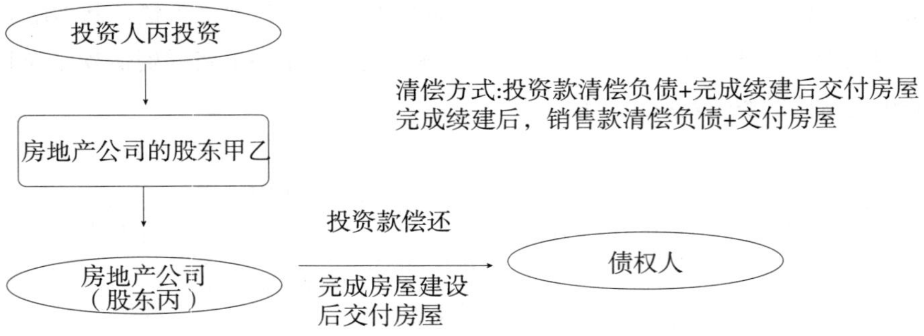

图2　股权融资式重整示意图

整体而言，因存在困境房地产企业的全部或部分股权作为获得复工续建资金的对价，该等模式下的资金问题相对容易解决，在建工程顺利完成复工续建的概率相对较高，基本能够确保购房者顺利获得房屋及债权人获得高于清算条件下的清偿。但由于按照重整计划清偿债权后的剩余收益将由投资人享有，困境房地产企业原出资人可能会就此设置障碍，进而引发原出资人与重整投资人间的利益冲突。

（三）出售式重整

出售式重整也称事业让与型重整或营业让与型重整，是把虽濒临破产但仍具有活力的营业事业、对重整有价值的财产整体或主要部分出售给其他人，使这个企业核心的营业事业能够继续存续，转让所得价款用于对债权人进行清偿，对企业剩余的资产进行破产清算[1]。实践中采用此类模式的案件也不在少数，例如，重庆某实业有限公司等三十家企业合并重整案中，管理人于2024年3月在全国企业破产重整案件信息网公示的《重整计划(草案)》即显示该案采取“出售式重整+破产服务信托”的重整模式，即合并重整范围内部分企业股权等资产由重整投资人以支付重整投资对价取得，剩余待处置资产通过设立破产服务信托，并通过结构化安排以信托受益权实施债权清偿[2]。又比如于2021年8月得到国家市场监督管理总局反垄断局审批通过的珠海国资、中国平安通过重整程序收购新方正集团案，堪称出售式重整的经典案例：方正集团业务横跨信息产业、医疗、房地产、商贸、教育、金融等业务板块。根据公告的重整方案，方正集团等重整主体以除方正微电子(方正微电子由深超科技承接)以外的保留资产出资设立新方正集团，整体出售给由珠海国资、

〔1〕 参见马荣:《房地产企业破产审判实务研究》，人民法院出版社2020年版，第211页。

〔2〕 参见高镇镇:《信托参与房企重整案件的实务问题研究》，载微信公众号“地产与工程法律观察”，2024年4月16日。

中国平安、深圳市特发组成的联合体投资者。通过出售式重整模式，有效阻断了原方正集团的历史遗留风险和其他潜在风险，减轻债务重组收益税负，更有利于实现企业未来经营发展。

具体到困境房地产企业在建工程复工续建破产司法实践，即困境房地产企业将全部经营性资产出售，并以资产出售所得款项继续用以清偿房地产企业债权，购房人与房地产企业签署的《商品房买卖合同》继续有效，取得困境房地产企业出售资产的经营性资产购买人仍需向购房人交付房屋。根据是否将困境房地产企业的股权过户至经营性资产购买人，又可进一步划分为以下两种方式：一是"仅出售房地产企业的经营性资产不过户股权"模式；二是"过户股权间接转让资产"模式。在第一种方式下，困境房地产企业将自身经营性资产出售予经营性资产购买人，困境房地产企业则使用出售资产所得款项对债权人进行清偿，与此同时，困境房地产企业将直接进行注销，转而由获得了困境房地产企业经营性资产的购买人继续完成在建工程复工续建工作并将建成后的房屋交付至购房人，以此种方式实际操作过程中，困境房地产企业股权并不发生转移。

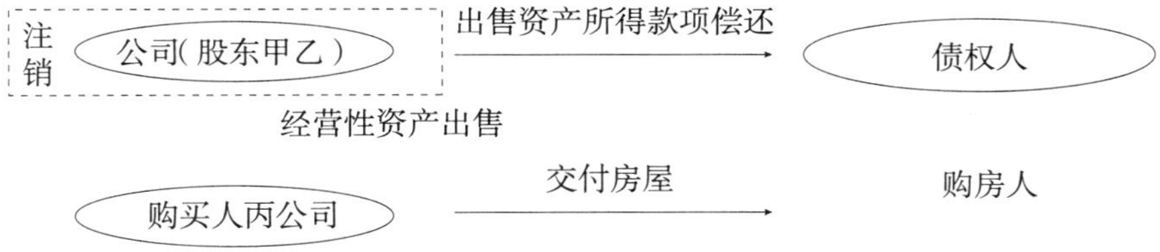

图3　出售式重整(不过户股权)示意图

与第一种方式相比，第二种方式的核心区别在于该种模式实际操作过程中伴随着困境房地产企业股权的过户，即困境房地产企业通过将股权过户至经营性资产购买人的方式间接实现资产的转让。通过前述操作后，作为债务人的困境房地产企业继续存续，仅发生股东层面的变更。困境房地产企业的在建工程由其自身继续完成复工续建并将建成后的房屋交付至购房人，而困境房地产企业以间接出售资产方式获得的款项将用于清偿债权人的债权。

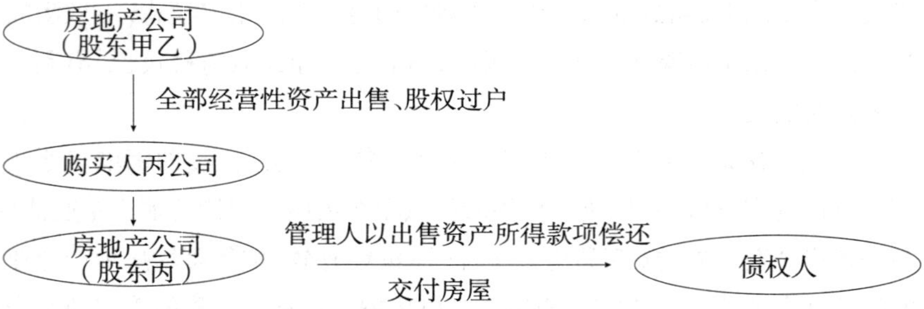

图4　出售式重整(过户股权)示意图

出售式重整模式下，因实际操作过程中经营性资产将与其他资产进行剥离，能够在较大程度上避免或有负债的风险，因此能够在很大程度上降低重整投资人的顾虑，有效降低寻找重整投资人的难度。但是，在出售式重整模式下，可能出现原困境房地产企业注销的情形，困境房地产企业原出资人一般较为抵触。

(四)混合式重整

混合式重整，顾名思义不仅仅包含一种重整模式，混合式重整模式可能是前述多种重整模式的结合。采用混合式重整模式的案件绝大多数情况下是由于作为债务人的困境房地产企业自身经营性业务类型众多，针对不同类型的业务特点采用了针对性的重整模式，例如，同一困境房地产企业名下可能存在A项目、B项目、C项目等多个待进行复工续建的项目，各项目情况不可能完全一致，采用统一的在建工程复工续建模式可能并不能达到最佳的效果，此种情况下可能出现采用混合式重整模式，在A项目中以债权融资方式进行重整，B项目中以股权融资方式进行重整，而在C项目中以出售式重整模式进行重整。事实上，不光不同类型的业务可能选用混合式重整，实践操作过程中即便同一类型经营性业务也可能出于客观需要而采用不同的重整方式进而形成混合式重整局面。例如：福建省霞浦县人民法院审理的福建某房地产有限公司破产重整案[1]中，根据该案管理人公开披露的《重整计划》，该案中所涉公司便综合运用了引入共益债重整投资人的债权融资式重整模式，并结合股权融资式重整模式实现出资人权益调整顺利助推困境房地产企业脱困。总而言之，混合式重整模式能够较好地应对同一案件中因业务类型等原因产生的差异化情形，较好地弥补单一重整模式无法全面覆盖不同情形下困境房地产企业在建工程复工续建需求的缺憾。混合式重整的最大优势即为其方式灵活多样，

〔1〕 参见福建省霞浦县人民法院民事裁定书，(2019)闽0921破1—7号。

能够在最大程度上利用债务人及债权人等各方资源。

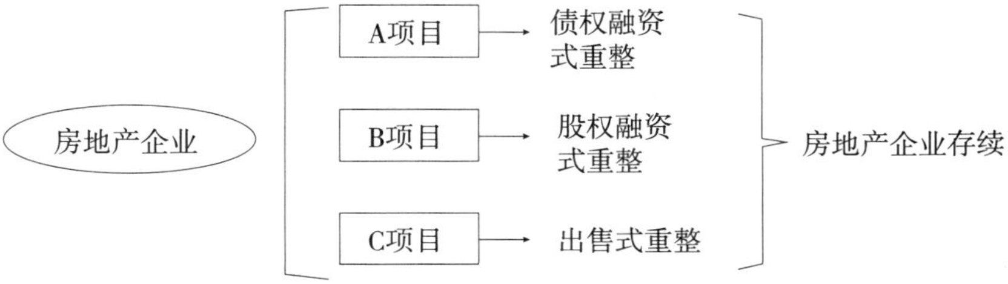

图5　混合式重整示意图

二、困境：破产审判之新挑战

如前文分析，司法实践中困境房地产企业在建工程复工续建中出现的常见复工续建模式呈现出纷繁复杂的样态，而产生多种续建模式的核心原因则在于困境房地产企业在建工程复工续建本身属于复杂性较高的事项，其自身的复杂性也给相应的破产审判程序带来诸多挑战。较为突出的表现为：复工续建资金来源保障困难、在建工程续建资金优先性及多元利益平衡规则不明、复工续建过程管理与监督难度高及府院联动机制协调效果有待提升。

（一）复工续建资金来源保障存在困难

困境房地产企业在项目建设过程中通常需要大量资金投入，因而资金来源自然是无法回避的核心问题，这样才能确保工程顺利进行。由此我们认为，困境房地产企业破产重整的核心是解决在建工程续建的资金来源。

国家层面，多个部委曾出台政策文件彰显出对于困境房地产企业融资问题的重视。例如，2021年2月，国家发展和改革委员会、最高人民法院、财政部等十三个部门联合发布的《关于推动和保障管理人在破产程序中依法履职 进一步优化营商环境的意见》（发改财金规〔2021〕274号），该意见第（八）项明确提出：“加强重整企业融资支持。银行业金融机构应当按照市场化、法治化原则，对有重整价值和可能性、符合国家产业政策方向的重整企业提供信贷支持。”2022年11月，中国人民银行及原中国银行保险监督管理委员会也联合发布《关于做好当前金融支持房地产市场平稳健康发展工作的通知》（银发〔2022〕254号），提出：“支持国家开发银行、农业发展银行按照有关政策安排和要求，依法合规、高效有序地向经复核备案的借款主体发放‘保交楼’专项借款；对于部分已进入司法重整的项目，金融机构可按自主决策、自担风险、自负盈亏原则，一企一策协助推进项目复工交付。”[1]然而，当前的破产审判实践中，受到困境房地产企业自身、融资渠道及融资政策及外部市场环境等多方因素的影响，在建工程复工续建的资金来源面临着严峻的保障困难。首先，困境房地产企业本身多存在着较高的信用风险，其财务状况恶化、抵押物有限及企业内部治理失范等情况使得银行等金融机构向其提供贷款支持的意愿较低；其次，市场化融资机制不健全，缺乏多元化的融资渠道及金融机构融资态度审慎等原因，也导致困境房地产企业在融资过程中受限；最后，投资者信心不足、叠加社会舆论环境的负面影响等外部市场环境因素，进一步增加了困境房地产企业融资的难度。

1. 困境房地产企业自身原因

(1)企业信用风险高

困境房地产企业普遍存在的较高企业信用风险是导致其融资困难的重要原因之一。这种高风险状态主要源自企业自身经营不善、财务状况恶化等因素。首先，企业在经营过程中可能存在的管理混乱、盈利能力下降等问题将导致其财务状况恶化。这使得企业难以提供符合银行贷款要求的财务报告，将直接影响银行向其提供贷款支持的意愿。其次，受到企业财务状况不佳、经营困难等因素影响，困境房地产企业的信用评级往往较低。信用评级的下降使得企业在融资时面临更高的融资成本和更严格的审查限制，进一步加大了融资难度。再次，企业在前期发展过程中可能存在过度融资或过度扩张的情况，导致企业负债过重，难以承受新的融资压力。此外，部分困境房地产企业在经营过程中可能存在的资金挪用、财务造假等违法违规行为，也将显著损害企业的信用度，直接后果便是进一步加剧企业融资的难度。

(2)企业抵押物有限

困境房地产企业在融资过程中面临的抵押物有限问题是导致其融资困难的又一显著因素。这一困境主要源于企业在前期发展中的资产布局和抵押情况。在企业发展初期，为了获得资金支持，企业常常会将绝大部分甚至全部优质资产用于抵押融资，如未开发土地、在建房产等。然而，随着企业经营不善或市场变化等因素

[1]《中国人民银行 中国银行保险监督管理委员会关于做好当前金融支持房地产市场平稳健康发展工作的通知》，载中国政府网，https://www.gov.cn/xinwen/2022-11/23/content_5728454.htm，2024年6月10日访问。

的影响，企业可能陷入财务困境并最终破产。在这种情况下，企业面临的抵押物有限问题尤为突出。破产后，企业所能提供的抵押物通常是未开发或未竣工的土地、房产等，这些资产的价值可能受到市场变化、法律纠纷等因素的影响，难以获得金融机构的充分认可。困境房地产企业在融资过程中的选择性受到限制，融资渠道变得更加狭窄。

(3)企业内部治理失范

困境房地产企业内部治理失范主要表现在管理层失职、内部腐败等，这些问题严重影响了企业的正常经营和管理。首先，管理层失职可能导致企业决策的不稳定性和不连续性，使得投资者对企业的未来发展缺乏信心。管理层的失职还可能导致企业财务管理不善，进而影响企业的财务状况和经营能力，使得企业在融资市场上的信用受损。其次，内部腐败现象的存在使得企业的治理结构失衡，导致资源的浪费和挪用，加剧了企业的财务困境。投资者和金融机构对这类企业的信任度降低，不愿意为其提供资金支持，加大了企业的融资难度。

2. 融资渠道及融资政策原因

(1)市场化融资机制匮乏

传统银行贷款作为企业主要的融资来源，对困境企业的贷款审批流程极为严格。银行通常对企业的信用评级、财务状况、资产负债比率等方面进行详细审查，由于困境企业在这些指标上往往表现不佳，导致贷款审批通过率极低。退而言之，即使银行同意放贷，所附加的高利率也使得企业的融资成本大幅增加，从而限制了其获取必要资金的能力。

非银行融资渠道，如私募债等，虽然在理论上可以为困境房地产企业提供另一条融资途径，但实际操作中仍面临诸多挑战。私募债的投资者通常具有较低的风险偏好，偏向于选择稳健的投资项目，而困境房地产企业由于存在较高的经营风险和不确定性，难以吸引这类资金。同时，这些融资渠道的资金成本相对较高，对于本已处于财务困境的困境房地产企业而言，会进一步加重其资金负担。因此，非银行融资渠道并不能有效填补银行贷款的空缺，难以满足困境房地产企业复工续建的资金需求。简而言之，市场化融资机制的匮乏严重制约了困境房地产企业的融资能力。

(2)金融机构融资态度审慎

由于困境房地产企业的信用风险高、抵押物有限等因素，金融机构对其融资态度较为审慎，进一步导致了融资审查程序的复杂化和冗长化。审查过程中多层级的审批流程和反复的文件审核，明显延长了融资时间，增加了企业获取资金的难度。金融机构对困境房地产企业融资需求的谨慎态度，以及烦琐的审查程序，极大地限制了困境房地产企业获得贷款支持的能力。

3. 外部市场环境原因

（1）投资者信心不足

困境房地产企业在建工程复工续建的不确定性导致投资者信心不足。投资者担心困境房地产企业是否能够顺利完成复工续建，项目是否能够按时交付，进而影响了对项目的投资意愿。投资者对于项目的信心不足，使得企业难以获得投资资金支持。

（2）社会舆论环境的负面影响

社会舆论环境的负面影响也加剧了困境房地产企业的融资困难。媒体对于困境房地产企业的负面报道，如涉及企业经营不善、内部腐败等方面的报道，往往会引起公众对企业的质疑和不信任，影响了其形象和信誉。这种负面报道无疑使得企业融资渠道更加受限。此外，一些困境房地产企业的项目可能存在质量问题、法律纠纷等，这些被广泛传播后会进一步损害企业的声誉和信誉，影响其融资渠道的畅通。社会舆论的不利影响使得企业更加难以解决融资问题，加剧了复工续建的资金来源保障困难。

（二）在建工程续建资金优先性及多元利益平衡规则不明

复工续建资金的投入是顺利实现困境房地产企业在建工程复工续建的物质基础，但受限于困境房地产企业自身财务状况，仅仅依靠其自身往往难以实现在建工程复工续建，通常情况下需要引入外部投资人。出于资金安全的考虑，投资人往往更倾向于选择以共益债方式投入在建工程续建资金，并希望自身投入的共益债融资能够享有“超级优先性”，优先于在先形成的有财产担保债权和建设工程价款优先权受偿。但前述关于在建工程续建资金“超级优先性”的主张事实上缺乏明确的法律依据，实践中存在的实现续建资金“超级优先性”的操作只能通过投资人及其他优先权人的谈判协商实现，此种“超级优先性”的实现方式更多的是基于实际操作中的经济逻辑和商业惯例，而非明确的法律规则。

房地产企业破产案件涉及的债权人数量众多，法律关系复杂，除一般破产案件中涉及的债权类型外，在破产房地产企业偿债资源相对有限的情形下，需要进行复工续建的在建工程上往往还附随着商品房消费者、以房抵债权利人、建设工程款债权人、抵押权人等多方权利主体的利益诉求，而前述权利主体相关的法律问题往往更加复杂、社会矛盾也更加集中且尖锐。与此同时，现行的《企业破产法》对于各类权利顺位的规定较为笼统，例如，《企业破产法》第113条仅对职工债权、社保及税款债权以及普通债权的清偿顺位进行了规定[1]，而这一规定显然无法满足指导破产审判实践中对于在建工程上所涉多元利益的平衡问题。虽然散见于各类批复类规范性文件中的关于房地产企业破产案件中各类优先权的保护顺位规则能够起到一定程度的指导作用，但相关的规范性文件仍存在具体认定规则尚不明确甚至缺乏相关规则的情形。如何有效平衡在建工程所附多元利益，妥善解决各方权利主体的冲突矛盾存在法律依据不足的客观难题。

1. 复工续建资金优先性规则不明

中国人民银行与原中国银行保险监督管理委员会于2022年11月11日发布的《关于做好当前金融支持房地产市场平稳健康发展工作的通知》[2]（以下简称“金融16条”）中“二、积极做好“保交楼”金融服务”中即提出了“按照‘后进先出’原则，项目剩余货值的销售回款要优先偿还新增配套融资和专项借款”。“金融16条”的前述规定在一定程度上为复工续建资金的优先性提供了制度依据，但“金融16条”本身并非法律或司法解释，其效力层级较低，无法为复工续建资金的“超级优先性”提供明确的法律依据。况且“金融16条”的规定也并不能够推导出复工续建资金能够优先于建设工程款债权、有财产担保债权的结论。依照现有的《企业破产法》及其相关司法解释的规定，也仅仅能够明确复工续建资金优先于普通债权的结论。由于复工续建资金优先性规则不明，实践中实现复工续建资金“超级优先性”的手段仍然缺乏较高层级的法律依据，现行规范体系下对于企业顺利获得融资的推动作用有限。

2. 商品房消费者优先权认定标准不明

房地产企业进入破产程序后，在建工程停工无法按期交付商品房将严重影响广大商品房消费者购房人的合法权益，因而如何准确认定商品房消费者并确定其

---

〔1〕《企业破产法》第113条：破产财产在优先清偿破产费用和共益债务后，依照下列顺序清偿：(1)破产人所欠职工的工资和医疗、伤残补助、抚恤费用，所欠的应当划入职工个人账户的基本养老保险、基本医疗保险费用，以及法律、行政法规规定应当支付给职工的补偿金；(2)破产人欠缴的除前项规定以外的社会保险费用和破产人所欠税款；(3)普通破产债权。破产财产不足以清偿同一顺序的清偿要求的，按照比例分配。破产企业的董事、监事和高级管理人员的工资按照该企业职工的平均工资计算。

〔2〕参见《中国人民银行 中国银行保险监督管理委员会关于做好当前金融支持房地产市场平稳健康发展工作的通知》，载中国政府网，https://www.gov.cn/xinwen/2022-11/23/content_5728454.htm，2022年11月23日访问。

权利顺位是涉房地产企业破产审判实践中的核心难题，对于顺利实现“保交楼”的目标具有至关重要的作用。最高人民法院于2023年4月发布的《关于商品房消费者权利保护问题的批复》(法释〔2023〕1号，以下简称《1号批复》)，依据《1号批复》规定：“商品房消费者以居住为目的购买房屋并已支付全部价款，主张其房屋交付请求权优先于建设工程价款优先受偿权、抵押权以及其他债权的，人民法院应当予以支持。在房屋不能交付且无实际交付可能的情况下，商品房消费者主张价款返还请求权优先于建设工程价款优先受偿权、抵押权以及其他债权的，人民法院应当予以支持。”《1号批复》出台前，在房地产企业破产案件中，认定购房人是否属于商品房消费者，一般参照适用《最高人民法院关于人民法院办理执行异议和复议案件若干问题的规定》(以下简称《执行异议和复议案件规定》)第29条，该条规定：“符合下列情形，应当认定购房人为商品房消费者：一是在法院查封之前已签订合法有效的书面买卖合同；二是所购商品房系用于居住且买受人名下无其他用于居住的房屋；三是已支付的价款超过合同约定总价款的50%”。相较于《执行异议和复议案件规定》，《1号批复》不再要求买受人名下无其他用于居住的房屋，体现了优先保护处于相对弱势地位的商品房消费者的精神〔1〕，有利于“保交楼”政策的有效落实。但是，《1号批复》在商品房消费者优先权认定标准上仍存在部分尚待明确的问题留待司法实践回应，当中较为突出的问题是应当如何理解“以居住为目的购买房屋”，是仅仅依据房屋性质进行认定还是根据房屋的实际使用功能进行综合判断。从裁判案例看，各地法院对于这一问题的理解也多有分歧，例如，(1)针对经营型房屋(商铺)，有一种观点认为“案涉房产性质为商铺，并非为了居住所需，并无获得优先保护的特殊利益，其主张优先于其他债权人个别清偿，依据不足。”〔2〕另有观点认为购房者虽购买商铺，但该商铺承载了家人的生存保障功能，也被认定为属于“以居住为目的”。〔3〕(2)针对豪华型房屋(别墅)，已有司法判例认为豪华型房屋一般不属于生存权特殊保护的范畴〔4〕。(3)针对商住房、酒店式公寓、公寓式酒店等，则有案例认为“‘所购商品房系用于居住’应当做宽泛理解，不管是单纯的居住房还是商住两用住房，只要是有居住功能的，即应视为用于居住的房屋”。除前述外，关于实践中出现的购买多套房屋的情形是否还具备认定“以居住为目的”的空

〔1〕 参见段建桦：《执行异议之诉在审判实务中的困境与对策——基于贵州法院系统的调查》，载《时代法学》2018年第6期。

〔2〕 最高人民法院民事裁定书，(2017)最高法民申3088号。

〔3〕 参见安徽省高级人民法院民事判决书，(2016)皖民终689号。

〔4〕 参见最高人民法院民事裁定书，(2020)最高法民终1096号。

间以及应当如何理解不能交付且无实际交付可能等问题，仅仅依据《1号批复》均不足以构建出明晰的商品房消费者优先权认定标准。

3. 以房抵债权利人权利优先性不明

用在建工程抵偿借款、工程款、材料款等债务是房地产企业化解债务的重要路径之一。房地产企业进入破产程序后，以房抵债协议能否继续履行、以房抵债权利人是否享有房屋交付请求权等问题，《企业破产法》及相关司法解释均无明确规定。

以房抵债属于以物抵债的类型之一，《最高人民法院关于适用〈中华人民共和国民法典〉合同编通则若干问题的解释》(以下简称《合同编通则解释》)对以物抵债协议的性质、效力和物权变动规则等作出明确规定，为房地产企业破产案件中认定以房抵债的性质和效力提供了明确依据[1]。破产申请受理前，房地产企业与债权人在债务履行期限届满前达成以房抵债协议，抵债房屋尚未交付并办理登记，应当按原债权债务关系认定债权性质；房地产企业与债权人在债务履行期限届满后达成以房抵债协议，不存在无效或可撤销情形，应当认定以房抵债协议有效。此类债权人购买房屋的目的是消灭债权债务关系而非居住，不属于商品房消费者，因而该债权不具有优先性，但在破产申请受理前，房地产企业因不能履行应付工程款、劳动报酬等到期债务，与债权人签订以房抵债协议，此类债权人的权利是否具有优先性尚待明确。

关于以房抵债权利人是否享有优先权利，实践中的分歧表现为：假设在某破产清算案件中，企业将部分在建工程交给承包人抵销拖欠的工程款，承包人向管理人申报债权要求过户。一种观点认为，除管理人根据《企业破产法》第18条规定继续履行合同之外，在破产程序中债权人请求履行以房抵债协议，办理过户手续，将构成对该债权人的个别清偿，不应予以支持，其债权应转化为金钱债权，按普通债权清偿。另一种观点则认为，《合同编通则解释》第27条第2款规定：“债务人或者第三人未按照约定履行以物抵债协议，经催告后在合理期限内仍不履行，债权人选择请求履行原债务或者以物抵债协议的，人民法院应予支持。”即履行期限届满后达成的以房抵债协议构成新债清偿，通过履行以房抵债协议达到替代履行原债务并消灭原债务的目的；在破产程序中债权人选择履行建设工程价款或劳动报酬等原债务，则债权人享有相应的优先权，而债权人选择履行具有替代性的以房抵债协议，亦应具有优先性。

---

〔1〕 参见黄月婷：《物权变动型形成判决的效力及其实现》，载《中国不动产法研究》2023年第2期。

4. 预告登记权利人权利顺位不明

预告登记制度被规定于《民法典》第221条，该条规定："当事人签订买卖房屋的协议或者签订其他不动产物权的协议，为保障将来实现物权，按照约定可以向登记机构申请预告登记。预告登记后，未经预告登记的权利人同意，处分该不动产的，不发生物权效力。"在商品房预售过程中，购房人可以对尚未建成的商品房进行预告登记，从而限制房地产企业将已售出的商品房再次出售或抵押。由此可见，预告登记的目的在于保护登记权利人优先取得物权的权益。

房地产企业进入破产程序后，预告登记权利人的权利性质如何界定，以及在与商品房消费者、抵押权人等发生权利冲突时如何确定顺位等问题，亟待明确。就这一问题在司法实践中存在截然对立的两种观点，其中一种观点认为：预告登记权利人享有的实质上是优先于抵押权和普通债权的对于房屋的物权期待权；另一种观点则认为，预告登记权利人享有的仍应当为债权，当房屋具备办理本登记条件时，权利人可以基于预告登记申请办理本登记，从而取得物权；若房屋不具备办理本登记条件，权利人无法基于预告登记申请办理本登记，因此无法取得物权。同时，法律未赋予预告登记权利破产优先效力，因此相应债权应被认定为普通债权。上述观点的分歧在破产审判实践中较为常见，且相关权利各方主体的冲突往往较为尖锐，通常表现为破产房地产企业管理人与预告登记权利人就特定房产处置的激烈观点冲突，例如，如某房屋上存在预告登记权利人，预告登记权利人一般会请求管理人确认其对登记房屋享有物权；而管理人则在多数情况下认为，由于工程尚未竣工验收，不符合交付条件，房屋属于破产财产，预告登记权利不是法律明确规定的优先权，仅是请求合同继续履行的权利，因此预告登记权利人仅享有普通债权。

（三）复工续建过程管理与监督难度高

破产房地产企业的在建工程复工续建过程，法院对于在建工程复工续建过程的监督很大程度上需要由管理人进行实际执行，因而管理人的职责尤为关键，管理人需要对项目进行全面的监督和管理，以确保在建工程项目在技术、财务、法律等各个方面的顺利进行。然而，实际操作中，管理人对在建工程复工续建过程中面临管理与监督层面的困难和挑战是多方面的。

1. 项目统筹管理层面

(1)信息不对称

在破产房地产企业在建工程复工续建过程中，管理人往往面临信息不对称的问题，其主要表现为：企业原有的管理团队可能对项目情况有深入了解，而新接手的管理人需要花费大量时间和精力来获取和核实项目信息。这不仅增加了管理工作的难度，甚至可能导致出现决策失误。

(2) 协调工作繁重

复工续建项目涉及多个部门和利益相关者，包括原有的项目团队、施工单位、供应商、政府监管部门、债权人和购房者。管理人需要在各方之间进行有效的沟通和协调，确保各项工作顺利进行。然而，不同利益主体之间的利益冲突和沟通障碍，增加了项目协调的复杂性和工作量。

2. 项目质量及进度层面

(1) 质量控制存在困难

破产房地产企业的在建工程可能存在质量问题，如施工标准不达标、材料质量不过关等。管理人需要制定严格的质量管理体系，通过现场检查、抽样检测等手段，确保工程质量。然而，质量问题的隐蔽性和复杂性以及管理人专业知识的限制，使得管理人很难全面掌握和控制所有质量风险。

(2) 进度控制压力大

项目进度直接关系到购房者的利益和债权人的回款，复工续建项目需要在保证质量的前提下尽可能缩短工期。管理人需要制定详细的进度计划，并通过科学的进度管理工具进行实时监控和调整。然而，突发事件、资源短缺、施工技术问题等因素都可能影响项目进度，增加了管理难度。

3. 项目人员管理层面

(1) 团队稳定性差

破产房地产企业往往面临人员流失的问题，原有的项目团队可能因企业破产而离职或士气低落。管理人需要通过合理的激励机制和管理措施，稳定和激励团队，确保项目的顺利进行。但重建团队的过程复杂且耗时，增加了人力资源管理的难度。

(2) 专业人才短缺

复工续建项目需要大量的专业技术人才，如工程师、项目经理等。管理人需要在市场上寻找和招募合适的人才，并确保他们能够迅速适应项目需求。但由于专业人才的短缺和高流动性等因素的影响，使得管理人面临较大的招聘和管理压力。

4. 项目财务管理层面

⑴资金筹措存在困难

破产企业的财务状况不佳，资金紧缺是普遍问题。管理人需要通过多种途径筹措资金，包括债权融资、股权融资、引入战略投资者等。然而，融资渠道的有限性和市场环境的复杂性，使得管理人面临较大的筹资压力。

⑵成本控制难度大

在资金紧张的情况下，管理人需要严格控制项目成本，确保每一笔资金都能得到高效利用。然而，成本控制涉及施工、采购、管理等多个环节，每一个环节都可能出现成本超支的风险，增加了管理难度。

5. 项目法律合规层面

⑴法律纠纷处理复杂

破产企业往往面临大量的法律纠纷，包括合同纠纷、劳资纠纷等。管理人需要处理在建工程复工续建过程中各种法律事务，确保项目的合法合规性。然而，法律纠纷的复杂性和不确定性，使得管理人在处理法律事务时面临较大的压力和挑战。

⑵合规管理难度大

复工续建项目需要遵守大量的法律法规和行业标准，管理人需要建立健全的合规管理体系，确保项目在各个环节都符合相关要求。然而，法律法规的频繁变化和合规要求的复杂性，使得管理人在合规管理方面也面临着较大的挑战。

（四）府院联动机制协调效果有待提升

破产程序的外部协作事项繁复且多样化。除了必须应对程序内的债务清理、财产分配、企业挽救等法律问题外，还涉及一系列社会问题需要政府协助解决，例如，税费缴纳、重整企业信用修复等。特别是在房地产开发这类受到严格监管的行业，建设项目的行政许可程序通常包括以下方面：其一，选址定点；其二，规划总图审查；其三，确定规划设计条件；其四，初步设计及施工图审查；其五，规划报建图审查；其六，施工报建。在建工程的续建过程中，需要多个政府职能部门如自规、住建、环保、园林、消防等进行协调配合，以确保项目的顺利推进。

基于上述困境房地产企业破产程序的复杂性，困境房地产企业在建工程复工续建破产司法实践中，多地政府、法院也意识到构建府院联动协调机制的重要性并在案件办理实践中进行了有益的积极尝试。以笔者所在辖区法院曾办理的某置业有限公司破产重整案件为例，该案债务人企业为某置业有限公司(以下简称置业公司),系为开发城改"易"项目而成立的公司。因受房地产市场调控、经济下行压力及城改政策调整等因素影响,置业公司销售停滞、资金回笼受阻,公司深陷高利贷、民间借贷泥潭,导致资金链断裂,项目停工烂尾。购房业主及其他债权人多次进行维权,给当地辖区维稳造成极大压力,引起相关领导高度关注。该案进入破产程序后,在案件管辖地政府及法院的共同努力下,"易"项目被列入"保交楼"项目并顺利争取到"保交楼"专项借款。案件审理期间,案件管辖地区委高度关注,把握大局,建立了"易"项目工作专班。由案件管辖法院主导破产重整程序,案件管辖地区政府全力支持、推进项目续建及手续办理,对项目续建开发给予大力支持,形成"府院联动"联席会议制度,通过采用"联合召集""定期召开""主要领导共同参加"等方式随时解决出现的问题,为推进置业公司破产重整提供了强力支持和保障。2022年11月,置业公司破产管理人在案件管辖地政府及法院指导下开始向符合《重整计划》中以交付房屋方式清偿债权的购房债权人交付房屋,顺利完成了"保交楼"任务。

上述案例中,府院联动协调机制有益推动了困境房地产企业在建工程复工续建,但不容忽视的是,由于当前府院联动协调机制制度文件层级往往较低以及常态化机制尚未形成等原因,困境房地产企业破产司法实践中府院联动机制协调效果仍受到很大程度的制约,未能案案达到前述案例的办理效果,且即便具体到前述案例,在府院联动机制协调层面也仍存在较多进步空间。可以说,对于困境房地产企业在建工程复工续建破产司法实践中的绝大部分案例而言,府院联动机制联动协调效果均有待提升,具体言之有两点。

1. 联动协调机制制度文件层级较低

府院联动机制的相关文件多为地方政府和地方法院联合发布的指导性文件。这些文件虽然在一定程度上规范了府院之间的合作联动,但由于其法律层级较低,缺乏强制性和权威性,导致执行过程中存在较大差异。不同地区在具体操作中标准不一,往往依赖地方政府和法院的自主解释和执行力度,导致府院联动机制的效果参差不齐。例如,有些地方虽然制定了府院联动的操作规程,但由于这些规程仅具有指导性或建议性,在实际执行中容易被忽视或变通执行。加之国家层面缺乏统一的法律法规来规范府院联动机制。府院联动机制的实施主要依赖地方的探索和实践,缺乏国家层面的顶层设计。这种局面导致各地在推行府院联动机制时缺乏统一的标准和程序,影响了府院联动的整体协调效果。如果能够在国家层面出台更高层级的法律法规,将府院联动机制纳入法治轨道,明确其法律地位和操作细则,不仅能提升其权威性,还能确保各地在具体执行中有章可循,统一标准。

2. 府院联动常态化机制尚未形成

首先，府院联动机制的运作缺乏稳定性和连续性。府院联动多为应对特定问题或阶段性工作而建立，缺乏常态化的运行机制。这种临时性的联动方式虽然能够在短期内解决一些具体问题，但无法形成长效机制，难以应对破产案件中复杂多变的情况。要实现府院联动的常态化，需要建立稳定的合作机制和工作流程，使府院联动成为一种常规工作，而不是应急措施。其次，府院联动的日常沟通和协作机制不健全。由于缺乏常态化的沟通机制，府院之间的信息交流和工作协调往往存在滞后现象，影响了联动效率。许多地方政府和法院在具体执行中，因缺乏日常沟通平台，信息共享不及时，导致问题发现不及时、处理不及时。建立健全府院之间的日常沟通和协作机制，确保信息及时共享和沟通顺畅，将有助于提升府院联动的效率和效果。

三、破局：破产审判之新进路

诚然，“保交楼”政策背景下破产审判面临的新挑战是多元且复杂的，但正如破产本身对于困境房地产企业既是“危机”亦是“生机”一样，困境房地产企业破产审判程序所面临的新挑战同样也伴随着新的进路，破产审判法院可从：(1) 拓宽多元融资方式，准确认定费用性质；(2) 推动明确续建资金优先性及各类权利顺位，平衡各方利益；(3) 加强管理人选任及监督，助力实现复工续建；(4) 推动构建常态化府院联动机制，提升府院联动协调效果等方面着力，以创新举措助力困境房地产企业破产审判程序的完善，切实服务于“保交楼，稳民生”的政策大局。

（一）拓宽多元融资方式，准确认定费用性质

1. 拓宽多元融资方式

传统的融资方式已然无法全面满足困境房地产企业的融资需求，为拓宽房地产企业多元融资方式，住房和城乡建设部、金融监管总局于2024年1月联合印发《关于建立城市房地产融资协调机制的通知》（建房〔2024〕2号），提出“发挥城市人民政府牵头协调作用，在地级及以上城市建立城市房地产融资协调机制……综合房地产项目的开发建设情况及项目开发企业有关情况，提出可以给予融资支持的房地产项目名单，推送金融机构，做好融资支持”。而人民法院作为破产审判的核心主体，也应当主动承担拓宽破产房地产企业的市场化融资渠道的责任。具体言之，人民法院可在与金融机构等开展合作的基础上探索建立破产企业市场化融资平

台，探索以资产证券化、发行债券、设立房地产产业基金、政府和社会合作的PPP模式、股权众筹等多元化方式，整合力量、综合施策，帮助房地产企业在破产清算及重整程序中拓展市场化融资渠道，为企业提供更多的融资选择和支持。

在一些资产复杂、各方利益矛盾突出的重整案件中，单纯依靠引入投资人的传统重整模式和偿债方案已经难以满足各方的利益诉求。破产审判法院可以积极尝试引入信托计划，促进资产增值，最大限度保障债权人的最终清偿利益。在引入信托计划进行融资的情形下，其具体模式为信托公司通过设立信托计划，联合产业投资人、财务投资人等向项目公司注入流动性资金，以进行开发与销售，从而盘活停工或烂尾的房地产项目的业务类型。其中，信托计划作为有限合伙人与产业投资人组建有限合伙企业，在合伙企业层面进行结构化设计以提高信托财产的安全性，有限合伙企业通过"受让股权+股东借款"、受让债权并进行债务重组、提供共益债等方式化解项目的债务危机并注入流动性[1]。这些模式能够发挥信托财产隔离功能，避免时机不适当资产过快变现而造成价值断崖式下跌，实现债务人企业在债权人管理控制下恢复经营。信托计划的设立和执行，能够最大限度保障了债权人受偿利益最大化，也可以维护经营管理层及经营秩序的基本稳定，使企业获得新生。

融资信息的传播及获取对于困境房地产企业能否顺利实现融资也有着不可忽视的作用。破产审判法院应当坚持能动司法，主动作为，积极与政府职能部门、市场交易平台机构等开展协商对接，共建共享融资信息发布平台，促进融资项目信息传播和交互。

2. 准确认定复工续建费用性质

最高人民法院在《关于适用〈中华人民共和国企业破产法〉若干问题的规定(三)》中规定："破产申请受理后，经债权人会议决议通过，或者第一次债权人会议召开前经人民法院许可，管理人或者自行管理的债务人可以为债务人继续营业而借款。提供借款的债权人主张参照企业破产法第四十二条第四项的规定优先于普通破产债权清偿的，人民法院应予支持，但其主张优先于此前已就债务人特定财产享有担保的债权清偿的，人民法院不予支持。"[2]即共益债务优先于普通破产债权，但不能优先于有财产担保债权。这一共益债融资的保护模式，对于帮助企业获得融资的激励作用有限。如何既避免续建融资的共益债务过分挤占优先权人的利益，又确保在破产程序框架内实现续建资金的安全退出，应当是破产审判过程中应当

〔1〕 参见储青青、陈帅：《信托公司参与特殊资产业务探析》，载《新金融》2022年第7期。

〔2〕 最高人民法院关于适用〈中华人民共和国企业破产法〉若干问题的规定(三)》第2条规定。

重点关注的议题。

共益债务优先权与担保物权的优先权存在着事实上的冲突，如何实现两项具有冲突的优先权的平衡，首先要考虑采用何种原则。破产案件的处理应遵循有效平衡各方债权人利益的大原则，由于具备破产原因的企业要么资不抵债，全部资产无法清偿全部债务，要么明显缺乏清偿能力，必定有债权人无法获得本金部分的全额清偿，因而平衡好优先权人的利益更为重要。其次，破产程序亦是民事程序，民事程序中讲求公平公正原则，担保物权的优先性来自物权的公示公信力及物权的绝对排他性，共益债务的优先性来自为了全体债权人的利益，故两者的冲突为个体的绝对性与集体的共益性之间的冲突。若是资产雄厚的公司，保障物权的绝对排他性无可厚非，但因为资产缩水导致必然有人受损失，那么债权人的共益性就更加体现了公平公正的原则。最后，在破产案件中尤其应当考虑权利义务对等原则；即谁受益谁承担原则，程序的设定及进行是为了谁的利益，就理应由谁来承担相应的费用，只有适当限缩了担保物权人的权利，适当要求其承担义务，才能更好地服务于全体破产债权人及债务人。

基于上述原因及原则，破产审判过程中应当将共益债务分为三种类型考虑比较适当：第一类是直接因担保财产而产生的共益债务。例如，房地产破产案件中，往往产生房屋建设烂尾的现象，若某房地产公司破产清算案件中，仅剩余两幢在建工程进行抵押的烂尾楼及少量其他可供清偿的资产。众所周知，出售可销售房屋与出售在建工程价格差异较大，但将烂尾的在建工程建造成可以出售居住的房屋所需成本费用亦较大，因此续建烂尾楼的成本费用就成为事关担保资产最终受偿金额的共益债务。那么对于这一类费用，无论案件是否存在担保财产，因债务使担保债权人明显受益，应该全部由产生该笔费用的担保财产清偿。第二类是直接为无担保财产而产生的，一般认为此类共益债务应由无担保财产优先清偿。第三类就是无法具体划分到第一类或第二类中的共益债务，例如，《企业破产法》第42条规定的为债务人继续营业而应支付的劳动报酬和社会保险费用，以及由此产生的其他债务等，如何确定这一类共益债务的清偿标准，至今法无明文规定〔1〕，对于这类费用应当由法院酌情确定该担保财产应当清偿的比例，为此法院应该组织两方进行协商。若协商不成，法院则应当以担保财产和无担保财产的比例为依据，进一步确定相关债务的清偿份额。

〔1〕 参见丁燕：《破产重整企业债权融资的异化及其解决》，载《华东政法大学学报》2019年第4期。

(二)明确续建资金优先性及各类权利顺位，平衡各方利益

1. 以更高层面的法律规范明确续建资金优先性

从司法实践看，通过共益债等方式引入资金，积极推动在建工程复工续建仍然是实现资产价值的重塑，资产价值的增量是保障共益债融资的安全，提高债权清偿率，均衡保护各方利益的核心手段。对于共益债投资人而言，能否明确其投入资金的"超级优先性"对于其投资热情具有十分关键的影响，仅仅依靠"金融16条"等效力层级的规范及个案中的投资人与其他优先权的协商谈判以在一定程度上对复工续建资金优先性进行确认的方式并不足以长远、普遍地为困境房地产企业的融资提供助力，因此有必要通过修订《企业破产法》或出台专项司法解释，以明确复工续建资金的优先性规则，减少地方政策的差异性对复工续建资金优先性认定的影响，保障复工续建资金的安全和有效使用，有效平衡各方利益，保障破产企业复工续建项目的顺利推进，实现破产程序的优化和困境房地产企业的成功重整。

2. 完善破产法与其他部门法的衔接

破产程序与《民法典》的衔接仍需理顺。《民法典》为破产法的具体实施提供了民事法律基础，各类债权人享有的权利受《民法典》物权编、合同编等及相关司法解释调整。《民法典》《1号批复》《最高人民法院关于审理建设工程施工合同纠纷案件适用法律问题的解释(一)》明确了商品房消费者权利、建设工程价款优先权、抵押权三者之间的权利顺位。但对于房地产企业破产案件特有的其他权利主体，如以房抵债权利人、预告登记权利人等，均应当在理顺破产法与其他部门法衔接的基础上明确权利保护顺位规则。

3. 以立法形式确立高层级的权利保护规则

建议在企业破产法修订中，明确在不同情形下购房人权益的保护优先等级，增设关于商品房消费者、以房抵债权利人、预告登记权利人等权利保护顺位、适用条件、行使权利的程序等规则，将《1号批复》保护生存权的精神以立法的方式予以确立。对管理人对待履行合同的选择权进行合理限制，明确在破产程序终结前房屋具备交付和登记条件的，符合条件的购房人要求管理人交付房屋并办理登记手续的，应予以支持，以平衡破产房地产企业所涉各方主体的利益。

(三)加强管理人选任及监督，助力实现复工续建

作为破产程序中的核心角色之一，管理人的选任及监督将直接影响破产房地

产企业的重整效果和购房者等权利人的合法权益。在“保交楼”政策背景下，破产房地产企业在建工程的复工复产还需兼顾项目筹资和债务纠纷处置等问题。因此，人民法院应以民生为导向，在管理人选任阶段设置特定要求，避免“保交楼”政策虚置。为确保实现困境房地产企业破产司法实践中政治效果、法律效果及社会效果的统一，人民法院应当尤其注意此类案件中管理人的选任及监督问题，并重点从管理人选任标准、管理人选任程序、管理人选任、管理人监督机制及管理人选任配套措施等方面着手，力求能够挑选出能够担当起困境房地产企业在建工程复工续建重任的管理人团队。

1. 管理人选任标准

在管理人选任标准方面，法院应侧重考察管理人在处置破产房地产企业的专业能力，并强化对职业道德的要求。2022年11月，央行和银保监会联合发布了《关于做好当前金融支持房地产市场平稳健康发展工作的通知》（以下简称《通知》），其中明确提出“保持房地产融资合理适度，维护住房消费者合法权益，促进房地产市场平稳健康发展”等要求，也蕴含了对管理人职能的期待。一方面，作为市场主体，房地产企业自身无法克服逐利性的固有缺陷，并最终因为过度扩张导致破产；但另一方面，房产不仅具有消费属性，也是社会关系稳定的关键节点。因此，房地产企业的破产将弱化社会稳定的节点，致使消费者的合同风险向民生脆弱风险转化。正因如此，管理人应作为房地产企业和消费者之间的纽带，既应以专业能力处置复杂的法律、财务和工程管理事务，又能及时理解和推进“保交楼”政策，促进消费者端的稳定。为了实现后者，法院应对管理人的职业道德作出更为严格的要求，对职业道德进行严格评估和背景调查，确保选任的管理人具有较高的诚信度，为破产程序的公正性和透明度奠定基础。此外，为了提高项目交付力，法院还应考察管理人的资源整合能力。特别是在融资方面，法院可从金融风险处置、金融渠道拓展、房屋预售资金审计等方面考察管理人的相关能力，确保管理人就任后及时调动内部和外部资源，形成协同效应，确保项目顺利推进。

2. 管理人选任程序

在管理人选任程序方面应做到，其一，法院建立公开透明的管理人选任机制，是保证管理人选任公正性的基础。一方面，通过公开招标、公开选拔等方式，可以广泛征集具有资质的管理人候选人，确保选任过程的透明度和公正性；另一方面，公开选任机制不仅可以吸引更多的优秀管理人参与，还能增强社会对选任结果的信任度。其二，建立多方参与的评审委员会。选任管理人时应成立由法律专家、财务专家、工程管理专家及购房者代表等组成的评审委员会，对候选人进行综合评审。其三，进行严格的资质审核和背景调查。许多国家对管理人都有着较为严格的要求。例如，法国法院在指定破产程序中的管理人时，需要从既有名单上指定，从而减少法院指定选择的任意性和权力寻租的空间。有学者还认为，即便法院指定的管理人具备相应的资质，该管理人也不应与破产案件存在利益关系[1]。因此，在管理人选任过程中，法院应对候选人的资质进行严格审核，包括其过往的破产管理经验、专业能力、职业道德等。同时，进行全面的背景调查，确保候选人没有利益冲突或不良记录，保证管理人的公正性和可靠性。

3. 管理人监督机制

考虑到困境房企破产案件在建工程复工续建过程中涉及的法律关系复杂、利益多元，因而对于管理人的公正性及中立性均有着明显高于其他类型案件的要求，故而破产审判法院如何实现对于管理人的监督便显得尤为重要，第一，建立完善的管理人监督体系，是保障管理人依法履职的重要措施。法院应设立专门的监督机构，对管理人的工作进行全程监督，确保其依法履行职责。监督机构应具备独立性和专业性，能够对管理人的工作进行客观、公正地评估。此外，引入第三方专业机构对管理人的工作进行独立审计和评估，可以提高监督的独立性和公正性，防范管理人滥用职权或渎职行为。第二，管理人应定期向法院和监督机构提交工作报告，详细汇报项目进展情况、资金使用情况及存在的问题等。法院应对管理人的工作报告进行严格审查，并定期向社会公开相关信息，增强透明度，接受社会监督。定期报告制度不仅可以及时发现和解决问题，还可以增强管理人的责任感和紧迫感。第三，破产审判法院应积极建立管理人的奖惩机制，对管理人的工作绩效进行评价和激励。对表现优异、工作成果突出的管理人给予适当奖励，激励其积极履职；对存在失职、渎职行为的管理人，依法追究其法律责任，严肃处理，维护破产程序的公正性和严肃性。奖惩机制的建立可以有效调动管理人的积极性和主动性，确保其尽职尽责地完成工作。

4. 管理人选任配套措施

为确保破产审判法院能够选定专业素质过硬、履职能力较强，能够有效服务于困境房地产企业复工续建实践的管理人，破产审判法院还应当加强管理人选任配套措施：第一，加强培训与能力建设。为提高管理人的专业素质和履职能力，法院应定期组织管理人培训，内容涵盖房地产项目管理、财务重组、法律法规等方面。

〔1〕 参见沈达明等：《比较破产法初论》，对外贸易出版社1993年版，第241页。

通过持续培训，提升管理人的综合能力，确保其能够胜任破产管理工作。培训应注重实务操作，结合具体案例进行分析和讲解，提高管理人的实际操作能力。第二，建立管理人数据库。建立全国统一的管理人数据库，收录管理人的资质、专业能力、过往业绩等信息。法院在选任管理人时，可通过数据库进行筛选和参考，提高选任工作的效率和科学性。管理人数据库不仅可以提高选任工作的效率，还可以为管理人的监督和评价提供依据。第三，促进社会参与和舆论监督。鼓励社会公众和媒体对破产管理人的工作进行监督，通过多渠道举报和反馈机制，及时发现和纠正管理人工作中的问题。同时，加强舆论引导，营造有利于破产企业复工续建的社会环境。社会参与和舆论监督可以增强破产程序的透明度和公信力，促进管理人依法履职。

（四）构建常态化府院联动机制，提升府院联动协调效果

1. 构建独立、统一的破产事务政府管理机构

推动独立、统一的破产事务政府管理机构构建，并由该机构开展统一领导破产事务、协调联动破产工作、防范化解破产风险、改革创新破产机制等工作。设立专门的破产行政事务管理机构，可高效整合资源，有利于统一协调破产事务，发挥政府公共职能作用，减少房地产企业资产处置中的障碍，提高处置效率并充分保护债权人利益及社会稳定。建议设立专门的破产行政事务管理机构，归整集中破产行政事务管理机构职责。在具体实施中，可以成立由政府部门、法院、破产管理人及其他相关利益方组成的联合工作组，负责破产企业复工续建的具体操作。联合工作组的构成应具备多样性和专业性，包括：(1)政府代表负责提供政策支持和资源协调；(2)法院代表负责提供法律保障和司法指导；(3)破产管理人负责企业资产管理和复工续建的具体操作；(4)其他利益方代表包括债权人、购房者代表、施工单位等，确保各方利益的合理平衡和协调。

2. 明确常态化联动机制框架

首先，常态化府院联动机制的设计应从宏观层面着手，建立一个科学合理的框架。该框架需明确政府和法院在破产审判和复工续建过程中的职责与分工，确保各自角色的清晰定位。具体包括：政府层面提供政策支持、协调社会资源、监督执行进度以及法院层面依法审理破产案件、提供司法保障、监督企业重整过程[1]。制定常态化联动机制的操作规程，联动机制的操作规程应详细、具体，涵盖联动机制

〔1〕 参见黄富：《高效落实房地产金融政策》，载《中国金融》2023年第8期。

启动的条件、流程和各环节的操作细则。(1)启动条件：明确在什么情况下启动府院联动机制，例如，房地产企业破产且涉及大量购房者利益时。(2)操作流程：制定从联动机制启动到案件结案的详细流程，包括各环节的责任分工和操作规范。(3)沟通机制：建立定期沟通和信息共享的机制，确保各方及时了解进展和问题。其次，构建常态化府院联动机制需要相应的法律和政策保障，以确保其合法性和执行力。可以通过立法和政策文件的形式，明确府院联动机制的法律地位和操作规程，确保其在实际操作中的有效性。

3. 府院间信息共享及透明化管理

政府和法院应建立一个信息共享平台，实时共享破产企业的相关信息，包括企业资产状况、债务情况、工程进度等。该平台应具备的功能是(1)信息采集：通过各方数据接口，自动采集并更新破产企业的最新信息。(2)信息发布：向相关部门和利益方发布信息，确保各方及时了解企业的实际情况。(3)数据分析：提供数据分析功能，帮助决策者通过数据分析发现问题、制定策略。

在信息共享的基础上，府院联动机制应强调透明化管理，确保各方决策的科学性和有效性。具体措施包括：(1)公开府院联动机制的决策流程和操作规程，增强透明度和公信力。(2)定期向社会公众披露破产企业的复工续建进展情况，确保信息的透明和公开。(3)通过社会监督、第三方评估等方式，对府院联动机制的实施效果进行评估，确保其有效性和公信力。

4. 政策支持与资源协调

法院应积极促成政府出台专项政策，支持破产企业的复工续建。这些政策应具有针对性和可操作性，包括财政、税收、土地等多方面的支持。(1)财政支持方面：设立专项资金，为破产企业提供必要的财政支持，降低其融资成本。(2)税收优惠方面：出台税收优惠政策，减轻破产企业的税收负担，提高其资金使用效率。(3)土地政策方面：在土地使用和规划方面提供支持，帮助企业解决土地问题，确保项目顺利推进。法院应协助政府部门推动资源整合与协调，帮助破产企业解决复工续建中的各种问题。具体措施包括：(1)协调施工单位，确保工程按计划推进，解决施工过程中遇到的问题。(2)协调地方社区，解决工程建设中的社会问题，确保项目顺利推进。(3)协调其他社会资源，如水电供应、交通运输等，为破产企业的复工续建提供支持。

结语

在“保交楼”政策背景下，房地产企业的破产审判面临诸多新挑战，特别是在保障购房者权益、维护社会稳定以及推动在建工程复工续建方面。本文从多个角度探讨了这一背景下的破产审判新挑战与新进路，并提出了相应的对策建议。首先，困境房地产企业在建工程复工续建资金来源是复工续建面临的一大挑战。对此破产审判实践中应当坚持拓宽多元融资方式并准确认定复工续建费用性质，助力困境房地产企业化解资金来源难题。其次，房地产企业破产案件数量的增加对司法资源和审判能力提出了更高的要求。面对复杂的法律关系和多元的利益主体，法院需要提升专业化审判水平，同时亟待推动明确复工续建资金优先性规则及相关权利保护顺位规则，并在高层级的权利保护规则的指导下提高破产审判的效率和质量，确保案件的公正审理和公平裁判。再次，困境房地产企业在建工程复工续建对于管理人的执业能力及履职效果提出了更高的要求。对于破产审判法院而言，加强破产管理人的选任及监督，是保障破产程序公正、高效运行的关键。破产管理人应具备高水平的专业素养和职业操守，能够科学管理企业资产，确保复工续建的顺利进行。法院应建立健全的管理人选任标准、选任程序、监督机制并辅以必要的管理人选任配套措施，确保指定的破产房地产企业管理人履职尽责、廉洁高效，并配合法院进行全程监督。最后，在建工程复工续建是“保交楼”政策的核心内容之一，也是困境房地产企业复兴的关键。本文建议通过建立常态化府院联动机制，实现政府与法院的有效协作。政府在政策支持、资源协调方面发挥主导作用，法院在法律保障、司法监督方面提供坚实后盾。通过独立、统一的破产事务政府管理机构的运作，确保复工续建的各项工作顺利推进，保障购房者的合法权益。

总而言之，“保交楼”政策背景下的破产审判不仅是法律问题，更是社会问题和经济问题的综合体现。通过拓宽多元融资渠道，明确复工续建资金优先性及权利顺位规则，加强破产管理人选任及监督，建立常态化府院联动机制，可以有效应对破产审判的新挑战，探索破产审判的新进路。本文的研究和建议，旨在能够为破产房地产企业的复工续建提供可行的解决方案，为“保交楼”政策的顺利实施贡献理论支持和实践指导。未来，随着政策的不断完善和实践经验的积累，破产审判的制度体系必将更加健全，房地产市场的健康发展也将得到更有力的保障。

"民商合一"法典的历史基础

[意]司德法(Stefano Porcelli)*

一、商法作为独立法律的出现与发展

罗马法学家赫尔莫杰尼安(Hermogenianus)强调，因为所有的法都是为人而设的，所以我们首先来看人的身份，然后根据永久告示的顺序论述其他问题，并且根据不同主题，将它们分别置于相关的合适章节之中。[1]意大利学者指出，这一片段是法律体系的基础[2]，同时表明了法律致力于使人的身份趋于统一。[3]

实际上，法律的统一性在民法和商法关系中同样适用。在古罗马早期，私法规则中存在关于自然人、家庭、婚姻、继承、物、合同之债、不法行为之债以及无因管理、不当得利等大量内容。但是，伴随着环地中海商贸经济以及古罗马与东方等国家贸易的发展，罗马法给予了积极的呼应，许多为商业活动而制定的规则也大量涌现。[4]可以说，尽管罗马法中的商法没有成为十分明确的"独立法律"，但是，罗马法为参与商业行为主体的利益提供了保护。例如，有一些能够给企业家提供财产分离的制度，正如今天我们使用的"揭开公司面纱"制度那样，滥用财产分离的时候也有能够超越该财产分离的法律工具等。[5]

---

* 司德法(Stefano Porcelli)，意大利布雷西亚大学副教授、罗马第二大学法学院博士生导师。

〔1〕 罗马法原始文献D.1,5,2。

〔2〕 Pierangelo Catalano, Diritto E Persone. Studi Su Origine E Attualità Del Sistema Romano, Giappichelli,1990.

〔3〕 Sandro Schipani, La codificazione del diritto romano comune, Giappichelli, 2011, pp. 5-6.

〔4〕 Sandro Schipani, Obligationi e sistematica. Cenni sul ruolo ordinante della categoria, in Linguaggio e sistematica nella prospettiva di un romanista, Atti della Giornata di studi in onore del Professor Lelio Lantella, Giappichelli, 2014, p.191.

〔5〕 这后果是通过actio utilis rescissa capitis deminutione得到的。

二、中世纪商事行会的出现与章程的形成

西罗马帝国灭亡后相当长一段时间内，社会都处于相对不稳定的状态中，因此，人们开始通过建立行会性质的关系提升自身力量并获得安全的自我保护。不同的社会阶层开始分别组建以保护成员共同利益为目的的组织。[1]这种组织从商人以及工匠阶层的内部开始产生。逐渐地，商人行会、银行家职业行会等开始壮大，并聚集了越来越多的财富和权力。这些商事行会通过其雇员和行会成员来监督市场中的交易活动，并制定行业规则，保护其成员利益。[2]上述过程持续了较长的历史时期，从公元7—8世纪中叶持续到了19世纪。

这些商事行会的组织架构在某些方面仿照着罗马社会市民城市的组织架构进行安排。例如，商事行会内设立任期为半年到一年的执政官(一位或者多位)，执政官在上任时要进行宣誓或做出书面承诺，保证其尽职尽责地管理该商事行会及其所在行业，并制定管理事务和诉讼等方面的规则。[3]执政官的这些宣誓内容及其在行会和所在行业内部通过的规定，全都收集在一种叫“章程”(statuto)的册子中。最初，这种册子仅仅按照时间顺序来收录上述内容，后来开始由专门人员(意大利语称为statutari或者emendatori)根据更具有体系性的办法(例如，按照商主体、商行为、商事活动程序等)来整理收录这些规定，由此，商法制度开始具备更加明确的雏形。起初，商事行会的章程只对登记的成员有效，但后来章程的效力范围越来越广阔，其适用范围从仅针对商事行会内部成员之间的商事关系逐渐扩大到所有商人之间或者其他人与商人之间的、具有商事活动特征的行为或者商事关系。从此，判断商事活动主体的规则也发生了变化，换言之，商事活动规则由按主体而形成的规则体系转换成了按行为而形成的规则体系，所有实行商事行为的人，都被视为商人。[4]

当发生商事活动的纠纷时，商事行会中的执政官具有相当于初审裁判官的地位。在法学家和商人的帮助下，商事行会的执政官会按照章程和习惯的规定来审理纠纷案件；如果案件复杂，则需要进行二审，由无利害关系的商人作为裁判者进行审理。如果一审裁判和二审裁判不一致，则由商事行会集体决定从两次审理的

---

〔1〕 Cesare Vivante, Trattato di diritto commerciale, I, Milano, 1922, pp. 2-3.

〔2〕 Giuseppe Ferri, Diritto commerciale, Encilopedia del diritto, Giuffrè, 1964, p. 921.

〔3〕 Cesare Vivante, Trattato di diritto commerciale, I, Milano, 1922, p. 3.

〔4〕 Cesare Vivante, Trattato di diritto commerciale, I, Milano, 1922, p. 5.也可见一些城市的规则，例如，1340年的Statuto Placentiae；1350年的Statuto Mediolani(米兰)等。

裁判中确定最终的裁决结果。[1]因此可以说，商法是和中世纪商人高度相关的法律，起始于从习惯法转为成文法律规则并应用到商事纠纷的裁判之中。因为，在商贸集市中，许多交易规则在交易中逐渐形成，并由专门的集市官员(例如，maîtres des foires或者custodes nundinarum等)运用这些交易规则来解决集市中的纠纷，这种交易习惯渐成体系并逐渐成为商法规则，深刻地影响了后来商法规则的形成。[2]不过，意大利商法学者认为，当时这种商事规则的出现和裁判活动存在着混乱状态，因为其目的并不是给某人或者某些人提供正义，而是希望能快速解决争议。[3]

三、商法的"客体化"

到17世纪，尤其是《威斯特伐利亚和约》缔结之后，在欧洲出现了一种新的主体：民族国家。同时，这些欧洲国家开始对商事行为实行渐趋严格的控制。例如，1673年法国路易十四世(Louis XIV)颁布《商事法令》(Ordennance du commerce)，[4]该法令规定，进行商事活动的人，即使不属于商事行会，也被认为是商人，[5]因为关注的是其行为被视作商事行为[6]。18世纪，尤其是法国大革命后，在现代的法典化过程中，商法开始成为独立的法律。[7]在商法发展为一种独立的法律的同时，法国还设立了专门法院，按照商事规则解决商人之间的纠纷。正如法学家所强调的，在1807年的《拿破仑商法典》问世后，商人法(ius mercatorum)就成为商事法(ius mercaturae)，商主体身份的重要性逐渐减弱，导致了商法的"客体化"。[8]除了商事活动中原本就有规定的商事行为外，普通生活中的其他一些行为也被认为是商事行为。例如，某人到书店买书的行为也会被认为是商事行为。

就19世纪欧洲法典化国家的法典立法中民法和商法的关系而言，有学者认为，

---

〔1〕 Cesare Vivante, Trattato di diritto commerciale, I, Milano, 1922, p. 4.

〔2〕 Cesare Vivante, Trattato di diritto commerciale, I, Milano, 1922, p. 5.关于这种问题的讨论也可见 Pietro Rota, Storia delle banche e principi di scienza bancaria, Milano, 1885, p. 27; Georg Cohn, Drei rechtswissenschaftliche Vorträge in gemeinverständlicher Darstellung, Heidelberg, 1888, p. 54 以下; Levin Goldschmidt, Universalgeschichte des Handelsrechts, Stuttgart, 1891, pp. 194 – 200 & 224 – 237。

〔3〕 Cesare Vivante, Trattato di diritto commerciale, I, Milano, 1922, p. 4.

〔4〕 Giuseppe Ferri, Diritto commerciale, Encilopedia del diritto, Giuffrè, 1964, p.922。

〔5〕 Daniel Jousse, Commentaire sur l'Ordonnance du commerce, du mois de mars 1673, Poitiers, 1828, p. 294.

〔6〕 Cesare Vivante, Trattato di diritto commerciale, I, Milano, 1922, p. 6.

〔7〕 Giuseppe Ferri, Diritto commerciale, Encilopedia del diritto, Giuffrè, 1964, p.922.

〔8〕 Umberto Santarelli, Mercanti e società tra mercanti, Torino, 1998, p. 17; 也可见Stefano Porcelli:《对企业法相关制度的反思》,载强力、王莹莹主编:《罗马法与中国法的传承和发展》,法律出版社2015年版。

商事行为的概念覆盖了商人的概念。最初在《拿破仑商法典》中，商事行为的概念具有确定某一案件由民事法院还是由商事法院管辖的功能。[1]但是，随着商主体的泛化，该功能被弱化。在1882年的《意大利商法典》中，商行为与商人阶层之间的关系已经非常微弱。商事法院受国家监督，并且其判决可以在普通法院上诉。[2]由于商事法院这种变化，法院司法权的范围越来越大，商事行为的概念适用范围也随之扩张。[3]随着1888年意大利商事法院的取缔，商法甚至已经可以被视为民法的特别法。[4]

在这种立法影响下，商事诉讼中证明的简单性、强调责任和诉讼时间的简短性等特征也被适用于普通公民的诉讼中。商法的大部分规定完全可以满足当时的社会需要，以至于如维梵得(Vivante)等意大利学者，戴姆勒(Dernburg)[5]和恩德曼(Endemann)等德国学者[6]都开始了在统一法典中将民商法结合起来的讨论，他们认为由于与商事有关的内容在社会中得到广泛传播等原因，没有必要编纂专门规定商法的法典。[7]如在1900年《德国民法典》中就已经有很多和商事有关的规定，而《德国商法典》也被看作是一种相对于《德国民法典》而言更为次要的法律。[8]

四、法典的“民商合一”思潮

按照上述的情况，工业革命带来新的生产方式后，似乎就需要重新审视这种“民商分立”模式的法典。1882年，意大利在编纂商法典时，有学者提出，随着社会和经济的发展，法律关系必将越来越丰富，法律的抽象性也将越来越重要，因此，在未来可以编纂民商合一的法典，[9]当时的意大利司法部部长也强调“民商合一”是一种高水平的立法理想。[10]为了实现这一理想，意大利在司法改革时撤销了商

〔1〕 Giuseppe Ferri, Diritto commerciale, Encilopedia del diritto, Giuffrè, 1964, p.922.

〔2〕 Luigi Franchi, Sulla giurisdizione mercantile in Italia, 载Archivio giuridico, XXXVI, 1886, p. 5以下。

〔3〕 Cesare Vivante, Trattato di diritto commerciale, I, Milano, 1922, p. 6.

〔4〕 Giuseppe Ferri, Diritto commerciale, Encilopedia del diritto, Giuffrè, 1964, p.923.

〔5〕 Heinrich Dernburg, Lehrbuch des preußischen Privatrechts und der Privatrechtsnormen des Reichs, II, Salle, 1896, p. 8.

〔6〕 Wilhelm Endemann, Das Deutsche Handelsrecht, I, Milano, Heidelberg, 1868, § 4.

〔7〕 Walther Munzinger, Motifs du projet du Code de commerce suisse, Zurich, 1865.

〔8〕 Karl Lehmann, Lehrbuch des Handelsrechts, Leipzing 1905, § 7.

〔9〕 On. Indelli, Seduta della Camera 21 gennaio 1882, Lavori preparatori al Codice di commercio, II, p. 251.

〔10〕 On. Zanardelli对Indelli 回复，Seduta della Camera 21 gennaio 1882, Lavori preparatori al Codice di commercio, II, p. 452。

事法院。这种司法上的统一性会推进立法上的统一性，从而促进法典的“民商合一”。[1]

为了更好地理解有关法典的“民商合一”和“民商分立”的争论，笔者将在该理论争论中最有影响的意大利商法学者的理论作为观察和分析的对象。

自1888年至今，仍是意大利最有影响的商法学者之一的维万特(Vivante)教授，阐述了他对法典的“民商合一”立法问题的观点。他强调，在罗马私法中，并不存在民法和商法的分或者立的问题。(如前文所述)这种民商分立是在中世纪时期为了满足商人团体的需要而创造的，而到维万特所处的时代，就应该超越民商法的分立。[2]他认为，通过一部统一的法典，商人和其他公民之间冲突的利益可以自发的、更公平的状态获得调整[3]。

维万特教授还进一步解释了为什么不需要民商分立。第一，他认为《商法典》中的大部分内容是为了保护大规模企业主的利益，因此它是一部针对少数主体的法律，不需要将其独立出来而适用于大多数人。[4]第二，商法理论认为，商人的利益得到满足，就能促进经济的发展和社会的稳定，因此法律应该为经济服务，法律处于经济利益之下。但是如果将商人利益置于优先地位，那么普通人之间的商事行为，如买一本书、买衣服等行为的利益就无法得到同等保护，这样的做法有失公平。第三，商法目的在于确定商人商事行为习惯的相关规定，但是普通人并不了解也不需要这些习惯，因此不需要将其影响力扩至全部的社会阶层。[5]第四，在诉讼领域，法院中存在许多“前提性”案例，而这些案例的目的是决定某一案件属于民法还是商法。这种情况虽然在取缔商事法院后好转，但是由于同时存在《民法典》和《商法典》，当事人和法官等需要花费时间来确定案件性质和适用的法律，因为立法者、法学者、司法人士都无法提供商事行为的清晰概念。[6]第五，维万特教授指出，大部分商法学者常常为每一个新情况制定一种新规定，而很少用债法解决问题，因为他们认为债法属于民法范畴。这种民商分立的情况将对法律水平重回罗马法时代产生制约。[7]第六，有学者认为民商统一会对国际商法的统一性产生不好

---

〔1〕 Lodovico Mortara, Diritto commerciale, Milano, 1888, p. 617.

〔2〕 Cesare Vivante: Per un Codice unico delle obbligazioni, 38 Archivio Giuridico, 1887, pp. 497-514.

〔3〕 Cesare Vivante: Per un Codice unico delle obbligazioni, 38 Archivio Giuridico, 1887, pp. 497-514.

〔4〕 Cesare Vivante, Trattato di diritto commerciale, I, Milano, 1922, pp. 11 – 12.

〔5〕 Cesare Vivante, Trattato di diritto commerciale, I, Milano, 1922, p. 15.

〔6〕 Cesare Vivante, Trattato di diritto commerciale, I, Milano, 1922, p. 16.

〔7〕 Cesare Vivante, Trattato di diritto commerciale, I, Milano, 1922, pp. 18-19.

的影响，[1]但是维万特认为《商法典》与本国的其他部门法都关系密切，例如，与刑法、诉讼法等都有关系，相较《商法典》，债法的国际统一化更有可能[2]。

19世纪欧洲社会的变化很大，其间，颁布了《法国民法典》，《德国民法典》也在编纂中，当时的社会也完全转变为工业社会。在这种变化下，商业的模式与规模必然也发生改变，商人阶层更是随着社会发展而不断普及和扩大。从社会的角度来看，专为特定社会阶层而制定的法律不但不被需要，而且被认为是不合适的。法律不应该只为商人制定，而是应该为所有人制定，因此作为保护所有人及其权利的民法应该作为法律的核心。

当今世界，人们之间的生活密切相连，除了要满足商人的需要外，其他人及其生活有关的方面，例如，环境保护、工作情况等也必须得到关注。此外，习惯法作为商法的最重要渊源，毫无疑问，商法的大部分规则都会在习惯法的基础上确定。但是习惯只应在法律没有规定的情况下才会发挥作用，而不该在实行依法治国的背景下还继续发挥着和中世纪社会商法一样的作用。

五、现代与当代的"民商合一"的法典

(一)以民商合一的实践为例

对1942年《意大利民法典》编纂起到重要作用的意大利法学教授指出，20世纪30年代末至40年代初，当时分别编纂意大利新民法典和新商法典的学者和专家们，大部分认为分别编纂两部法典已不再合适。[3]因此，尽管还存在一些反对意见，当时的编纂者们仍然决定实践这种已经被提出多年，在意大利以及在国外学者讨论过的想法：编纂民商合一的法典[4]。

根据当时通过的1942年民法典报告，我们可以清楚地看到意大利采用民商合一模式的三个理由：第一，对当时而言，民商分立的历史理由已经不存在。从当时新商法典的草案内容看，意大利没有采用《商法典》中的商事行为概念，而是用了企业概念，这是因为在20世纪三四十年代，意大利通过企业法囊括了商法和农业经济等方面，单用商事行为概念已经不能囊括意大利的企业概念，而且如上文所

〔1〕 Karl Lehmann, Lehrbuch des Handelsrechts, Leipzing 1905, § 7.

〔2〕 Cesare Vivante, Trattato di diritto commerciale, I, Milano, 1922, p. 21.

〔3〕 Rosario Nicolò, Codice civile, Encilopedia del diritto, Giuffrè, 1964, p.246.

〔4〕 Rosario Nicolò, Codice civile, Encilopedia del diritto, Giuffrè, 1964, p.246.

述，维万特教授指出确认某一行为属于民法的还是商法存在实际困难。第二，虽然当代法典基本上都不将劳动法考虑其中，但是保护劳动者是立法者的需要，而劳动法作为企业法的必要部分，有充分理由被纳入法典，因此我们可以发现在《意大利民法典》第五编增加了劳动法规定。第三，自从1888年商法法院被取缔后，民事诉讼和商事诉讼的区分已经不存在，商法中具有单独编纂法律意义的应该只有较具特色的破产法。[1]

关于如何看待1942年《意大利民法典》的民商合一，意大利商法学者曾提醒道，虽然从立法的角度来看商法不是独立的，但是从学术的角度而言商法却是独立的。商法学者和民法学者之间存在差异，而这种差异主要是由于其各自承担的任务不同而造成的。商法学者要研究和解决经济现实中不断涌现的新问题，而民法学者要对相关的概念进行体系化的提炼概括。这两项工作都非常必要，且两个群体的紧密合作——这也是法律的一体化所要求的——必将使法律科学焕发生机和向前推进。[2]

中国20世纪法典化过程中，也有学者很明确地总结了当时制定民商合一法典的理由，这些理由包括：第一，在历史关系方面，商人不再被作为特殊阶级对待，因此没有民商区分的必要；第二，在各国立法趋势方面，当时民商合一已经成为世界立法的新趋势，在新法制定过程中必然会参考借鉴其他国家的立法例；第三，在保障人民平等原则上，因职业不同而制定不同法典有违平等原则，法是为所有人设立的，不应该因为身份不同而区分保护；第四，在编订标准上，遇到和意大利编纂商法典时一样的问题——究竟如何界定商行为，这成为当时的立法难题，因此将商行为统一纳入民事行为更加妥当；第五，在编订体例方面，商法的调整范围并不明确，既不能将其作为总则的内容，也不适合将其编纂成独立法典。[3]

(二)21世纪民商合一模式的趋向

笔者认为，20世纪采用民商合一的立法理由至今仍然适用，并且还可以增加更多理由以论证民商合一的必要性。比如，后现代社会的变化，尤其是B2C(商人对消费者的商务模式)关系和B2B(商人对商人的商务模式)关系的出现，保护相对弱势的一方当事人变得必要。现在有巨无霸型的企业经常与中型企业，有时甚至与小

〔1〕 Dino Grandi, Relazione Ministeriale，载Codice civile Testo e Relazione Ministeriale, Roma, 1943, p. 12.

〔2〕 Giuseppe Ferri, Diritto commerciale, Encilopedia del diritto, Giuffrè, 1964, pp.925、926.

〔3〕 费安玲, Gli svilupppi storici del diritto cinese dal 1911 fino ad oggi. Lineamenti di un'analisi relativa al diritto privato, 23 Roma e America. Diritto romano comune, 2007, p119; 占茂华：《中国法制史》，中国政法大学出版社2010年版，第423页。

微企业开展商业活动。例如，在O2O(线上到线下)的商业模式中，有很多小微企业在线上出售产品,而对这种企业保护的需要好像和对自然人经营的保护更为相近，而和大企业的模式并不相同。后一种模式可以认为是一种B2C模式，并不是B2B模式。因此，如果将民法与商法分立，可能会使得弱势方难以获得同等保护，从而阻碍正义的实现。

对此，笔者想引用以下观点：《阿根廷民商法典》编纂小组成员在讨论最新的《阿根廷民商法典》时强调，阿根廷制定的这部新法典不追求完备，它所追求的是能够与其他部门法开放对话，“像太阳一样可以照耀围绕它的星球”。[1]笔者认为这种观点对民商合一立法模式十分重要，法典所期望的并不是尽可能地囊括法律制度，而是能为人们生活提供一种指引和参考，从而能够与其他特别法一起发挥法律作用。[2]

（三）结论：所有法为人而设的依法治国模式

上述提到的独立商法的历史使我们看到，独立的商法典是以中世纪欧洲特有情况为基础而构建的，并且以身份(即人与人之间不平等的状态)作为其构成要素。而在19世纪末的欧洲也已经开始了对这种模式超越。

迄今为止，我们已经看到，许多国家都是按照平等与公平原则制定作为“太阳”的法典，或者如中国立法者所说的，一种作为“社会生活的百科全书”[3]的法典。

我们所说的民法典基本上是作为私法法典，即司法体系的核心存在的。其中，以人为中心提供社会生活的最基本的原则和规定，同时在需要更深入特别规定的其他方面可以通过——作为环绕太阳的“行星”的专门法律进行规定。只有这样，方可提供能够满足平等和公平[4]要求的依法治国法律体系，实现法作为善良与公平的艺术的理念。[5]

---

〔1〕 R. L. Lorenzetti, Aspectos valorativos del nuevo Código civil y comercial argentino, Nuovo codice civile argentino e sistema giuridico latinoamericano, Cedam, 2017, p5.

〔2〕 Rosario Nicolò, Codice civile, Encilopedia del diritto, Giuffrè, 1964, p243.

〔3〕 王晨：《关于〈中华人民共和国民法典(草案)〉的说明——2020年5月22日在第十三届全国人民代表大会第三次会议上》，载新华网。

〔4〕 Filippo Gallo, Celso e Kelsen: per la rifondazione della scienza giuridica, Torino, 2010, 第67页等；斯特凡诺·波切利：《形式表达体系与法律基本原则——在中国民法典与新丝绸之路跨国前景下的思考》，在R. Cardilli, L. Formichella, S. Porcelli, Y. Stoeva ,《长安与罗马欧亚与丝绸之路法律、社会、经济》，Wolters Kluwer，2019，第255页等。

〔5〕 在《学说汇纂》开篇(D. 1.1.1 pr. Ulpianus libro primo institutionum)，写道：“致力于法的人首先应该知道‘法’(ius)这个名称从何而来。其实，法(ius)来自正义(iustitia)。确实，如同杰尔苏优雅地定义的那样，法是善良与公平的艺术。”

营商便利化：对2023年《商业促进（杂项条款）法案》的批判性审视

［尼日利亚］乌佐卡·恩戈齐·奇索姆
［尼日利亚］阿杜马·奥涅卡·克里斯蒂安*著
刘正锋**译

一、引言

在全球范围内，各国政府致力于提供能够促进商业发展的法律框架，通过消除贸易和投资中的官僚主义壁垒来便利商业活动，进而提高政府财政收入。大多数发达国家已实现行政流程的简化和自动化，在促进商业运营的同时弱化监管壁垒。疫情更凸显了构建强效、灵活且响应迅速的政府治理体系的重要性。世界银行“全球治理实践”项目持续支持各国建设高效、开放、包容、问责的公共机构，这些机构对可持续增长至关重要。时任尼日利亚总统穆罕默杜·布哈里于2016年7月设立总统营商环境促进委员会(PEBEC)，旨在使尼日利亚成为一个更加便于创业和发展的理想之地。该机构的核心使命是消除尼日利亚开展业务的关键瓶颈和官僚主义壁垒。需要注意的是，尼日利亚所有注册企业中，有90%属于微型、小型和中型企业(MSMEs)〔1〕。PEBEC是尼日利亚根据全球最佳实践设立的专门机构〔2〕，旨在使尼日利亚成为创业和商业发展日益便利的国家。

* 乌佐卡·恩戈齐·奇索姆，博士，法学学士，纳姆迪·阿齐基威大学国际法与法理学系讲师；阿杜马·奥涅卡·克里斯蒂安，法学博士，恩南迪·阿齐基韦大学法学院讲师。感谢作者授权翻译并出版此文。

** 刘卫锋，西北政法大学民商法学院副教授、硕士研究生导师、“一带一路”营商环境研究院执行院长，法学博士。

〔1〕 总统营商环境促进委员会(PEBEC)相关信息可在https://www.StateCraftinc.com获取。

〔2〕 参见《在此解决所有冲突》，载《PEBEC报告》，https://www.reportgov.ng，2023年2月23日访问。

PEBEC是一个跨部门的政府间机构，由10位部长、联邦公务员事务总管、尼日利亚中央银行行长、拉各斯州和卡诺州政府代表、国民议会及私营部门代表组成[1]。营商环境促进秘书处(EBEB)是PEBEC的执行机构，协助政府各部委、部门和机构(MDAs)实施PEBEC的改革议程。PEBEC为有利的商业环境提供了法律框架，因为其制定的政策和干预措施有助于尼日利亚的中小企业蓬勃发展。为确保营商环境透明度、效率和生产力，PEBEC自2016年成立以来，通过立法干预整合改革措施，提出了一项名为2023年《商业促进(杂项条款)法案》(BFA，以下简称《商业促进法案》)的行政法案。新法案修改了尼日利亚21项与商业相关的法律，并经国民议会审议通过成为行政法案[2]。PEBEC与公共和私营部门利益相关者合作，提出的《商业促进法案》，也被称为“综合法案”该法案旨在整合修订过时的法律条款，以消除微型、中小型企业的发展障碍，同时致力于确保商业环境的可持续性，并将2017年颁布的《促进尼日利亚商业透明度与效率第001号行政命令》(以下简称《第001号行政命令》)赋予法定效力[3]。

《商业促进法案》在2022年6月22日通过了众议院的第一次审议[4]，2022年7月20日通过了参议院的第二次审议[5]。穆罕默杜·布哈里总统最终于2023年2月10日签署了该法案。2023年《商业促进法案》修订了旨在提升尼日利亚营商便利度的相关法律，并将PEBEC的所有改革制度化以便实施。该法典适用于尼日利亚联邦共和国全境，同时将《第001号行政命令》法典化，并修改了21项与商业相关的法律，以消除在尼日利亚开展商业活动的官僚限制。

二、以下将讨论《商业促进法案》修订的法律

1. 2020年《公司及相关事务法》(CAMA)

本法案是规范尼日利亚企业注册、设立及解散的核心立法，涵盖公司、商号、注册受托人、有限合伙及有限责任合伙等主体的监管。其修订要点如下。

---

[1] 总统营商环境促进委员会，https://statehouse.gov.ng，2023年2月23日访问。

[2] 行政法案是由政府行政部门提出并提交给参议院和众议院进行同步审议通过的法案。

[3]《布哈里首次签署〈商业促进法案〉使其成为法律》，载《Vanguard News》，https://www.vanguard ngr.com，2023年2月23日访问。

[4]《布哈里首次签署〈商业促进法案〉使其成为法律》，载《Vanguard News》，https://www.vanguard ngr.com，2023年2月23日访问。

[5]《2022年〈商业促进法〉在众议院通过二读》，载《Vanguard News》，https://www.vanguard ngr.com，2023年2月23日访问。

(1) 外国公司免于在尼日利亚注册：任何在本法生效前或生效后于尼日利亚境外注册的外国公司，必须完成本地注册程序，除非已完成注册，否则不得在尼日利亚境内开展商业活动或行使注册公司的法定权利[1]。但该条款同时规定两类豁免情形：一个是本法案生效前根据旧《公司法》已获豁免注册的外国公司[2]，另一个是尼日利亚参与的国际条约项下的豁免主体[3]。2023年《商业促进法案》在CAMA第78条之(3)新增的C款中插入了另一项豁免规定，即"如果外国公司根据国民议会任何其他现行法案获得豁免"。

(2) 股东大会决议增资制度：CAMA第127条规定："股份有限公司可通过股东大会决议(且仅限此方式)增发新股以增加已发行股本，增发额度由公司自行裁量"。该条款未规定除股东大会外其他增资途径。然而，2023年《商业促进法案》修改了上述条款，规定有股本的公司可以通过股东大会或董事会决议的方式，按其认为适当的金额分配新股，以增加已发行股本，前提是该行为受到公司章程或股东大会所设定的条件或指示的约束[4]。据此，公司无需召集股东大会，董事会决议即可完成增资。

(3) 现有股东的优先认购权：《公司及相关事务法》原第142条规定，公司在任何情况下配发新发行股份时，必须首先按现有持股比例向同类股份持有人发出认购要约。该要约应通过书面通知载明以下要素：(a) 股东可认购的股份数量；(b) 认购价格；(c) 合理要约期限——逾期未接受视为自动放弃[5]。从上述条款来看，这种优先购买权似乎既适用于私营公司，也适用于上市公司，但并未规定接受要约的具体时间框架。此外，该条款也未明确指出私营公司和上市公司是否都可以行使这一优先购买权。《商业促进法案》对《公司和相关事务法》第142条作出两项关键修订：其一，在第142条第1款中特别加入"私营"(private)限定词，通过此项修订明确限定仅私营公司可行使优先认购权，从而终结了该条款对上市公司是否适用的法律解释争议；其二，新增第2款之(c)具体规定"若股东未于通知送达后21日内接受要约，则视为自动放弃"，由此将原先模糊的"合理期限"明确固化为21天的法定行权期，彻底消除原条款中"合理时间"的不确定性可能引发的操作争议，使

[1] 参见《布哈里签署〈商业促进法案〉使其成为法律》，载《Punch Newpapers》，http://www.punchng.com，2023年2月23日访问。

[2] 参见2020年《公司及相关事务法》第78条之(1)。

[3] 参见2020年《公司及相关事务法》第78条之(3)，(a)和(b)。

[4] 参见2023年《商业促进法案》，第3条。

[5] 参见2020年《公司及相关事务法》第142条之(2)，(a)至(c)。

优先认购权的行使具有可预测性和统一执行标准。[1]

(4)配股权力：《公司及相关事务法》原第149条之(1)规定，配股的权力属于公司。对于私营公司而言，该权力可以根据公司章程或股东大会的条件或指示委托给董事会行使。此次《商业促进法案》对该条款作出根本性修订：完全删除原条款，代之以新规“公司董事会在未获得股东大会明确授权或公司章程明文规定的情况下，不得行使股份配发权”。值得关注的是，《公司及相关事务》2020年第149条第3款(内容与本次新增条款实质相同)在此次修订中被同步废止[2]。

(5)配股申报：修订后，《公司及相关事务法》第154条之(1)规定，股份有限公司进行任何股份分配时，应当于15日内向公司事务委员会提交规定的与股份分配相关的文件以供登记。将该条款由原有30日期限缩短为15日，旨在促进并完善股份分配流程的完成[3]。

(6)电子股权证书：《公司及相关事务法》第171条规定，公司在配股后的两个月内以及股份转让文件提交公司后3个月内签发股份证书。然而，上述条款未明确规定应发行何种类型的股权证书。《商业促进法案》对此作出补充规定，通过在该法第171条中新增第7款，明确“本条所述的股份证书可采用实体或电子形式签发”[4]。

(7)股权转让文件：《公司及相关事务法》第181条规定了签发转让证明书。上述条款的子条款经修订后规定：当公司股份持有人希望将其持有的股份中的一部分转让给他人时，转让文书和相关股票证书应一并交给公司，并提出对该转让文书的确认及登记请求，且该文书应包括以电子形式发行的股票证书[5]。

(8)在特定情况下债券持有人的优先受偿权：《公司及相关事务法》第207条规定了在特定情况下，浮动抵押担保的债券持有人享有优先受偿权。但所述条款的第4款被修改为以下内容：“即使本法或任何其他法律中存在相反规定，且不影响第204条效力的情形下，固定抵押权持有人仍优先于公司的其他债务(包括优先债务)受偿。”[6]由此明确，债券持有人应在公司清偿债务时被赋予最高优先顺位。

(9)债券登记簿查阅：《公司及相关事务法》第222条对公司债券登记簿的查阅作出一般性规定。第131款解释条款新增如下定义：

〔1〕 参见2023年《商业促进法案》，第4条(a)和(b)。

〔2〕 参见2023年《商业促进法案》，第5条之(b)。

〔3〕 参见2023年《商业促进法案》，第6条。

〔4〕 2023年《商业促进法案》，第7条。

〔5〕 参见2023年《商业促进法案》，第8条之(b)。

〔6〕 2023年《商业促进法案》，第10条。

“现金”系指以任何货币形式存在的资金、已贷记至账户的款项，或类似的可要求偿付资金的债权，包括货币市场存款、因财务担保安排或终止净额结算条款运作而应收/应付或已收付于相关方的资金。

“金融担保物”指现金或金融工具。

“金融工具”包括：(a) 公司股份和其他等同于公司股份的证券；(b) 债券及其他可在资本市场交易的、引致或确认债务的凭证；(c) 通常可交易且通过认购、购买、交换可取得上述股份/债券/凭证的证券，或可进行现金结算的证券(不包括支付工具)。

“担保权益”指通过质押、抵押、固定抵押或浮动抵押设立的担保，其金融担保须以交付、转移、持有、登记或以其他指定方式，由担保权人或其代理人实际占有或控制[1]。

(10) 各类公司虚拟/电子会议：根据原《公司及相关事务法》第240条之(2)，仅私营公司被允许以电子方式召开股东大会。然而，随着2023年《商业促进法案》的生效[2]，所有类型的公司现在均可召开电子形式的股东大会。此条款将在很大程度上促进公司决策效率，优化企业治理流程。

(11) 年度股东大会的电子投票机制：《公司及相关事务法》第248条之(1)已被修订为允许电子投票作为股东大会的有效投票方式[3]。在此之前，唯一有效的投票方式是举手表决或投票表决。电子投票(e-voting)是利用电子系统完成投票和计票的表决机制。疫情加速了各行业的数字化转型，此项制度革新将终结传统耗时费力的线下表决模式，显著节省资源与时间成本。

(12) 上市公司独立董事的最低人数：原《公司及相关事务法》第275条之(1)[4]规定，每家上市公司必须至少有3名独立董事[5]。此前，《证券交易委员会(SEC)公司治理守则》和《尼日利亚公司治理规范》规定[6]，公司应至少有1名独立董事，《公司及相关事务法》的规定在2020年提高了此要求的门槛。然而，《商业促进法案》对《公司及相关事务法》第275条第(1)款进行了修订，规定上市公司独立董事的最低人数不再是3人，而是董事会总人数的1/3。其影响在于，任何提名董事会候选人

〔1〕 参见2023年《商业促进法案》，第11条。

〔2〕 参见2023年《商业促进法案》，第12条。

〔3〕 参见2023年《商业促进法案》，第13条。

〔4〕 参见N.C.Uzoka：《2020年公司与相关事务法概述：前景与挑战》，载《尼日利亚大学法律与政策杂志》第7卷第2期。

〔5〕 第5.5条(C)款。《上市公司企业治理准则》，https://www.sec.gov.ng，2022年8月11日访问。

〔6〕 参见《上市公司企业治理准则》，https://www.sec.gov.ng，2022年8月11日访问。

的人士，须确保所提名人员中至少1/3为独立董事，而此前的硬性要求为3人。

(13) 兼任多个董事职位：《公司及相关事务法》第307条规定了多重董事职务的相关条款。《商业促进法案》新增了该条第3款，明确规定，个人最多仅可在5家上市公司担任董事，且在该法案生效前，已在超过五家上市公司担任董事的人，必须在该法案生效两年内(且不迟于相关公司下一届年度股东大会召开时)辞去超出限额的董事职位[1]。

(14) 公司无力偿债判定门槛的调整：原《公司及相关事务法》第572条之(a)规定，若公司对他人负有超过20万奈拉(N200,000)的到期债务，则视为无力偿债。然而，2023年《商业促进法案》修订了该条款，将原"20万奈拉"的标准替换为"由专员通过颁布法规确定的金额"[2]。

(15) 小型公司的资格认定：《公司及相关事务法》原第394条规定了小型公司的认定资格。原条款规定，公司在下一个财政年度满足以下任一条件即可被认定为小型公司：

(a) 在当前财政年度和上一个财政年度均符合小型公司条件的；

(b) 在当前财政年度满足，并且公司在上一个财政年度已被认定为小型公司的；

(c) 在上一个财政年度满足，并且公司在当前财政年度仍被认定为小型公司的。

然而，上述条款被新法第2款取代，其内容如下：如果公司在后续财政年度和前一个财政年度均满足小型公司的资格条件，方可被认定为小型公司[3]。

2.《尼日利亚出口促进委员会法案》[4]

根据《尼日利亚出口促进委员会法案》第2条第2款的修订，委员会理事会的代表构成进行了调整，新增了矿产资源和钢铁部、农业部、财政部的代表，以及尼日利亚中央银行和工业银行的代表。同时，农民协会的代表资格被取消[5]。

3.《财务报告委员会法案》[6]

《财务报告委员会法案》第59条新增了1款规定：所有公司、政府机构和企业编制的财务报表必须符合尼日利亚财务报告委员会发布并采纳的会计标准、规则和公告[7]。

---

〔1〕 参见2023年《商业促进法案》，第14条。

〔2〕 2023年《商业促进法案》，第19条。

〔3〕 参见2023年《商业促进法案》，第18条。

〔4〕《尼日利亚联邦法律》，第N108章，2004年。

〔5〕 2023年《商业促进法案》，第23条。

〔6〕 第6号，2011年。

〔7〕 参见2023年《商业促进法案》，第32条。

4.《投资与证券法案》[1]

根据2023年《商业促进法案》第43条对《投资与证券法》(ISA)第67条之(1)的修订，关于公司股份配售的新规如下：

(1)股份公司：

强制条件：①必须达到招股说明书(prospectus)中载明的最低认购金额(由董事会确定)；②股份申购应付金额全额实缴至公司账户(须提供银行到账凭证)。

法律效力：未满足上述条件前，禁止任何股份配售行为。

(2)私营公司：

授权立法：配售条件由证券交易委员会(SEC)通过专门法规另行规定(保留灵活性监管空间)[2]。

5.《尼日利亚技术获取与促进办公室(NOTAP)法案》[3]

《尼日利亚技术获取与促进办公室(NOTAP)法案》第5条之(2)的修订条款规定，对于处于初创期(两年内)的企业，若其技术转让协议能在企业运营第二年结束前完成注册，则可免除协议未及时登记产生的处罚责任。[4]

6.《海关与消费税管理法案》[5]

2023年《商业促进法案》对该法案作出以下修订：

(1)未清关/缺失货物申报时限

原《海关与消费税法》第31条规定，船舶、飞机及其他运输工具卸货后，未清关货物清单申报期限为15日。现修订为：运输工具清关后5日内须提交未清关货物清单；货物卸载后4日内(原规定为14日)，海关官员须将未清关货物转移至政府仓库。

(2)单一窗口制度

根据《商业促进法案》第25条，新增第18A及18B条引入“单一窗口”原则，其定义为：一种允许贸易及运输相关方通过单一入口平台，向政府部门、主管机关或机构一次性提交进出口、过境等贸易数据，并完成所有监管要求的集成化数字设施。

《商业促进法案》第18条之(a)规定海关和消费税委员会必须建立并维护“单一

〔1〕 第29号2007年。
〔2〕 参见2023年《商业促进法案》，第43条。
〔3〕《尼日利亚联邦法律》，第N62章，2004年。
〔4〕 参见《商业促进法案》第48条之(a)。
〔5〕《尼日利亚联邦法律》，第C45章，2004年。

窗口平台”，使贸易商能够通过单一入口提交与货物进口、出口或过境相关的所有必要文件及信息。相关机构可调用该窗口中的共享数据。根据该法案或任何其他法律，货物的检查或检验应通过该平台统一协调安排，确保海关官员及其他相关部门进行的检查协同实施，并尽可能同步完成[1]。

7.《出口禁令法案》[2]

根据修订后的《出口禁令法案》第1条：财政部部长现被授权，可对法案附表(Schedule)中列明的尼日利亚禁止出口商品清单进行动态调整。[3]

8.《尼日利亚投资促进委员会法案》[4]

根据《商业促进法案》第54条之(3)的规定，尼日利亚的企业在获得外资参与后，需在运营开始后的3个月内向尼日利亚投资促进委员会(NIPC)进行注册。此举旨在弥合过去存在的制度空白——此前委员会要求所有涉及外资的企业均需注册，而NIPC仅针对成立时即具有外资持股的企业进行注册。此次修订对《尼日利亚投资促进委员会法案》第20条新增第3款，赋予委员会在新的《商业促进法案》框架下明确优先投资领域及其适用优惠政策的权限，并可通过谈判为战略性投资制定专项激励方案，这些激励措施将叠加适用于企业根据其他法律已享有的优惠政策。此次修订以新增第3款的形式替代了原《尼日利亚投资促进委员会法案》第22条。

此外，委员会现须在联邦政府公报和其网站上发布认定战略性投资的标准，并将符合标准的企业授予战略性投资资质，并公开经协商达成的专项激励措施实施细则[5]。

9.《尼日利亚石油和天然气行业内容发展法案》[6]

《尼日利亚石油和天然气行业内容发展法案》第106条经修订后，对“尼日利亚独立运营商”的定义进行了调整，将其明确限定为“在尼日利亚注册成立并运营的公司”(即“尼日利亚公司”)。

10.《国家住房基金法案》[7]

该法现行第4条经修订新增1款，规定在尼日利亚公共部门中，月收入达到国

[1] 参见2023年《商业促进法案》，第18条之(b)。
[2]《尼日利亚联邦法律》，第E22章，2004年。
[3] 参见2023年《商业促进法案》，第30条。
[4]《尼日利亚联邦法律》，第N117章，2004年。
[5] 参见2023年《商业促进法案》，第55条之(2)。
[6] 第2号，2010年。
[7]《尼日利亚联邦法律》，第N45章，2004年。

家最低工资及以上的员工必须按月收入的2.5%缴纳基金；而私营部门中达到该标准的雇员可选择按月收入的2.5%缴纳基金[1]。该法案进一步规定，任何月收入相当于国家最低工资或以上水平的自由职业者，应将其月收入的2.5%缴纳至该基金。基金的年利率为2%，或者按照基金所确定的利率为准。[2]。此外，《国家住房基金法案》第9条中的"基本工资为3000奈拉"的表述统一替换为"最低工资"[3]。

11.《移民法案》[4]

《移民法案》经过战略性修订，促进了尼日利亚营商便利化。首先，尼日利亚入境签证应在收到有效申请后48小时内予以签发或附理由拒绝[5]。《商业促进法案》规定，所有与移民事务相关的网站、使领馆、高级专员公署及尼日利亚入境口岸必须公布签证落地签及其他入境签证的申请要求、程序清单(含预估办理时限)[6]，离境禁令的决定权归移民总局局长行使，而不再归属部长。该法案还进一步赋予移民总监改变商业许可证具体条款的权力。移民局有义务认证并使用电子通信系统，以实现本法要求的文件、信息或申报材料的自动化提交[7]；该局还需制定相关法规以规范选定系统的操作标准和质量要求。

12.《尼日利亚港务局法案》[8]

《商业促进法案》拓展了尼日利亚港务局的职能，包括为港区业务运营配备信息和通信技术相关设施。这一修订涉及《尼日利亚港务局法案》第7条的修改。[9]此外，该法案还扩大了港务局对港口界限内或邻近海域船舶使用石油或其他物质所引发污染的管控权限，具体涵盖以下职责：

(1)清除未经授权人员：移除港口内所有未经授权人员。

(2)单一窗口设施建设与维护：为建立并维护"单一窗口"系统配备设施，通过该系统可完成尼日利亚境内任何地区所有政府机构依法要求的业务操作。

(3)业务协调统一：确保尼日利亚境内所有政府机构依法要求的业务通过港务局管辖的"单一窗口"系统实现协调统一。[10]

---

[1] 参见2023年《商业促进法案》，第4条之(1)，(a)和(b)。
[2] 参见2023年《商业促进法案》，第45条之(2)和(3)。
[3] 参见2023年《商业促进法案》，第46条。
[4] 第8号，2015年。
[5] 参见2023年《商业促进法案》，第36条。在《2015年移民法》第20条中新增了第(8)款和第(a)项。
[6] 参见2015年《移民法案》，第20条。
[7] 参见2023年《商业促进法案》，第37条之(a)和(b)。
[8]《尼日利亚联邦法律》，第N126章，2004年。
[9] 参见2023年《商业促进法案》，第59条之(a)。
[10] 参见2023年《商业促进法案》，第59条之(b)。《移民法》第36条被修订，在第36条第3款之

13.《专利与设计法案》[1]

《商业促进法案》修订了《专利与设计法案》的第一附表，赋予部长规定在此条款下申请、授予、使用和撤销强制许可的程序的权力[2]。

14.《商标法案》[3]

对《商标法案》定义部分做出修订：该法中凡是涉及“商品”一词的地方，均应指包括商品和服务[4]。这意味着，根据尼日利亚商标注册处适用的NICE分类法，原仅适用于归类为“商品”的商标注册要求，现通过立法扩展至NICE分类所列的“服务”类别[5]。同时商标注册人享有的权利亦同等适用于尼日利亚境内的服务商标注册人。值得注意的是，《商业促进法案》现已明确将服务商标纳入商标定义范畴，终结了关于“商标是否包含服务商标”的长期争议。

15.《养老金改革法案》[6]

《商业促进法案》对《养老金改革法案》进行了修订，新增第89条之(2)，规定养老基金管理机构(PFA)可将退休储蓄账户中一定比例的养老金资产用于支付账户持有人购买住房抵押贷款的首付款，或用于证券借贷业务，但需遵循国家养老金委员会(PenCom)发布的指导方针。[7]

16.《外汇(监管与杂项规定)法案》[8]

《外汇(监管与杂项规定)法案》第6条之(a—b)规定对授权交易商或买家执照的撤销程序[9]。此前，中央银行若认为符合国家利益，可依其职权撤销相关执照。也就是说，执照的撤销完全由中央银行根据国家利益自行决定。然而，《商业促进法案》列出了在该法下可撤销授权买家或经销商资格的具体情形。

17.《工业培训基金法案》[10]

此前，《工业培训基金法案》第6条规定：雇佣5名或更多员工，或者雇佣不到5名员工但年营业额达到5000万奈拉及以上的雇主，须按年度工资总额的1%缴纳工

后新增了第4款、第5款、第6款和第7款。

〔1〕《尼日利亚联邦法律》，第P2章，2004年。

〔2〕参见2023年《商业促进法案》，第62条。

〔3〕《尼日利亚联邦法律》，第T13章，2004年。

〔4〕参见2023年《商业促进法案》，第69条之(a)和(b)。

〔5〕NICE是用于注册商标和服务标志的国际商品和服务分类。

〔6〕第4号，2014年。

〔7〕参见2023年《商业促进法案》，第64条之(a)和(b)。

〔8〕《尼日利亚联邦法律》，第F34章。

〔9〕参见2023年《商业促进法案》，第34条。

〔10〕《2004年尼日利亚联邦法律》，第19条。

业培训基金。此次修订将员工人数门槛上调，将须履行缴费义务的雇主员工人数要求从5名提高至25名；同时，员工不足25名的雇主不再承担按年度工资总额1%向工业培训基金缴费的义务。[1]

18.《工业监察法案》[2]

《商业促进法案》将新设企业及现有企业的最低资本支出门槛由不少于2万奈拉修订为500万奈拉，或由工业部长通过法规另行规定[3]。根据该规定，企业现仅需对价值500万奈拉及以上的固定资产增加办理并取得固定资产验收证书(CAFA)。

19.《尼日利亚标准组织法案》[4]

《商业促进法案》对尼日利亚标准组织(SON)的职能作出以下修订：

(1)新增职能范围：①对进口至尼日利亚的设施、材料及产品质量开展必要调查；②建立质量保证体系；③公布需实施标准化的产品清单，并对所有指定受监管产品进行注册。

(2)强化执法权限：法案授权总干事可向法院提出单方面申请，以强制执行其依据本法享有的权力。此修订涉及《尼日利亚标准组织法案》第29条的修改。具体执法权力示例(包括但不限于)：对问题产品实施查封及扣留；禁止涉事方销售或提供销售问题产品；对问题产品予以没收；查封生产或存储问题产品的场所；若认定某产品的质量、纯度或效力对生命、财产及国民经济构成危害，可责令相关方对不达标、标签误导或危险产品进行整改。

三、结论与建议

《商业促进法案》是针对改善尼日利亚的商业环境而制定，这是朝着改善国家商业环境的正确方向迈出的重要一步。该法案旨在解决官僚主义瓶颈、监管负担问题，并促进政府机构透明度的提升。此举的结果将吸引国内外投资者，创造更多就业机会，并促进尼日利亚的经济增长。

常言道："发现问题就等于解决了一半难题。"本文深入阐述了《商业促进法案》的许多可贵条款及其对提升尼日利亚营商便利度的重要意义。若没有相关部门切实有效的法律实施机制，这些目标终将难以实现。尼日利亚能否成功促进营商环

〔1〕 参见2023年《商业促进法案》，第41章。

〔2〕 2004年《尼日利亚联邦法律》，第18章。

〔3〕 参见2023年《商业促进法案》，第39条。

〔4〕 第14号，2015年。

境便利化，根本上取决于国家能否恪守立法承诺。而政府机构的执法力度至关重要，它是该法案积极影响得以发挥的关键。

毋庸置疑，2023年《商业促进法案》是一项受欢迎的举措。希望企业能够利用这些条款，进一步提升尼日利亚的营商便利化水平。

衡量法律：以“营商环境”项目为例

［加］凯文·E.戴维斯　［美］迈克尔·B.克鲁斯*著
耿申**译

2004年，世界银行发布了《2004年营商环境报告：理解监管》，该报告由华盛顿特区的世界银行出版，全书共21+216页；2005年，世界银行推出《2005年营商环境报告：消除增长障碍》，由华盛顿特区的世界银行出版，全书共160页；2006年，世界银行发布了《2006年营商环境报告：创造就业机会》，该报告由华盛顿特区的世界银行出版，全书共228页；2007年，世界银行发布了《2007年营商环境报告：如何进行改革》，由华盛顿特区的世界银行出版，全书共185页。这些皆为平装本，售价35美元。

本文分析了世界银行“营商环境”项目发布的一系列年度报告。“营商环境”项目是一项极具雄心的国际行动，旨在衡量法律与发展的各个方面，分析它们之间的相互关系，制定评估法律体系的基准，并提出法律改革建议。在阐述了该项目所采用的方法之后，我们对其作为一项学术工作以及作为一套法律改革建议所具有的优势和局限性进行了分析。我们的分析着重指出了在面对法律的复杂性和不确定性时衡量法律变量所面临的挑战，在“发展”概念存在争议的情况下衡量发展所面临的困难，追溯法律与发展之间因果联系的难题，以及将学术研究作为法律改革基础存在的问题。

---

*　凯文·E.戴维斯是纽约大学法学院的法学教授。迈克尔·B.克鲁斯是霍顿·威廉姆斯律师事务所的一名律师。我们要感谢海伦·赫什科夫、丹尼尔·赫尔塞博施、刘易斯·科恩豪泽、利亚姆·墨菲、卡洛斯·罗森克兰茨、大卫·特鲁贝克、弗兰克·厄珀姆、一位匿名评审人，以及在圣保罗热图利奥·巴尔加斯基金会的报告会上、第十届拉丁美洲和加勒比法律与经济协会会议上、纽约大学法学院和2007年比较法与经济学论坛上聆听报告的听众们，感谢他们提出的宝贵意见和进行的交流讨论。同时，我们衷心感谢纽约大学法学院菲洛梅娜·达戈斯蒂诺和马克斯·E.格林伯格研究基金给予的支持。感谢作者授权翻译并出版此文。

**　耿申，西北政法大学2025级民商法学博士研究生。

一、引言

在当代法学中，存在一个值得注意的矛盾现象：一些关于法律与经济成果之间最具开拓性和影响力的研究，并非来自法学院。学术界以及世界银行等发展机构的经济学家和政治学家，对“制度”在决定经济成果中的作用兴趣大增，进而投入大量精力研究发展中国家的法律。这项新的学术研究目标多样，不仅要描述和解释法律体系的各种特征，还要探究这些法律体系在实际中的运行情况，而非仅停留在理论层面；不仅要比较不同国家的法律体系，推断法律体系的特征与各种社会经济成果之间的联系，最重要的是，要提出法律改革建议。

本文从批判性视角深入剖析了新学术模式中最为成熟且全面的一个范例，即世界银行开展的一项名为“营商环境”的研究项目(也称DB项目)。该项目的宗旨在于探究“那些能够推动商业活动监管措施的涵盖范围与实施方式，以及那些对商业活动起到限制作用的监管措施的涵盖范围与实施方式”。[1]此项目精心汇集了来自175个国家在商业法领域十个不同方面的详尽数据信息。作为该项目影响力的一个有力体现，项目的发起者们在其最新报告中宣称，他们所开展的这项研究已经“为全球范围内的48项法律改革提供了灵感启发或者参考依据”。[2]

“营商环境”项目的学术脉络可以追溯到20世纪60年代的法律与发展运动，那次运动同样试图将法律与发展关系的研究和法律改革议程相结合。不过，早期的这场运动与以“营商环境”项目为代表的倡议之间存在许多明显差异。例如，与以往的行动相比，近期倡议相关的改革活动规模要大得多。法律与发展运动主要聚焦于数量相对较少的发展中国家，而“营商环境”项目以及更普遍的法律对标和竞争趋势则覆盖全球范围；即便像法国这样的发达国家也难以幸免。[3]与早期的法律与发展倡议相比，当代的这一运动在知识基础方面也有所不同。新一波的学术研究和改革活动深受诸多发展变化的影响，如苏联解体、全球人权运动的兴起以及新制度经济学的形成。并且，它强调那些能够支持民主、某些公民权利和政治权利以及市场经济的法律制度。最后，参与当代这场运动的主体群体也有所不同。曾

〔1〕 世界银行:《2004年营商环境报告:理解监管》,第8页。

〔2〕 世界银行:《2007年营商环境报告:如何改革》,第4—5页。

〔3〕 Association Henri Capitant des Amis de La Culture Juridique Francaise. 2006. Les Droits de Tradition Civliste en Question: Á Propos des Rapports Doing Business de la BanqueMondiale, [Cvil Law Systems in Question: About the World Bank's Doing Business Reports.]Paris: Société de Législation Comparée.

经在最初的法律与发展运动中占据主导地位的法学学者和慈善基金会，在很大程度上已被发展银行、援助机构和经济学家所取代。

法学在目标和期望方面的这些变化，已在其他地方有过记述(例如，可参见特鲁贝克和桑托斯2006年；戴维斯和特里比尔科克2006年)。本文的重点在于探讨新法学的另一个创新之处：它的研究方法。以“营商环境”项目这个最成熟的例子为代表的近期的学术研究，相较于之前的研究，更具实证性和量化特点。由于其对实证现实的关注以及相对的客观性，有些人可能会将这种发展视为一种进步的标志；而另一些人则可能会对其不屑一顾，认为这仅仅反映了其资助者的专业和机构偏见，他们会提及经济学家存在知识帝国主义的倾向[1]，以及量化方法对像世界银行和其他肩负大规模社会工程使命的发展机构的这类官方组织有着过度的吸引力(斯科特，1998年；泰勒，2006年)。[2]

在本文中，我们探讨“营商环境”项目是否有可能成为方法学进步的一个范例。为此，我们对该项目进行了批判性分析，既找出其在研究法律与经济发展之间关系时所采用方法的内在局限，也探究当学者们的研究成果被用作法律改革的依据时，他们所面临的特殊挑战。我们首先会描述“营商环境”项目的目标、研究方法以及主要研究成果。接着，我们会对该项目进行批判性评估，重点关注项目作者在应对以下几个方面的问题时取得了多大程度的成功：法律的复杂性和不确定性、发展概念的争议、这些现象之间因果关系的不明晰性，以及将研究议程与改革议程相结合所产生的相关问题。

二、“营商环境”项目概述

(一)目标

“营商环境”项目是一系列年度报告，旨在明确各类监管措施对全球商业活动的影响。该系列的首份报告[3]阐释了这项研究的方法与目标，并展示了来自133个

〔1〕 Association Henri Capitant des Amis de La Culture Juridique Francaise. 2006. Les Droits de Tradition Civliste en Question: Á Propos des Rapports Doing Business de la BanqueMondiale, [Cvil Law Systems in Question: About the World Bank's Doing Business Reports.]Paris: Société de Législation Comparé.

〔2〕 根据“营商环境”项目团队发布在其网站上的信息，目前该项目团队的成员拥有多样化的学术背景(世界银行，2007c)。然而，最初阐述“营商环境”项目研究方法的学术文章是由经济学家撰写的，并发表在顶尖的经济学期刊上。

〔3〕 参见世界银行：《2004年营商环境报告：理解监管》。

国家的有关各种社会经济数据，以及五类商业活动的数据：⑴开办企业；⑵雇佣与解雇员工；⑶履行合同；⑷获取信贷；⑸企业关闭。后续的报告则着重描述逐年变化情况、提出改革方向，并公布最新的原始数据。

第二份报告[1]更新了2004年的报告内容，纳入了145个国家在2004年《营商环境报告》中所提及活动的数据，同时还纳入了另外两类商业活动：⑹房产登记；⑺保护投资者。下一份报告[2]收集了155个国家的数据，并考察了另外三类商业活动：⑻纳税；⑼跨境贸易；⑽办理许可证。最新可得的报告[3]没有扩充所考察的商业活动类型，但将涉及的国家数量增加到了175个。

"营商环境"项目是世界银行借助私营部门发展以减轻全球贫困的整体努力的一部分。作者表示，该项目意在通过以下四种方式来实现这一目标。

⑴国别基准评估：营商环境数据提供了一个涵盖经济和监管相关数据的数据库，通过这个数据库能够对不同的监管环境进行有意义的比较，从而确立相关标准，引发公众对改革的诉求。

⑵改革方案设计：分析监管的具体方面与经济发展相关变量(如生产力、投资、非正规经济、腐败、失业以及贫困等)之间的关系，以明确哪些类型改革能够带来良好的成效。

⑶援助监测：捐助方可以利用营商环境数据来评估基于绩效援助项目的效果，比如美国的"世纪挑战账户"项目。

⑷理论依据：该数据库为检验监管与发展之间的关系理论模型提供了实证基础。[4]

我们推测，营商环境数据库的使用者主要关注对监管环境相关特征的基准评估、改革或监测，这些特征被认为与发展密切相关。因此，我们把上面列出的最后一个目标——创建一个用于揭示监管与发展之间关系的数据库——视为该项目最核心的目标。我们在此的主要关注点是探究该项目在多大程度上实现了这一目标。不过，我们同样认为，营商环境项目在学术层面上的目标达成度，与对其实践性目标的评估息息相关。

---

〔1〕参见世界银行：《2005年营商环境报告：消除增长障碍》。

〔2〕参见世界银行：《2006年营商环境报告：创造就业机会》。

〔3〕参见世界银行：《2007年营商环境报告：如何改革》。

〔4〕参见世界银行：《2004年营商环境报告：理解监管》，第9—10页。

(二)方法论

“营商环境”项目是众多评估全球商业环境状况的举措之一。然而，正如《2004年营商环境报告》的作者所指出的，其他评估所采用的方法并不适合营商环境项目的目标。他们指出，其他评估存在三个基本缺陷。

首先，很多评估是基于对专家的民意调查，而这些专家可能对他们所评估的商业环境并无直接经验。虽然这类评估对外来投资者可能是合适的(因为他们可以选择撤离高风险国家)，但是他们不太可能反映当地投资者所关注的问题[1]。其次，一些对商业环境的评估依赖于企业管理者的看法。尽管这类信息可能具有价值，但调查结果常因调查设计缺陷、回答的衡量尺度偏差、受访者知识匮乏、回答标准不统一或样本代表性不足而不够可靠。[2]最后，即使其他方法不存在这些普遍的偏差和不准确问题，它们在量化商业环境方面所采用的方式，也根本不适合“营商环境”项目的目的，即为监管改革理论提供依据，进而指导监管改革。

新的方法正被用于汇总各项指标用来生成能够有效衡量总体经济和政策状况的实用指标。令人意外的是，这些方法中没有针对推动或阻碍商业活动的具体法律法规进行评估，也没有对支撑商业活动的公共机构(如法院、信用登记机构、公司注册机构等)展开评价。这使得改革者们一头雾水。[3]

“营商环境”项目所运用的数据收集与完善方法，是为了克服上述这三个局限而设计的，目的是得出可靠的数据，这些数据能够为推断特定监管和法律改革所带来的经济影响提供支持。虽然具体流程会因所考量的商业活动类型不同而有所变化，但总体来说，该流程包含六个步骤。[4]

(1)“营商环境”项目团队和学术顾问会对规范特定商业活动的法律法规内容进行剖析。

(2)针对当地的专家(比如律师、顾问或法官)设计一份问卷，让他们回答有关法律法规的具体内容，以及在援引或遵守这些法规时所需的成本和时间等问题。

(3)设定一组假设情境，让当地专家在作答问卷时以此为依据进行考量。

(4)项目团队与当地专家共同探讨问卷的结果。

---

〔1〕 参见世界银行:《2004年营商环境报告:理解监管》，第8—10页。

〔2〕 参见世界银行:《2004年营商环境报告:理解监管》，第12—14页。

〔3〕 参见世界银行:《2004年营商环境报告:理解监管》，第1页。

〔4〕 参见世界银行:《2004年营商环境报告:理解监管》，第3页。

(5)项目团队和学术顾问会对初步结果进行审核，如有必要，会对问卷进行优化，并进一步收集数据。

(6)只要条件允许，就会通过改变假设情境并收集更多数据的方式，来检验数据的可靠性。

第1步所收集到的信息，展现了一个国家监管环境中的规范性要素，也就是官方渠道所表明的、由政府官员负责执行的各项规定。问卷调查(步骤2—5)通过借助当地专家对这些规范的理解，以及他们在如何应用这些规范、商业实践中的其他非正式约束、运用或遵守这些规范与限制所需的成本和时间等方面的认识来补充这些信息。[1] 特别是这份问卷的设计与发放(步骤2和步骤3)，赋予了营商环境数据库与众不同的特质。首先，它们使得数据库能够获取到当地专家关于适用于本地企业的具体法律法规的信息。其次，让当地专家在相同的假设情境下回答相同的问题，这有助于实现对不同国家不同监管体系所产生影响的合理对比。

这一工作的成果颇为可观，而且相关数据还在不断增多，涵盖了法律规范(即那些由政府官员执行、意在引导行为的规则)以及与之相关的法律实践(这里所说的法律实践，是指企业为了运用或遵守特定法律规范而必须开展的行为)。部分数据与旨在推动商业活动的法律规范(“促进性法律规范”)有关。举例来说，如今对于数据库中的每个国家，我们都能明确指出，开办一家商业或工业企业并合法运营需要经历多少个步骤，在实际操作中，完成这些步骤需要耗费多长时间，以及要花费多少成本。此外，在其他方面也有类似的信息，如当债务人的银行拒绝付款后，通过诉讼执行合同需要经历哪些程序；对于一家可持续经营的实体而言，其价值高于清算价值，但因债权人众多而导致无法通过庭外协商顺利化解争端，这类企业在处理破产事宜时需要采取哪些措施；还有为商业用途而购买土地和建筑等又需要经过哪些步骤，诸如此类。

这个数据库还收录了一些与法律规范相关的数据，这些法律规范不只是起到促进商业活动的作用，它们还给商业行为主体设定一些强制性的义务(也就是“强制性法律规范”)。比如，关于雇佣和解雇员工方面的数据，包含了各类就业协议内

〔1〕《营商环境报告》的作者们经常表示，考虑到法律的执行和应用情况，很可能会对监管效果的分析结果产生影响。例如，在《营商环境报告》2004a第65页，在对法律执行情况进行控制变量后，债权人权利对信贷市场深度的影响更为显著；第71页指出，安哥拉、孟加拉国、布隆迪、莫桑比克和多哥的破产法几乎从未被使用过；第79页提到，由于科特迪瓦、格鲁吉亚和菲律宾的司法机构效率低下，对这些国家本应优质的破产法的评估可能会出现偏差；《营商环境报告》2005第6页提到，即便法律法规保持不变，也要注意执法过程中自由裁量权带来的影响；第55页则提到，以吉尔吉斯共和国、摩尔多瓦和尼日利亚为例，这些国家有着健全的证券法，却没有一例小投资者受侵害的案件在法庭上得到解决。

容是否受到限制的信息，像工作时长上限、最低工资标准，还有禁止无正当理由解雇员工之类的规定。截至2006年，这个数据库已经包含了：具有代表性的企业必须缴纳企业所得税、增值税、销售税以及劳动税的数额，准备纳税材料、申报税款以及实际缴纳税款所必需时间等信息。在很多情形下，这些数据会被整合为各种指数，比如“程序复杂程度指数”(用来显示执行一份合同所需要的程序复杂程度的指标)，或者“解雇难度指数”(体现解雇员工时所面临的限制情况的指标)。

营商环境数据库旨在描述监管环境的各项特征，这些特征适用于经过详细说明的假设场景。这些假设场景包含了对诸多方面的详细设定，例如，所涉及企业的规模(如员工人数少于50人)、企业住所地(一般为该国人口最多的城市)、企业所属或不涉及的行业、企业的资本结构和财务状况，以及企业运营的法律形式等。对于参与相关商业活动的其他各方的特征，也有一些重要的设定，如员工或债权人的情况，以及构成交易标的的任何财产的性质，例如，在合同执行案件中涉及的金额，或者在房产登记案件中所购买土地的类型。最后，对各类主体在面对监管规范时的行为方式也做出了某些设定。例如，在合同执行案件中，假定债务人会对债权人的诉讼提出抗辩，甚至会在庭审时传唤证人。

营商环境的研究方法是对秘鲁知名经济学家埃尔南多·德·索托所开创方法的改良版本。德·索托因精准测算出束缚秘鲁企业家发展的烦琐程序，并大力推动精简手续的改革而广为人知(德·索托，1989年)。用于编纂和分析营商环境数据库的具体原则，是在一系列主要面向学术群体撰写的文章中确立的。这些文章中的每一篇都围绕着“营商环境”项目涉及的某项商业流程展开探讨(例如，博特罗等人，2004年；扬科夫、哈特、涅诺娃和施莱弗，2003年；扬科夫、拉·波塔、洛佩斯-德-西拉内斯和施莱弗，2002年；扬科夫、拉·波塔、洛佩斯-德-西拉内斯和施莱弗，2003年；扬科夫、麦克利什和施莱弗，2003年；拉·波塔等人，1998年)。然而，随着时间的推移，这些方法原则在实际应用中发生了重大变化。例如，2004年版和2005年版的营商环境报告在收集的大多数商业活动数据类型上有显著差异，这在一定程度上体现了“营商环境”项目不断探索的特点，以及该项目发起者对持续完善研究方法的重视。[1]

〔1〕 例如，在《营商环境报告》2004a发布后，有关“合同执行”研究中假定的涉案金额增加到了原来的4倍——从人均国民总收入的50%提升至200%，很明显较小数额的债务不太可能会闹上法庭。鉴于新获取的信息，在《营商环境报告》2005中所做的其他调整包括：采用实际需预先支付的法定最低资本比例(这一比例可能低至《营商环境报告》2004a中用于创办企业的最低资本的25%)，而不是使用最低资本数额本身。“营商环境”项目研究方法随时间所做的这些变化，在《营商环境报告》2007e中有详细的阐述。

（三）主要研究发现

“营商环境”项目的核心是一个数据库，它记录了各个国家实施的监管形式。这个数据集可以在世界银行的官方网站上在线获取。[1]每份已发表的报告，都会用，并对总体模式进行总结。就模式而言，最初得出的最普遍结论是：在贫困国家，商业活动各个方面的监管规定都更加烦琐。[2]

在解释监管干预程度差异方面，另一个关键变量是法律起源。收入状况和法律起源这两个因素加起来，能解释超过60%的监管差异情况……普通法国家的监管力度最轻，而遵循法国民法传统的国家监管力度最大。[3]

大多数发达国家一直在持续推进监管制度改革，从而改善了营商环境……但发展中国家的改革步伐要慢得多，这就导致企业有时会受到过时监管规定的拖累。[4]

然而，报告作者们也很谨慎地列举了一些国家的情况，这些国家的监管实践与上述普遍观点并不相符。并且，最新的报告用了大量篇幅关注贫困国家，尤其是非洲国家最近推行的改革举措。[5]

《营商环境报告》同样尝试借助营商环境数据库，来剖析不同形式的监管与社会及经济成果之间的关联。贯穿这些报告的一个最为突出的总体观点是：“对商业活动的监管力度越大，往往会带来不良后果，而明确界定且受到有力保护的产权则能增进繁荣。”[6]类似地，另一份报告指出：“改革带来的收益似乎颇为丰厚。”[7]还有一个令人瞩目的结论是：“很多情况下，在发达国家行之有效的举措，在发展中国家同样效果显著，这与那句常说的‘一种模式无法适用于所有情况’的观点相悖。”[8]最后这一论断最终在两个方面进行了限定，其必定会引发争议，因为它似乎与以下观点和证据相冲突，即任何特定法律规范的实施效果都取决于其所处的社会环境背景，而且仅仅将一个社会的规范移植到另一个社会，往往会导致不理想的

〔1〕 参见《获取完整数据》，载世界银行，http://www.doingbusiness.org/CustomQuery/，2007年5月21日访问。

〔2〕 参见世界银行：《2004年营商环境报告：理解监管》，第8页。

〔3〕 参见世界银行：《2004年营商环境报告：理解监管》，第14页。

〔4〕 参见世界银行：《2004年营商环境报告：理解监管》，第17—18页。

〔5〕 参见世界银行：《2007年营商环境报告：如何改革》，第1—4页。

〔6〕 世界银行：《2004年营商环境报告：理解监管》，第83页。

〔7〕 世界银行：《2005年营商环境报告：消除增长障碍》，第4页。

〔8〕 世界银行：《2004年营商环境报告：理解监管》，第16页。

结果。[1]

除了第一份报告之外，《营商环境报告》用了大量篇幅来讲述有关各类改革的举措，以及得出与良好成果相关的具体改革措施的结论。这些报告还对推行各类改革的原因“进行”评论。例如，《2005年营商环境报告》指出，2003年的改革是由当时扩大后的欧盟内部的竞争所推动的，同时也受到了国际开发协会(世界银行的一个组成部分)和美国“世纪挑战账户”所设定的绩效目标带来的激励。[2]最新的报告提到了一些受《营商环境报告》项目本身启发而实施的改革措施。[3]

(四)研究结果报告的局限性

《营商环境报告》的一个明显优点在于其涵盖了各种各样的研究，包括从关于阿尔及利亚企业经营障碍的认知报告[4]，到关于津巴布韦严格的劳动监管与长期失业之间关系的研究。[5]尽管分析和结果的多样性为读者提供了对近期研究工作的有用总结，以及对相关文献的宝贵概述，但这些报告为了追求覆盖范围的广泛性，相对应地丧失了深度。例如，除了对其他研究结果的描述之外，这些报告还纳入了对《营商环境报告》数据库分析的数十项未发表的内容。报告的作者通常侧重于描述结果，而非论证结果。因此，就特定观点的论据细节感兴趣的读者，将不得不查阅所引用的研究。

对于从学术文献中提取的研究成果来说，报告中细节的缺失仅仅是带来了一点不便，只需参考原始研究就能解决。而更严重的问题是，《营商环境报告》中首次出现的原始分析缺乏细节，尤其是那些旨在支持关于各类监管与社会经济成果之间关系推论的分析。这些分析在每年的《营商环境报告》中占据着显著位置，但由于没有关于这些分析是如何开展的详细信息，要对它们进行评估即便不是不可能，也是很困难的。[6]

---

〔1〕《营商环境报告》的作者们表示，在破产改革问题上，发展中国家应当简化那些在发达国家使用的模式。此外，他们在探讨合同执行时称，“在资源更充足、行政能力更强的国家，专门的商业法庭运作效果最为理想”，而其他国家则应选择制度专业化程度较低的方式。

〔2〕 参见世界银行：《2005年营商环境报告：消除增长障碍》，第1—2页。

〔3〕 参见世界银行：《2007年营商环境报告：如何改革》，第3—4页。

〔4〕 参见吉塔·巴特拉、丹尼尔·考夫曼、安德鲁·斯通：《企业之声：世界投资环境调查中关于投资环境与治理的调查结果》。

〔5〕 参见彼得·法伦、罗伯特·卢卡斯：《印度和津巴布韦就业保障法规变化的影响》，载《世界银行经济评论》1991年第5期。

〔6〕 例如，许多通过《营商环境报告》数据库得出的推论，是对各国进行趋势分析的结果，这些国家按照在各项指标上的得分进行排名，并被分成了四分位数组、五分位数组或十分位数组。然而，报告中并没有详细说明究竟使用了何种统计方法，以及使用这些方法得出可靠结论所需要的假设条件。

三、讨论

围绕着《营商环境报告》项目，最紧迫的问题在于，该项目所收集的数据以及从这些数据中推论所运用的方法，在多大程度上能揭示监管与发展之间的关系，又在多大程度上能成为改革的有效指引。为解答这一问题，我们将营商环境项目拆解为四个基本组成部分：监管环境的衡量标准、社会经济成果的衡量标准、对监管环境与社会经济成果之间关系的推断以及改革建议。接下来我们将逐一进行探讨。

（一）监管环境的衡量标准

促使营商环境项目的创建者研发出一套全新的跨国监管环境衡量标准的，是他们对当前技术水平的担忧，对此我们深表认同。在本文语境中，我们将“监管环境”视作“法律”的同义词。实际上，我们中的一位曾在其他文章中指出，“营商环境”项目的衡量标准相较于此前已有的标准有了显著提升。例如，以往那些旨在衡量法治或产权的标准，往往将法律现象与非法律现象混为一谈，与法律体系的具体特征缺乏明确联系，而且未必会聚焦于法律体系中可进行改革的要素。[1]但我们认为，至少有三个原因使得从本质上来说，很难用定量的方式去衡量法律。

首先，正如比较法学领域的学者们早就意识到的那样，法律通常是复杂的。从某种意义上来说，法律体系中的众多不同组成部分会相互作用，从而对特定的社会或经济成果产生影响。其次，人们对法律的认知程度或多或少都存在着不确定性。最后，法律体系中一些极为关键的组成部分很少被应用，因此难以进行可靠的度量。我们并不认为“营商环境”项目的创建者们已经成功克服了这些难题。因此，我们心存疑虑：是否所有恰当的法律规范和实践方式，也就是那些可能与实现发展成果息息相关的部分，都已被纳入考量范围，以及那些已被考量的规范和实践方式是否得到了精准的评估。

详细来说，我们首要担心的是，营商环境数据库可能无法全面涵盖那些对商业活动产生影响的所有法律规范。[2]

---

〔1〕 参见凯文·E. 戴维斯：《法治变量能让我们了解法治改革的哪些方面？》，载《密歇根国际法杂志》2004年第26期。

〔2〕 佩里-凯萨里斯（2003年，第666—667页）以及阿尔瓦罗·桑托斯（其相关研究即将发表）也提出了类似的疑虑。另外一个独立的问题是，这项研究是否充分考虑了诸如道德观念或社会结构等非法律因素所产生的影响，因为这些因素会决定不援引或不遵守法律规范所导致的后果。接下来，在探讨推断监管环境与各类结果之间关系的过程中是否遗漏了某些变量时，我们会对这一问题展开论述。

在此，我们的出发点遵从这样一个前提：关注对法律规范内容的度量，主要原因是为探究它们与发展之间的关系。可以推测，法律规范之所以会对发展成果产生影响，主要是因为它们会对实际的商业活动产生因果作用，而商业活动又会反过来对社会和经济成果产生影响。这也就意味着，我们应当努力研究那些无论是独立还是协同，都可能对重要商业活动形式产生实质影响的法律规范。

然而，《营商环境报告》数据库在挑选纳入其中的法律规范时，其具体过程并不透明。因此，我们并不清楚是否所有相关的法律规范都已被涵盖在内。举例来说，那些规范合同执行的法律规范，很可能会对与发展相关的成果(如信贷成本)产生影响，因为它们会左右债务人的债务清偿行为，进而影响潜在债权人的行为。但实际情况可能是，至少在某些司法管辖区域内，当诉讼发生后，决定债务人还款速度的一个更关键因素，并非民事诉讼可能产生的成本或所需的时长，而是债务人是否面临刑事起诉的风险(威英，1994)。这类信息并未被营商环境数据库收录，然而，如果该数据库想要达成其既定目标，显然是应该将这类信息纳入其中的。同样，我们有充分的理由认为，营商环境数据库中有关企业开办监管方面的数据可能会误导读者，因为这些数据仅仅包含了适用于所有企业的法律规范信息[1]，但在某些国家，针对特定行业的监管规定可能才是至关重要的。

要解决这一顾虑，显而易见的方法是向当地从业者征集信息，梳理他们认为哪些法律规范对相关商业行为具有重大影响。比如，可以询问当地律师：“您觉得哪些法律法规对判定债务偿还速度最为关键呢？”对于这类问题的回答，我们应当谨慎对待，因为受访者可能没有或缺乏接触过其他监管体系的经验，而且他们可能也没有深入思考过自身所处监管体系中各个组成部分的重要性。不过，相较于主要依据数据库创建者的知识或想法来做假设，尽可能归纳当地专家就法律如何影响社会经济成果的看法，似乎更为妥当。营商环境数据库的创建者称，他们会与当地专家合作来完善数据收集流程[2]，但目前尚不清楚他们是否会系统地邀请各个国家的专家，让其思考值得研究的法律规范的范围。

第二个担忧在于，大多数情况下，这些衡量指标并未纳入社会成员对这些规范或实践信息确信程度的考量。监管环境的不确定性可能以两种形式存在：一是社会中个体成员对法律规范和立法实践的具体特征存在不确定性；二是社会中不同成员对此所持立场存在差异性。当然，也可能两种情况同时存在。《营商环境报告》

〔1〕 参见世界银行：《2004年营商环境报告：理解监管》，第4页。

〔2〕 参见世界银行：《2005年营商环境报告：消除增长障碍》，第12—13页。

的作者们大多认可这两种不确定性。举例来说，在有关合同执行的研究中，研究人员询问了律师们解决纠纷可能需要的最短时间、最长时间以及平均时间。[1]同时，在关于企业准入监管的研究中，作者们指出，当受访者在诸如特定程序的成本或延迟等问题上存在分歧时，他们会采用中间值作为答案，这表明受访者有时确实会有不同意见 。

遗憾的是，作者除了在衡量解决合同纠纷所需时间的预估范围上做出调整以外，针对这些不确定性的表现形式似乎再无应对。因为从理论层面来看，我们有充分的理由相信，监管方面不确定性的类型和程度会是决定社会和经济成果的关键因素。比如，对于那些厌恶风险的行为主体而言，不确定的合法权益，其价值可能比不上更为明确的合法权益。又或者，人们对于法律规范具体内容的看法存在分歧，这可能会降低纠纷在庭审前就得到解决的可能性。[2]因此，我们认为，最理想的情况是，未来版本的《营商环境报告》数据库能够纳入有关监管不确定性的信息。[3]

我们对营商环境数据库中监管环境衡量指标的第三个担忧是，对于那些极少被援引的法律规范，或者极少出现的法律实践，是否能够进行可靠的衡量。要理解我们产生这种担忧的原因，需先明确一点：营商环境数据库的设计初衷，仅仅是为了收集那些严格遵守法律的实践信息。该数据库并非用于收集那些只是部分依赖适用法律规范(针对辅助性规范而言)，或者部分遵守适用法律规范(针对强制性更强的规范而言)的实践信息。由于上述及其他一些原因，营商环境数据库所衡量的那些经过简化的法律实践，在成本和时间方面，可能与实际的法律实践存在较大差异。

这些差异究竟能有多大影响？以企业市场准入的数据为例，这些数据根本没考虑到创业者行贿的可能性，也没考虑到他们聘请会计师或律师来协助办理手续的情况，即便这些情况在现实中屡见不鲜。同样，合同执行方面的数据也没有考虑到债务人可能会承认纠纷事实(从而接受缺席判决)，或者在不得不依靠正式判决执行程序之前就提出和解的可能性。

此外，在美国，州法院超过90%的民事案件(至于具体原因尚不清楚，而且确切

〔1〕 参见世界银行：《2004年营商环境报告：理解监管》，第45—46页。

〔2〕 参见乔治·L. 普里斯特、本杰明·克莱因：《诉讼纠纷的筛选》，载《法律研究杂志》1984年第23期。

〔3〕 有一种量化不确定性的方法，即收集专家对不同监管结果发生概率的判断，并依据这些判断对结果进行概率建模。若想了解关于这种运用专家判断的方式的探讨内容，可以查阅库克(1991年)以及贝德福德和库克(2001年)的著作。而文中讨论的另一种不确定性，也就是社会成员对于监管环境的认知存在差异，要想对其进行量化衡量，或许需要对每个国家具有代表性的当地专家样本展开调查。

的比例在美国各州之间差异显著，甚至在同一州内不同时期也有所不同）通常都不是通过完整的庭审来解决的。[1]最后再举一个例子，关于企业注销的数据中有一个变量，用来衡量在企业破产时债权的绝对优先顺序是否得以维持。这个变量考察的是有担保债权人是否会先于员工、股东以及政府（基于税收债权）获得偿付。然而，它并没有考虑到有担保债权人在多大程度上会同意偏离绝对优先顺序，允许在自身债权全额受偿之前先满足其他债权的情况。

我们担心的是，如果《营商环境报告》项目所设定的简化法律实践场景与实际的法律实践情况存在较大差异，那么“营商环境”项目所咨询的专家们，在回答有关该假设场景中适用的法律规范和实践的问题时，可能就没有太多可借鉴的经验。例如，“营商环境”项目的合同执行场景假定原告完全遵守了合同的所有条款，也就是说，原告在这件事上完全站得住脚。纠纷的起因是银行拒绝兑付债务人的支票，其中关键的假设是，债务人对原告的诉求表示反对，但最终原告还是收回了全部欠款。然而，这样一系列事件同时发生的情况或许并不常见。事实上，我们推测，一般当原告完全占理时，债务人往往不会对判决结果提出异议。这可能是因为债务人本身已资不抵债，又或者即便债务人有偿还能力，也会觉得没必要浪费钱去进行无谓的抗辩。如果这些推测是正确的，那么那些涉及有偿还能力的债务人，并且最终闹上法庭进行审判的案件，通常都是案件的是非对错并非一目了然的情况。

我们担心，对于那些有关相对罕见的假设情形的问题，所得到的回答是否可靠。例如，当一位律师在回答《营商环境报告》项目中像“审判时会适用哪些程序规则？”或者“这些诉讼程序会持续多久？”这类问题时，他可能留意到了假设的合同执行情形里那些非典型的特征，也可能没有留意到。要是他没意识到这个假设所涉及的是一个极其清晰明确的案例，那么这位回复问卷的律师，就可能会依据那些通常会一直闹到庭审阶段、但情况没那么明晰的案例，给出一些具有误导性的回答。而要是他确实留意到了这个假设情形的独特之处，又会引发另一个问题：对于这类不常见的案件，这位律师很可能经验有限。这同样可能会影响她准确回答法院会如何处理此类案件的问题的能力。不管是哪种情况，与询问律师那些更贴近实际法律实践的情形（如“假设债务人有能力全额还款，请说明为了收回这笔款项可能需要采取哪些步骤，这些步骤会花费多少钱，以及需要多长时间”）所获得的

〔1〕 参见布莱恩·J. 奥斯特罗姆、肖娜·M. 斯特里克兰、宝拉·L. 汉纳福德-阿戈尔：《审视州法院的审判趋势：1976—2002年》，载《实证法律研究杂志》2004年第1期。

数据相比，通过这种方式收集到的数据，人们会觉得其可靠性相对较低。[1]

由此，我们得出一个建议，可用来补充营商环境数据库中所收集的有关监管环境的衡量指标：我们认为，对于该研究的作者而言，除了他们现有的关于简化法律实践的数据，若能补充一些我们称之为“实际法律实践”的数据，会很有帮助。这里所说的实际法律实践数据，指的是辅助性法律规范实际被援引的程度，以及强制性法律规范实际被遵守的程度。我们并非否认收集简化法律实践数据的重要性，即便这些实践在现实中很少出现。当相关行为主体在决定如何行事时，通常会考虑到援引或遵守法律规范所涉及的成本(以及收益)和时间，哪怕他们最终决定无视其中某些规范。话虽如此，收集有关实际法律实践的数据，并研究当前营商环境数据库所描述的简化法律实践与实际法律实践之间的差异，还是很有必要的。收集这些数据，至少能让我们对简化法律实践数据的可靠性有一定的了解。此外，正如我们接下来会提到的，在某些情况下，要想深入理解法律规范与直接关乎发展的社会经济成果之间的复杂关系，最佳途径或许是研究法律规范与诸如实际法律实践这类中间成果之间的关联。

(二)社会与经济成果的衡量指标

要通过统计分析来探究一个国家的监管环境对其经济发展的影响，就需要找到符合两个条件的因变量。其一，这些因变量必须能反映出各个国家发展的某些方面。然而，发展中国家的情况千差万别，而且对于“发展”的理解也多种多样，这使得这项任务变得相当棘手。其二，这些因变量必须能够依据数据库中众多不同国家的现有数据进行可靠估算。但目前尚不清楚《营商环境报告》中所考量的所有因变量是否都能满足这两个条件。

1. 与发展的关联性

《营商环境报告》中涵盖的一些用于衡量社会和经济成果的指标是便于量化的，但它们与任何特定的发展理念之间，并没有清晰明确且统一的联系。例如，一场民事审判可能产生的费用，或者其持续的时长，与发展之间并没有显而易见的关

〔1〕《营商环境报告》2004a报告的作者们试图解决这一特定的疑虑。他们指出，在五个拉丁美洲国家中，关于合同执行所需时间的数据，与通过研究法院记录得出的中位时间一直较为接近，只是比中位时间略为乐观一些。他们称，鉴于其假设的是一种较为理想的情形(《营商环境报告》，2004a，第6页)，这样的数据情况与他们所宣称的数据准确性是相符的。不过，这一检验并不能确凿地证明数据的准确性，因为作者们并不清楚，解决他们所假设案例的实际所需时间，与解决中位案例所需的时间究竟有多接近。或许，解决他们所假设案例的实际所需时间本应明显低于解决中位案例所需的时间；又或许，两者所需时间本应相同，而不是前者更低。

联。还有一个很典型的例子，就是用于衡量对国际产品质量标准遵循程度的变量。从理论层面来讲，这似乎是一个能够体现监管所带来社会效益的有效指标。然而在实际应用中，这个指标的作用却受到了一定的限制。原因在于，它是以一个国家每一千名居民中所颁发的ISO 9000认证数量为依据进行衡量的。[1]ISO 9000认证衡量的是生产过程的质量，而非产品本身的质量。[2]而且，我们有理由认为，企业即便不获取ISO 9000认证，也能够生产出高质量的产品(反之，企业获得了该认证，也未必就意味着其生产的产品质量上乘)。所以，在缺乏更多信息支撑的情况下，我们无法认定这个变量与发展存在相关性。[3]

然而，公正地说，考虑到监管环境与那些仅间接与发展相关的成果之间的关系，这正是我们从对这种显然复杂的关系所做的优质实证研究中应有的期待。要发现那些实际上构成复杂现象基础的模式和规律，恰恰需要《营商环境报告》所例证的那种自下而上的归纳过程。这种自下而上的过程包括揭示监管措施与特定类型的中低层次成果之间的联系，而这些联系对于理论研究者、企业家和政策制定者来说无疑都是有价值的。如果对一个国家的监管制度进行特定改革，能够降低青年失业率、减少与工作相关的事故，或者增加企业可获得的私人信贷额度，那么即便无法对监管与繁荣之间的关系做出更全面广泛的概括，了解到这些情况肯定也是有价值的。

《营商环境报告》中所衡量的部分成果，或许与该报告的目标并无关联。然而，鉴于“发展”这一概念极为宽泛，其中的大多数成果至少还是与发展存在一定联系的。

不过，在某些情形下，特定成果与发展之间的相关性会因其他条件的变化而有所不同。举例来说，在那些法院是解决纠纷的唯一途径的体系中，公众对法院公正性或办事效率的信任至关重要；而在存在有效替代纠纷解决方式的体系里，这种信任的重要性就相对没那么高了。同样，人们通常会自然而然地认为，信贷市场的深度增加会与经济增长呈正相关关系，但要是给那些缺乏经验的债权人带来了高昂的成本，这种关系可能就会被削弱。另外，在信贷市场繁荣可能引发投机泡沫，最

〔1〕 参见西蒙·詹科夫、拉斐尔·拉波塔、弗洛伦西奥·洛佩斯-德-西拉内斯：《准入监管》，载《经济学季刊》2002年第117期。

〔2〕 参见《宣传你的ISO 9001:2000或ISO 14001:2004认证》：载国际标准化组织，http://www.iso.org/iso/en/iso9000-14000/certification/publicizing/index.html，2006年5月16日访问。

〔3〕《营商环境报告》项目所追踪的其他一些成果，既没有内在价值，也与实现具有内在价值的目标没有明显关联，其中包括非正规经济部门的规模(其衡量方式是估算官方统计数据未涵盖的经济活动量，参考博特罗等人，2004年，第1351页；施耐德和埃斯特，2000年)，以及企业破产案件的数量。

终导致代价惨重的金融危机的情况下，用信贷市场的深度来衡量发展程度或许并不恰当。

同样值得留意的是，任何一个特定的衡量标准是否具有相关性，可能会因观察角度的不同而有所变化。例如，人均国民总收入是衡量发展状况时最常用的指标之一。但这里存在一个尚无定论的问题：当把以本国货币赚取的收入换算成一种通用货币时，究竟应该依据汇率来进行换算，还是应该依据不同货币的相对购买力呢？如果我们的目标是为那些通过在当地购买商品的能力来衡量自身收入的消费者提供一个衡量相对经济福利的标准，那么采用购买力平价法进行换算似乎更为合适；然而，对于那些更关心将本国货币兑换成其他货币的人来说，使用汇率法才是恰当的选择。

在努力寻找具有普遍适用性的发展衡量标准时，所面临的这些内在挑战，或许能够解释为什么在“营商环境”项目的分析中，采用了种类相对繁多的不同衡量标准。不过，我们认为，基于这些因素的考量，在选择发展衡量标准的过程中，应该采用一种比“营商环境”项目目前所采用的方法更具参与性的方式。例如，若能尽可能多地联系到来自不同国家、代表着各种不同发展视角的人士——除了各类企业家之外，还包括工人、消费者等群体的视角——并询问他们，在监管设计方面，他们认为哪些社会和经济成果最为关键，看看这样做会得出怎样的结果，想必会很有意思。[1]

2. 可靠性

即便我们先把“营商环境”项目所衡量的社会和经济成果，是否与发展概念相关的问题搁置一旁，但仍然存在一个问题：在这项研究涵盖的众多国家中，对这些成果的衡量是否可靠。

在这类跨国数据收集工作中，测量方面的问题几乎是不可避免的。首先，想要获取能够反映社会中边缘化群体状况的发展衡量指标，几乎是困难重重。[2]此外，

---

〔1〕 我们推测，答案中至少会有几项成果是营商环境数据库中未曾涵盖的。比如，有些人可能会说，对解雇员工进行限制的主要目的，是保护员工的尊严，以及保障年长员工的工作稳定性。他们或许还会坚称，在执行判决时造成延迟的首要原因，是确保对正当法律程序的尊重，并且避免在收回资产的过程中发生暴力行为。另外一些人可能会提出，对信用信息共享加以限制，是为了让债务人有机会重新开始。还有人可能会认为，在破产程序中，让有担保债权人的债权从属于员工和政府的债权，实际上应该是一个值得追求的结果，因为有担保债权人最有能力承受债务无法偿还的风险。

〔2〕 依据营商环境数据库，在受调查的国家里，非正规经济规模(以占国民总收入的百分比来衡量)的范围是从8.8%(瑞士)到67.3%(格鲁吉亚)(《营商环境报告》, 2007b)。要是想查看有关非正规经济规模的各项估计数值，可访问http://www.doingbusiness.org/CustomQuery/，在“选择主题”一栏下选择“经济特征”，并在年份一栏下选择“2005”。

所有跨国金融数据(例如，经济和生产率增长率，或者债务和信贷市场的规模)都引出了一个问题，即如何找到一种合适的方法，将本国货币换算成一种通用货币。[1]另外，像债权人数据使用情况指标、政府腐败程度、法院质量，或者对小股东权利的信心等主观性的定性数据，也带来了一系列问题，比如调查设计中的偏差、回应的分级问题、受访者的认知不足、缺乏统一的回应参考标准，或者样本不具有代表性等。[2]

《营商环境报告》的作者们显然意识到了这些问题，因为他们将这些问题列为避免采用主观性监管衡量指标的理由，但他们却忽略了一个事实，这些担忧同样适用于他们对社会和经济成果的主观性衡量指标上。

四、推断

接下来我们探讨这样一个问题：《营商环境报告》的作者们，对于监管环境与发展相关成果之间的因果关系所做的推断，是否合理恰当。进行这类研究面临着诸多挑战，其中许多挑战源于法律本身的复杂性与不确定性，也源于可能与发展相关的社会和经济成果的多样性，更源于法律因素与非法律因素以各种方式相互作用，进而对发展相关成果产生因果影响。无论是这些因素单独来看，还是综合考量，都在一定程度上限制了《营商环境报告》中某些分析的有效性、实际应用价值以及

〔1〕 在《营商环境报告》数据库所涉及的国家中，超过1/3国家的国民总收入，是通过采用根据过往汇率数据估算出的汇率，将本国货币换算成美元来计算的。用于这些估算的数据因国家而各不相同，而且无论是数据涵盖的年份数，还是数据的时效性，都未作任何说明。其中一个极端例子是，对孟加拉国的估算使用了长达42年(1960年—2002年)的数据；另一个极端则是，尼日尔的汇率估算仅采用了1993年这一年的数据(《营商环境报告》，2004年，第354—359页)。当然，使用购买力平价法可以规避这些汇率方面的难题。不过，购买力平价法自身也存在局限，比如需要对用于比较的“一篮子商品”给出一个本质上主观的定义，而且还常常基于一个存疑的假设，即两个不同国家的同类商品质量相当(戈德堡和内特，1997年)。

〔2〕 例如，要是没有一个统一的参考标准，会如何影响人们对法院质量的评估呢？很有可能出现这样的情况：对于某个司法程序，习惯了客观上较差司法体系的人可能会给予它较高的评价，而习惯了客观上优质司法体系的人则会给出低得多的评价。还有一种情况是，要是一个人经历过客观上始终如一、运行良好的司法体系，那么他对于哪怕是细微的质量缺陷的容忍度，可能会远远低于那些习惯了制度不太稳定的司法体系的人(奥利弗，1993年；卡多特等人，1987年)。这无疑给国与国之间在这方面的比较带来了难题。如果人们对质量的认知实际上与历史上的客观质量呈负相关(原因在于更优质的服务会提升人们的期望)，那么不同国家的平均反馈差异，也许并不能准确反映出客观存在的质量差异。虽说这种影响不太可能对某个特定国家内部的比较产生作用(除非人们对不同类型企业的期望有所不同)，但对于那些人们对质量期望差异极大的国家而言，这种影响会系统性地低估它们之间在客观质量上的差距。(当然了，只有当我们想要的是对司法质量进行客观衡量，而非主观衡量时，这才会成为一个问题)

可靠性。

首先，由于所研究的许多监管环境相当复杂，报告的作者们不得不将衡量监管环境的各项指标整合为一些指数，比如“企业注册所需的手续数量”“雇佣灵活性”“合同执行所需的手续数量”，或是“债权人权益”等。然而，基于这些指数所做的分析，实际应用价值有限。因为这些分析几乎无法让我们了解到，构成这些指数的不同正式监管规范，其相对重要性究竟如何。比如说，我们知道合同执行的步骤通常应尽可能精简，但这并不能告诉改革者们，具体应该舍弃哪些手续。

另一个可能由法律本身的内在复杂性引发的问题是，正如我们之前提到的，有几种潜在的重要法律规范类型并未被纳入数据库，如在合同执行情境下的刑法规范，以及在创办企业情境中特定行业的相关要求。这些潜在的重要解释性变量的缺失，自然会对报告中一些分析的有效性产生负面影响。例如，一旦将刑法的相关特征纳入考虑范围，民事诉讼程序的复杂程度可能对信贷市场的深度影响甚微。或者，当考虑到刑法因素后，民事诉讼程序可能仅在部分国家(如发达国家)中才具有相关性，这也就削弱了“一刀切”的这种观点。同样，《营商环境报告》数据库通常不会涵盖对监管不确定性的衡量指标。如果将这种不确定性纳入考量，那么在诸如程序规范与民事司法系统效率之间的关系等问题上，可能会得出不同的结论。

法律与某些发展成果之间因果关系的多面性，似乎同样给《营商环境报告》项目带来了难题。《营商环境报告》的一个显著特征在于，一些不尽如人意的社会和经济后果与多种不同形式的监管举措存在关联。例如，庞大的非正规经济部门既与严格的企业准入监管有关，也和严格的就业监管脱不了干系。〔1〕腐败现象既与企业准入监管相关，也和合同执行过程中的程序复杂性有关。〔2〕最后，失业问题既与严格僵化的就业监管有关，也和合同执行中的程序复杂性相关。〔3〕如果报告作者能够解释清楚，当把所有可能的影响因素都考虑进去时，这些对非正规经济规模、腐败现象以及就业情况可能产生影响的监管措施，是否各自都具有重要意义，那显然对读者会很有帮助。要是能让读者对每种监管形式的相对重要性有一定了解，也会很有益处。

非法律因素经常与法律因素相互作用，进而对社会和经济成果产生影响，这一情况同样给《营商环境报告》项目带来了难题。例如，《营商环境报告》通过使用

〔1〕 参见世界银行：《2004年营商环境报告：理解监管》，第23、38页。
〔2〕 参见世界银行：《2004年营商环境报告：理解监管》，第24、47页。
〔3〕 参见世界银行：《2004年营商环境报告：理解监管》，第37、87页。

1981年至1994年间因意外中毒导致的平均死亡人数，作为衡量工人安全的指标，从而推断当前监管负担与工人安全之间的关系。然而，意外中毒死亡人数(而非中毒事件，无论是否致命的发生概率)，或许更多地与当地现有医疗保健设施的质量有关，而非取决于法律或监管制度。[1]又如，像公证要求这类程序性的正式规定所带来的社会效益，可能要取决于社会普遍的诚信程度。“不诚信”这样的概念很可能难以衡量，但在对程序性正式规定的影响进行跨国分析时，如果不考虑这一因素，就可能得出错误的结论。[2]

还有一个类似但涉及面更广的问题，那就是《营商环境报告》中的许多分析，必然会忽略任何一个特定国家的监管历史。只要某项特定监管措施的长期影响与短期影响不同，或者这些影响依赖于社会成员早已熟悉的监管制度类型，那么这种忽略就会产生重大影响。解决这类问题的最佳方式，是研究单个国家内不同程序性正式规定所产生影响的数据(假定其他因素保持不变)。这凸显了《营商环境报告》项目的重要性，只有这样才能分析(在一个国家内)随时间推移而产生的变化，这也是实证分析中普遍值得采用的策略。[3]

最后，法律本身的复杂性，再加上各种潜在的、重要的社会和经济成果，共同限制了《营商环境报告》数据库所做出推断的可靠性。鉴于《营商环境报告》的作者们常常得出一些宽泛的结论，很明显，他们想要推断出的监管与发展之间的关系，远远超出了他们所研究的那有限的监管措施以及社会和经济成果的范围。然而，对于报告的作者们来说，要找到一种合理的方式，从他们的分析中进行推断，可能并非易事。例如，我们没有明显的理由认为，中毒死亡事件与监管之间的关系能说明一般性的工伤事故的情况。因为意外中毒至多只是工伤事故中的一种特殊情况。同样地，从关于法律体系如何处理那些一方明显完全占理且未进行庭外和解的案件的研究结果，推断到那些在事实或法律问题上存在诸多不确定性，且双方当事人可以选择和解的案件，这可能也很困难。一些律师或许会认为，只有在那些相对复杂且有可能达成和解的案件中，复杂的法律程序所带来的益处才会显现出来。当然，如果《营商环境报告》项目调查中所使用的假设情景，描述的是一些相

〔1〕 我们还注意到，把1981年到1994年间的成果数据与一个国家当下的监管体系特点联系起来，这一做法违背了研究设计的一项基本原则。也就是说，对解释变量的测量，应该在一个这些变量有可能切实影响结果变量的时间段内进行。

〔2〕 有证据显示，在现有营商环境报告数据库的衡量标准下，相似的监管环境，却在不同的时间或不同的国家，导致了截然不同的实际法律操作情况。这就清楚地表明，这类非法律因素在其中起到了作用。

〔3〕 参见彼得·肯尼迪：《计量经济学指南》(第5版)，麻省理工学院出版社2003年，第302页。

对不常见或者不具代表性的纠纷或行为，那么找到一种合理的方式，从这些情景中进行推断就显得尤为重要了。

五、《营商环境报告》项目的改革建议和基准

《营商环境报告》中提出的改革建议表述明确且直接，如以“在竞争市场中简化流程并放松监管”和“减少法院对商业事务的参与”这样的斜体标题进行了简洁概括。此外，《营商环境报告》的作者们还明确呼吁外国援助捐赠者、政府高级官员、投资者、媒体以及广大公众，将他们所提供的指标用作评估各国表现的基准，并据此要求进行改革。[1]

收到这些建议和基准的立法者们有三种选择：对其不予理会；将它们作为法律改革的依据；或者把这些建议以及背后的实证研究，都当作进一步调查的依据。我们的看法是，《营商环境报告》中的许多建议至关重要，不容忽视。在许多国家，社会成员对法律体系各个方面的运行情况各有建议，以至于立法者如果对那些有可能切实改善现状的改革建议视而不见，将是不道德的行为。

与此同时，我们强烈地感觉到，上述在分析过程和基础数据方面所详述的种种缺陷，使营商环境报告项目的实证基础过于薄弱，其研究结果难以作为广泛推行法律改革的依据。因此，默认情况下，我们认为政策制定者们最好将营商环境报告项目迄今为止得出的结论，视作进一步调查研究的基础。

当然，探究“营商环境”项目所提改革建议的价值，有一种方法是在某种试验的基础上来实施这些建议。开展这类法律实验会引出棘手的伦理问题，因为许多改革都有可能产生事与愿违的结果，从而带来重大危害。一旦法律改革失败，人们就可能面临失业、失去毕生积蓄的风险，而最糟糕的或许是，他们会对社会失去信心，对未来不再抱有希望。此外，由于许多实验的目的是要确定强制性法定义务相较于自愿性法定义务所产生的影响，通常情况下，想要获得实验对象的知情同意是不太可能的。而且，还存在这样一种风险，即相对弱势的群体成员可能会被迫参与实验，而这些实验带来的好处(如果有的话)，却多归属于其他群体的成员。在这种情况下，必须格外谨慎，以确保法律实验给参与者带来的预期收益大于预期危害。[2]不过，世界银行在协调法律实验方面具有很大优势，具体方式如下：为实验

〔1〕 参见世界银行：《2004年营商环境报告：理解监管》，第9—10页。

〔2〕 参见联邦司法中心：《法律中的实验：联邦司法中心法律实验咨询委员会报告》，1981年。

的设计和实施(包括其中涉及的伦理问题)提供建议并予以认证；制定法律改革和社会成果报告方面的国际标准，以便于对实验结果进行国际比较；协助确定国际对照组(在无法对实验对象进行随机分组，且在国内进行比较不可行的情况下)；以及公布实验结果。

遗憾的是，“营商环境”项目所给出的建议和基准，不只是被当作进一步研究调查的基础。许多国家的立法者，尤其是发展中国家和处于经济转型期国家的立法者，正承受着来自多方的巨大压力，他们被要求落实《营商环境报告》项目提出的建议，并按照该项目设定的基准来改善本国在相关方面的表现。首先，世界银行已选择将《营商环境报告》项目的研究成果视为推动法律改革的合适依据，并且已着手通过记录与报告建议相符的改革案例来推广改革，还会每年为表现最为出色的改革者颁发奖项。[1]此外，一些援助捐赠方也接受了邀请，将《营商环境报告》项目的各项指标当作衡量基准。比如，在编制世界银行的“国家政策与制度评估”(这是一种诊断工具)时，就运用了《营商环境报告》中的一些指标。该评估工具包含了一些量化评分，世界银行和其他多边开发银行会依据这些评分来分配优惠性资金。[2]

同样地，“开办企业成本”以及“开办企业所需天数”等指标，也在一定程度上被用于确定企业是否有资格获得美国“千年挑战账户”(千年挑战公司，2007年)的资助。[3]

鉴于世界银行在知识层面所固有的公信力，其“法律技术援助”行动吸引了大量关注其理念的受众，同时援助捐赠方为发展中国家的立法者提供了物质激励，促使他们依据《营商环境报告》项目的指标来提升自身表现。因此，《营商环境报告》的作者们宣称，在促使世界各国实施与他们建议相符的改革方面已取得了相当大的成功，这也就不足为奇了：“自2003年10月启动以来，‘营商环境’项目已启发或推动了全球48项改革”。[4]

鉴于“营商环境”项目建议的改革措施对发展成果具有积极影响这一说法，在实证方面的支持十分有限，我们远不能确定，广泛推行这些改革就是一项值得夸耀的成就。我们认为，如果将投入到法律改革中的精力和资源用于其他方面，如医学

〔1〕 参见《世界银行和美国国际开发署表彰营商环境改革者：格鲁吉亚总理祖拉布·诺盖杰利被评为年度最佳改革者》，载世界银行，http://www.reformersclub.org/PressInfo.aspx，2007年5月16日访问。

〔2〕 参见《国家政策与制度评估：常见问题解答》，载世界银行，http://go.worldbank.org/74EDY81YU0，2007年5月16日访问。

〔3〕 “房产登记成本”和“房产登记所需天数”指标被用作辅助参考(千年挑战公司，2007年)。

〔4〕 参见世界银行：《2007年营商环境报告：如何改革》，第4—5页。

研究、疫苗研发、蚊帐的分发以及卫生设施项目等，是否会取得更好的效果，这仍是一个有待探讨的问题。

我们同样认为，“营商环境”项目的改革规划，可在学术层面上帮助人们理解法律与发展之间的关系，但这两者之间也存在着一定的冲突。[1]一旦捐赠者和投资者使用《营商环境报告》的各项指标来决定在不同国家分配物质利益，各国政府就会有动机去操控这些指标。特别是像我们之前提到的那样，营商环境的指标并不能涵盖所有对商业环境有实质影响的法律规范。比如，一个政府可能会缩短开办企业所需的天数，却增加企业日常经营过程中繁文缛节的数量。[2]这种操控行为可能会破坏营商环境指标的有效性，使其既无法准确衡量一个国家是否适合接受援助或投资，也无法作为探索法律与发展之间联系的有效依据。这其实是经济学家所说的“古德哈特定律”或者“卢卡斯批判”现象的一种表现。[3]

六、结论

将“营商环境”项目作为一个研究项目来评估，其在设计的创新性、规模以及严谨性方面都极其令人赞叹。上述所提出的批评意见，不是为了削弱我们对该项目参与者所开展的数据收集工作的整体认可，也不是要否定这项工作对探索法律与发展之间关系所做出的贡献，而是我们觉得，这个项目的局限性反映了在实现其宏伟目标过程中所固有的挑战。

即便仅将其视为一个研究项目，我们认为“营商环境”项目至少有两个方面在未来的改进中值得完善。首先，该项目的作者们在描述用于得出结论的某些分析时，应努力做到更加公开透明。其次，对于监管环境的特点以及应该纳入其数据库的社会或经济成果，他们应努力接纳更广泛的理论观点。鉴于在法律与发展之间的关系上存在着各种各样的理论主张，对于该项目的理论基础而言，采用一种更加多元的方法似乎是必不可少的。

与“营商环境”项目的学术性内容相比，我们对其实践性部分更为批判——也

〔1〕 我们先不考虑这样一个情况：如果该项目的改革举措成效过佳，那么全球范围内监管的多样性将会大幅降低，这反过来可能会削弱我们借助各国间的差异来研究法律与发展之间关系的能力。

〔2〕 参见弗雷德里克·索泰、布莱恩·胡克斯、丹尼尔·罗斯柴尔德：《未来的挑战：持续关注激励机制以推动发展》，载国会报告，http://www.mcc.gov/selection/reports/Mercatus_Center_Comment_FY06.PDF，2007年5月16日访问。

〔3〕 古德哈特定律表明：“一旦为了实现控制目的而对任何已观察到的统计规律施加压力，那么这一统计规律往往就会失效”（克里斯托尔和米曾，2003年）。

就是说，对于利用该项目的数据和理论研究成果来指导法律改革并设立基准的这些做法，我们持否定态度。《营商环境报告》项目中所使用的数据和分析工具都存在着内在的局限性，这就意味着其提出的改革建议实证基础太过薄弱，无论是立法者，还是那些有能力影响立法者的人，都无法信任这些建议。同样，由于没有充分的理由相信这些指标与发展成果之间存在正相关关系，尤其是在立法者有动机去操纵这些指标的情况下，营商环境项目所制定的这些指标，似乎并不适合被用作基准。而《营商环境报告》项目在方法上取得了进步，总体而言，我们确实认为这些是进步之处，但我们不能因为这些进步，而忽视了这样一个问题：无论社会科学研究多么复杂精妙，将其当作法律改革绝对可靠的指导，都会带来风险。

企业所有权与控制权背离的法经济学分析*

刘卫锋**

一、问题的提出

在股东中心主义模式下，股东一般被视为公司的“所有人”或者“主人”。根据这一原理，在公司意思决定过程中，全体股东应当起着主导性作用，而企业的经营者只不过是全体股东的代理人。因此，在股东中心主义的治理模式中，应当考虑防止经营者避开股东的眼线而谋求自身利益的制度性或政策性措施。在较为成熟的资本市场中，作为监管经营者手段的控制权市场，则倾向于理想性的一股一权原则，即采取所有权与表决权的比例性原则，而对于脱离这一原则的情形〔1〕，则应当考虑相应的监管措施，即构建股东民主主义和公司治理结构模式的理想化或者统一化。在这一背景下，企业的控制权应当从外部或者资本市场上恶意M&A进行规范。在家族企业集团下，实际控制人或者控股股东虽然持有较少股份，但其利用子公司或关联公司，可以行使相比于自身持股更多的表决权(或控制权)。因此，在所有权与经营权相分离的治理结构背景下，所谓的家族企业集团理.所当然地应当成为被分解的对象。

随着股东中心主义的发展，主流经济学的新古典经济学派出现。然而，主流经济学在美国新自由主义危机中受到一定批判。从这一层面来看，资本主义的市场

* 本文系2024年国家社会科学基金一般项目“民法典善意制度公司法应用的特殊性研究”(24BFX075)研究成果之一；西北政法大学义乌研究院横向课题“义乌市跨部门综合监管的困境与优化路径研究”(YW2025—4—1)研究成果之一。

** 刘卫锋，西北政法大学民商法学院副教授、硕士研究生导师、“一带一路”营商环境研究院执行院长，法学博士。

〔1〕 即控股股东的所有权与控制权存在着严重分离，控股股东的控制权远远大于其所有权，这种现象可以称为所有权与控制权的背离。

经济学工具并不仅仅限于主流经济学的新古典学派，但这也并不是完全否认新古典学派，而是对其进行批判性的检讨以克服其存在的局限性；随后，在此基础上孕育了诸多的经济学方法论。近几年，美国法经济学者根据非基于传统新古典学派经济学的股东中心主义之外的多样经济学方法论来阐述、分析了股东中心主义。

从我国立法来看，针对股份公司，明确了公司的团体性，并在其延长线上，为了实现“股东平等原则”规定了不得通过章程违反“一股一权”的强行法条款。因此，立法并不允许股份公司实行差别表决权，且在同一公司下其所有权与表决权分离也不可能。鉴于此，企业集团在其治理机构上可以通过金字塔式股权构建、相互出资或者循环出资等机制而实现所有权与表决权的分离。至今，我国企业集团所有构造的最大问题是控股股东通过金字塔式股权结构对关联公司进行出资，从而产生现金流量或者统一所有权与控制权。换言之，在所有权与控制权分离的立法背景下，即便持有少量股份，也可以对整个公司集团行使控制权。然而，这种问题在英美等国家基本不存在。另外，所有权与控制权背离也会导致“虚拟资本”与“虚拟表决权”，这在一定程度上会直接损害中小股东等公司利害关系者的利益。因此，为了保护中小股东的利益，有必要通过立法对此进行规范。尤其是个别公司通过相互出资与循环出资等产生关联关系，创造虚拟资本，以“资本的形式”组建集团，进而通过关联公司相互影响，进行内部交易，形成并立的局面。鉴于此，《反垄断法》等也可以针对这种竞争限制效果与经营者集中通过多种手段进行规范。从立法上来看，目前我国公司治理结构相对比较合理。然而，从实践来看，却出现了诸多公司集团化现象。在公司集团下，控股股东不仅对该集团行使控制力，且对该集团外的其他公司也可以行使控制权。另一层面，从股东中心主义模式来看，所有权与控制权背离的公司集团是非常态化的公司治理结构。因此，在公司集团之间的关联公司中，若具备可以进行独立经营的专门经营制度，那么这些公司集团应当给予分解。所谓的公司集团分解即股权或者股份分散，不存在实际控制人或者控股股东，由专业经营者对公司进行经营。从这一点来看，无论从经济上还是社会层面，都是比较合理。然而，对此是否能够达到这种状态及效果仍存在问题。至今，有些学者仍在主张家族企业改革，通过对公司集团的规制手段，限制家族企业集团的所有构造，迫使家族企业的关联公司脱离集团构造，打破家族的控制权防御，使家族企业完全地暴露在市场经济下，最终达到有效的公司治理和优化投资。总之，这种主张可以被认为是在股东中心主义模式下，以一股一权和所有权与控制权分离为前提的股东民主主义的改革。

鉴于此，本文以所有权与控制权分离、公司所有人股东、一股一权、股东民主主义等为中心进行展开，从法经济学的角度来检讨股东中心主义，进而探索我国公司所有权与控制权适当统一的政策性路径。

二、股东中心主义理论的实践演进与检视

（一）股东中心主义理论的实践演进

在美国，股东中心主义下公司治理结构的理论脉络大体上分为两个阶段：其一是传统的股东中心主义。20世纪70年代初期，该理论主张股东是公司的所有人，并且对公司享有财产权。然而，自20世纪80年代起，对该理论的认识从本质上开始发生改变，即以契约主义的公司观为基础，主张股东并不是公司的所有人，股东仅是公司利害关系者中唯一具有的剩余财产请求权人。在上述两种理论中，股东根据其持股而享有相应的表决权，为了增进公司利益，监督经营者的激励措施应运而生，并最终构建了符合股东中心主义模式下的所有权与控制权分离、一股一权原则、股东民主主义等理论体系。其二是新型股东中心主义。20世纪90年代以后，契约主义的公司观出现了新的局面，即从股东中心主义的新角度开始分析公司的所有构造。该理论仍以契约主义的公司观为基础，尽管坚持了自由主义和市场主义的主张，但随着金融市场变化和金融科技兴起，所有权与表决权在一定程度上相分离，从现行股东中心主义开始向衍生金融理论、行为经济学、新制度经济学等方向发展。由此，公司的所有人以及作为唯一财产剩余请求权者的股东等理念开始遭受质疑。另一方面，在这种理论下，股东权利的强化并不能等同于公司整体利益以及全社会利益。因此，针对股东中心主义的讨论开始呈现。

1. 从“财产权”到“契约”的转换

在美国，针对股东中心主义的本质性论议始于诺贝尔经济学奖获得者弗里德曼(Milton Friedman)于1970年9月13日在《纽约时报杂志》上发表了题为《公司的社会责任则是增加利润》的文章。弗里德曼的基本思想是公司的所有人虽然是股东，公司应当为了股东利益而经营，但最终是为整个社会谋求福利(或为了全社会的利益)。

芝加哥学派与弗里德曼主张支持市场(pro-market)、反规制(anti-regulation)的一般政策倾向反映了公司政策。另外，20世纪80年代，美国总统里根执政期间，

芝加哥学派的发展进一步加速了以股东利益为中心所建立的公司治理结构的变革。[1]相反，芝加哥学派的经济学者与公司法学者否定了股东是公司的所有人，并提出了契约主义的公司观，即公司并不是股东的所有物，而是包括股东、债权人、劳动者、居民等诸多利害关系人之间契约的结合体(nexus of contracts)。

另外，从法学角度来看，弗里德曼则强调公司的“财产性”；相反，芝加哥学派则更强调公司的“契约性”。由此，财产性和契约性形成了自由主义市场原理的法律基础。从这一点来看，无论是弗里德曼还是芝加哥学派，在强调自由主义和市场原理上都呈现出一致性。然而，以强调公司契约性为中心的契约主义公司观学者在解释股东中心主义上不同于弗里德曼的主张。

2. 股东中心主义契约观的法治化

公司是众多利害关系人聚集起来的组织，若利害关系人仅追求自身利益的最大化，那么，该组织的全体成员的整体利益就不会增大。因此，为了规范组织成员之间的行为，需要可以将个别成员为了自身利益而作出的合理行为归结于组织体利益的游戏规则。这种游戏规则理论上应当由全部的利害关系人共同决定，这就是所谓的“制度”(institution)。组织的成员为了增进组织体的利益，通过自发的协商(契约)而制定这种制度。但是，公司的众多利害关系人现实上很难聚集到一起制定这种规则。因此，国家只能假设将全部的利害关系人聚集在一起协商，从形式上提供相应的法律，即在各个利害关系人之间协商成本较高，且实质性交易发生的可能性不大时，提出以下假设性问题在政策层面是有益的。事实上，“在当事人不需要协商成本情形下，对于自身直接面临的问题，若可以相互协商解决时，则他们会选择怎样内容的条款？”也即未来的股东、劳动者、债权人等全部的利害关系人在设立公司这一组织前聚集在一起，为了规范其关系，若协商完成，那么他们会采取怎样内容的契约条款？一般来讲，最终可能会采纳公司法的任意规定。从实践来看，当事人在现实的协商过程中可以减少所需的交易成本，并且对于公司整体更为有效。

另外，尽管公司的利害关系人事实上不会这样做，但在这种情形下，利害关系人会选择怎样的规则？应当设定怎样的规则？是否可以很好地协调当事人之间的利害关系？怎样的规则才会激励这种架构，以及从社会层面诱导所希望的行动？是否可以遏制非上述行为？此外，这种假设不能单纯、直观地对待，为了从理论与

〔1〕 Chen. Ronald & Jon Hanson, The Illusion of law: The Legitimating Schemas of Modern Policy and Corporate Law, 103 Michigan Law Review 1,(2004), p.37.

体系上分析，则需要运用多种经济学方法论。这其中，以法经济学的方式来分析公司法的学者也试图运用经济学的基本分析工具来说明人间行动。例如，首先运用合理选择理论、不确实性下的意思决定理论、限制合理性理论、集团行动理论、风险回避理论、博弈理论等来分析具体争议的问题，最后再以法律的形式给予还原。

至今，传统新古典学派的经济学是以假设的人间行动方式为前提，且预测这种假定性是由协商而形成。股东是公司的所有人或唯一的剩余财产请求权人、全体股东偏爱的统一性、有效的公司控制权市场、试图追求自身利益的经营者等均属于假设，以及由此派生出来的一股一权、中小股东运动、股东行动主义、股东利益的最大化、股东民主主义、股东平等原则等作为理论依据来分析股东中心主义。最近，美国的法经济学者并不否认传统新古典经济学，而是批判性地修正，并以交易成本经济学派的行动经济学等来分析人间行动。同时，通过以上假设性契约而对现行的股东中心主义治理结构再检讨。

（二）股东中心主义理论的法经济学检视

从股东中心主义的规范来看，在以股东为中心的公司治理结构中，公司的经营者作为股东的代理人，应当以股东利益的最大化为目标。另外，从股东中心主义可以概括出以下规范性含义：(1)股东拥有公司；(2)从公司的唯一剩余财产请求权者的概念出发，在该概念的延长线上，全部股东是具有同一利害关系的一个集团，因而股份构成要素中的所有权与表决权成正比，即以一股一权原则为前提。其理由是所有权与表决权一致时，股东监督经营者的诱因机制就会产生，恶意M&A市场也会呈现出活跃；(3)公司的所有人股东可能会经常监督试图追求私利的经营者。然而，以股东中心主义为前提建立的一股一权，则根据不同的经济学方法论给予不同的解释。

1. 股东所有人理论的界限：以期权定价理论为视角

尽管将股东拥有公司进行概念化是一个非常有用的比喻，但是并不能正确地表现股东在法律上的权利。股东被视为公司的所有人，是从财产权的层面上来认定股东的利益。[1]将公司视为股东的财产是强有力的修辞学工具，其理由是相比于其他权利，财产权所能提供的保护或许更为有效，即拥有财产的人具有对其财产所产生的排他性、支配性的权限，且意味着可以按照自身的意志进行使用、出售、让

〔1〕 David Millon, Redefining Corporate Law, 24 Ind. L. Rev.,(1991), pp.230-231.

与、处分等。[1]

将股东视为公司所有人的股东中心主义由诺贝尔经济学奖获得者米尔顿·弗里德曼(Milton Friedman)在20世纪70年代于《纽约时报》发表的《为公司的社会责任》[2]的随笔中提出。对于公司治理结构模式的争论也由此展开。然而,弗里德曼在《纽约时报》上的随笔发表3年后,费希尔·布莱克(Fischer Black)与迈伦·斯科尔斯(Myron Scholes)发表了《期权定价与公司债务》一文[3],该论文奠定了现代期权理论(option theory)的基础,不但分析了公司所有分散情形下股东拥有公司的主张,而且从经济层面,指出了将股东视为公司所有人的非合理性。根据期权理论,债权人与股东对于公司只不过具有附条件合同上的权利。[4]具体地来讲,在以股东中心主义为基础的"股东系公司所有人"的认知上存在严重缺陷。若根据期权理论,从理论上既可解释股东拥有公司,也可以解释债权人拥有公司,即根据期权理论,股东并不是公司的所有人。[5]在这里,先暂且将股东视为公司的所有人,但可以理论上假设是从债权人那里购买的卖出期权(put option)。在期权届满日,即卖出选择权的行权日,若公司的价值未达债权额时,股东未履行债务,就可以行使要求债权人购买相当于债权额的公司所有权的期权权利,让与公司的所有权,并从履行义务中摆脱。相反,若将债权人视为公司的所有人,则可以假设向股东出售买进期权(call option)。即股东在期权行权日向债权人支付相当于债权额的金额,则可以认为具有购买公司所有权的权利。若期权行权日公司的价值超过债权额,股东可以通过偿还债务行使买进期权。然而,若公司价值低于债务额时,股东不可以行使自身的买进期权,而债权人最终取得公司的所有权。尤其,不是以负债的形式向公司提供资金的债权人,而是以资本的形式向公司提供资金的股东被视为公司的所有人更令人质疑。随着如证券投资信托或证券投资公司一样的间接金融产品与衍生金融产品的出现,负债与资本的区别更加模糊,在此背景下,将股东视为公司的所有人在某种程度上更缺乏说服力。

---

[1] Jill E. Fisch, Measuring Efficiency in Corporate Law: The Role of Shareholder Primacy, 31 Journal of Corporation Law,(2006), p.649.

[2] Milton Friedman, The Social Responsibility of Business is to Increase Its Profits, N. Y. Times,(1970), § 6(Magazine), pp. 32-33.

[3] Fischer Black & Myron Scholes, The Pricing of Options and Corporate Liabilities, 81 J. Pol. Econ.,(1973).

[4] Lynn A. Stout, Bad and Not-so-bad Arguments for Shareholder Primacy, 75 Southern California Law Review, (2002), pp.1191-1192.

[5] Margaret M. Blair & Lynn A. Stout, Director Accountability and the Mediating Role of the Corporate Board, 79 Washington University Law Quarterly,(2001), p.411.

2. 一股一权理论的界限：以剩余财产请求权理论为视角

(1) 一股一权的合理性

若将公司的所有人视为股东，所有权应当是经济利益与表决权相依存，且成正比。然而，股东并不像拥有普通物一样拥有公司，将股东视为公司唯一剩余财产请求权人时，则可以将其视为与所有人具有类似的地位。从另一层面来讲，股东以外的利害关系人可以事前通过与公司缔结契约，设定其固定权利，但是股东不能那样。股东在满足具有其他固定权利的契约当事人权利后，对于剩余部分，剩余请求权人才可以主张权利。因此，对于公司的这种控制权，只有赋予股东时，股东才会为了自身剩余利益的最大化而努力，最终增进公司的整体利益。

根据剩余请求权理论，股东虽然不能像拥有普通物一样直接拥有公司，但至少可以处于如所有人一样的地位。另，从法律上来讲，与所有人一样。因此，股东是公司的所有人，而经营者或董事为了股东利益而承担忠实义务和注意义务。这种情形下，经营者与股东被视为代理人与被代理人的关系。无论将股东视为公司的所有人还是剩余财产请求权人，股东与经营者之间就是被代理人与代理人的关系，从这一层面来讲，应当构建防范经营者追求自身利益而损害股东利益的制度性措施。

在传统股东中心主义的模式下，股东的所有权与表决权比例采取一股一权，将表决权赋予作为剩余财产请求权人的股东能够更好地监督经营者，使代理成本最小化。另，在一股一权原则下，股东在资本市场上可以自由交易其股份，促使公司控制权市场更活跃，对经营者起到更有效的监督职能。[1]

当特定股东具有的公司剩余财产请求权与表决权不成正比时，则不会产生建立在公司利益最大化基础上股东的最佳意思。因为从这种意思决定所产生的得与失在相应的水准上不会决定基于意思决定的影响力。因此，在脱离一股一权原则时，可能会产生不必要的代理成本。事实上，所有权与表决权背离的程度越大，其代理成本就越大。[2]根据这一理论，从公司法学者的立场来看，为了使在公司治理结构上所产生的经营者与股东之间的代理成本最低化，一股一权原则可能是较为合理的。若经营者与股东之间可以自由地缔结合同，在缔结合同上所采取的原则

〔1〕 Grant M. Hayden & Mathew T. Bodie, One Share, One Vote and the False Promise of Shareholder Homogeneity, Cardozo Law Review,(2008), p.476.

〔2〕 Robert H. Sitkoff, Corporate Political Speech, Political Extortion, and the Competition for Corporate Charters, 69 U. Chi. L. Rev.,(2002), p.1122.

从契约主义的公司观上也被视为是较为合理的原则。[1]

若按照剩余财产请求权的程度赋予其表决权，股东为了自身剩余财产请求权的最大化，就会产生积极监督经营者的激励机制，为了使这一理论更具有说服力，则应当具备重要的前提条件。对于公司剩余利益的最大化，全部股东应当具有一致的利害关系。若股东的偏好多样时，监督经营者的激励机制就会呈现出多样化，由此也很难得出股东为了公司利益而选任经营者的全体偏好。因此，如传统的古典经济学派一样，对于公司利益(剩余请求权)的增进，则应以全体股东具有统一偏好的事实为前提。只有这样，才能确保建立在一股一权上的现行股东中心主义治理结构模式的正当性。[2]

(2)一股一权的界限

①股东偏好的多样性

尽管股东偏好的一致性是股东中心主义的核心前提，但从建立在行为金融学基础上的诸多研究成果来看，股东对于金融资产的偏好呈现出多样性。[3]在所有股东中，既有对公司短期利益偏好的股东，也有对公司长期利益偏好的股东、对分红偏好的股东以及对控制权偏好的股东等多种类型。

由于股东之间利害关系差异性，因而为了调整资本市场上股东之间的利益关系，满足不同投资者的需求，诱发投资者的投资欲望，促使投资者将其资金投入资本市场，促进资本市场的流通性，应当提供可以创造出建立在所有权(现金流量权)与表决权(控制权)上通过多样组合而构成的金融产品的制度性基础。例如，对于公司的控制权不怎么关心，但偏好以廉价价格购买而又获得较多分红的股东，以及偏好于与此相反的股东之间的利益关系，即所谓的差别表决权制度。

所有权与表决权相分离所产生的多样金融产品对于公司与投资者均是有益的。公司可以通过灵活运用多样的金融产品创造出多种资金筹措手段，以及减少资本筹措成本。而对于投资者来讲，可以投资符合自身状况的金融产品。尤其是近几年，随着资本市场环境的变化、金融理论的发展、对冲基金的成长以及资本市场的发展等，传统公司法上的所有权与表决权的比例性和一股一权原则开始被动摇。通过金融投资合同，并非作为既存的单纯剩余请求权人的股东，而是持有期权、

〔1〕 Grant M. Hayden & Matthew T. Bodie, op. cit., p.448-473; Shaun Martin & Frank Partnoy, Encumbered Shares, University of Illinois Law Review,(2005), p.776; Frank H. Easterbrook & Daniel R. Fischel, Voting in Corporate Law, 26 J. L. & Econ,(1983), p.410.

〔2〕 Shaun Martin & Frank Partnoy, op. cit., p.788.

〔3〕 Henry T. C. Hu & Bernard Black, The New Vote Buying: Empty Voting and Hidden (Morphable) Ownership, 79 Southern California Law Review,(2006), p.828.

远期交易以及其他衍生产品的股东也不断出现，即随着新型金融手段的发展，创造出了符合投资者(或股东)偏好的各种证券与衍生产品。

②空投票与隐形所有权

随着金融科技发展，所有权与表决权的分离则以空投票(empty voting)和隐形所有权(hidden ownership)的形态不断呈现。这种情形下，投资者可以运用诸多金融手段使自身持有的股份享有更多的表决权，这种表决权被称为“空投票”。该股份在股份的构成要素中不具有经济利益而仅存在表决权。相比于所有权，空投票可以行使更多的表决权。

事实上，从所有权中分离出表决权的方式具有多样性。首先，在股票借贷市场(share lending market)借入股票的人不具有经济利益，而仅具有表决权；相反，出借人没有表决权，仅享有经济利益。另，股权互换(equity swap)也是其中之一方式。互换购买方虽从出售方取得股票的经济性权利，但不会取得表决权。而出售方通过持有股票而对冲经济风险。即没有经济性权利而仅具有表决权。此外，利用卖出期权或者买入期权等来分离所有权和表决权的方式也是多样的。

另外，相比于表决权的行使，利用与空投票相反的金融手段投资者拥有更多经济性权利的情形也存在，即所有权大于表决权。向外部股东披露所持有股份，由于是以非经济利益的表决权为中心，因而股份持有人常常可以回避这一披露义务。但是，这种情形下，仅追求经济利益的人无论何时都可以取得表决权事实上的权限。这种情形下，在具有不披露表决权的情形下不披露其所有权，即所谓的隐形所有权。空投票与隐形所有权相结合就形成了“new vote buying”或者“decoupling”。

目前，将所有权与表决权进行分离的这种方式在国外被灵活运用。事实上，这来源于对该制度需求与供给的增加。从供给层面来看，20世纪80年代后半期，随着股权互换、场外衍生品以及股票借贷市场等的成长，内部股东与外部股东所有权和表决权很容易进行分离。相反，从需求层面来看，对冲基金不断增加，相比于其他机构投资者，受到的法律监管较少，相对自由，因而可以更好通过多种方式将所有权与表决权进行分离。[1]对于这种现象，需要怎样的政策应对，目前尚不明确。但是，如今建立在表决权与经济性所有权的比例性的一致基础上的现行公司治理结构的架构则需要作出相应的变革。[2]

〔1〕 Henry T. C. Hu & Bernard Black, Hedge Funds, Insider, and the Decoupling of Economic and Voting Ownership: Empty Voting and Hidden (morphable) Ownership, Journal of Corporate Finance 13,(2007), pp.344-345.

〔2〕 Matthew D. Adler & Eric A. Posner, Implementing Cost-Benefit Analysis When Preference Are

若将股东视为公司剩余财产的请求权人，强化股东权利，则应当为公司的剩余请求权最大化而努力，且最终目的要符合全体股东的利益。另外，在某种程度上符合公司利益与社会利益，也应当视为合理。但是，目前股东的偏好呈现多样化，且这种偏好通过多样的金融手段而得到满足。同时，因空投票与隐形所有权等而产生所有权与表决权之间的背离时，将全体股东视为同一集团，或让全体股东作出统一的选择基本不可能。尽管这样，建立在股东中心主义之上的公司法是以股东偏好的一致性与一股一权原则为前提，进而从公司治理结构上来阐明股东的法律地位，并且在这一延长线上，试图促进股东民主主义的变革。

3. 代理理论的界限：以行为经济学为视角

若将股东视为公司的所有人时，在公司治理结构上，所面临的核心问题是怎么防范作为代理人的经营者追求自身利益而损害股东利益的风险。在这里，经营者往往具有追求自身利益的机会，这样就存在经营者可能追求自身利益的倾向性。因此，为了防范经营者的机会主义风险，应当明确股东对公司具有所有权，且持有较强的表决权。换言之，在公司治理结构上，相比于从公司内部治理层面来激励董事或者经营者的积极性，而不如将重点放在股东所有权层面进行深入地完善。然而，目前解决该问题所关注的是通过严格的监管手段以及市场压力等外部统制机制来实现。

另外，在行为经济学(behavioral law and economic)中，主张现行经济学过多地从金钱性激励层面说明经营者行动的目的与动机，因此受到一定批判。相比代理理论层面上财富的最大化，效率最大化被给予了更为广泛的定义。在行为经济学中，除运用经济学外，还借用了心理学与社会学理论，相比于法经济学理论的优雅，更重视分析实质性法律问题，即强调理论的有用性与实用性。鉴于此，现代法经济学虽然以合理性选择理论为前提，但试图更好地去分析法律对人间的诱因效果。[1]

目前，在公司治理结构的研究中，多数是以经营者的反管理(anti-management)为前提而进行分析。相反，在行为经济学中，人间的行为与动机则被视为积极、肯定的，并试图考虑经营者在公司治理结构上的积极功能。若根据符合自己利益模式的传统经济学来分析，并不能反映公司经营者的行为动机。相反，在公司政策上忽视经营者的消极层面，而从其积极层面促进，可能会引起公司治理结构的重大

Distorted, 29. J. Legal Stud,(2000), pp.1141-1145.

〔1〕 James Mcconvill, Executive Compensation and Corporate Governance: Rising Above the Pay-For-Performance Principle, 43 American Business Law Journal,(2006), p.416.

变革。

根据代理理论衍生出的对经营者的消极层面，即董事或经营者是不值得信赖的代理人，在没有外部压力或者诱因时会损害股东与公司的利益而追求自身利益的假定仅仅是分析经营者行为的一部分，因此，可以视其为不完全的行为分析模式。[1]此外，代理成本理论并没有考虑经营者从公司发展与创造财富中所带来的社会评判，以及通过对个人与专业性人员的待遇作为保障其成果的重要动机要素。[2]虽然代理成本理论忽视了这种严格的社会界限，但是在公司立法上不断地受行为经济学的影响，以及重视建立在公正与信赖基础上的公司文化规范。[3]

三、所有权与控制权背离现象阐释的新视角

随着我国企业集团政策下所有权与控制权背离缩小理论规范的发展，若通过法经济学阐释建立在股东中心主义上的公司所有人股东、一股一权原则、股东民主主义原则等，有必要更深入地再检讨，而不应当直观地批判。在所有权与控制权背离下，虽然所有权与控制权的适当统一较为理想，但可能不是立法所追求。另外，根据所有权与控制权分离理论与实证分析，并不能看到企业经营达到什么程度较好或者特定所有治理结构模式较为理想。然而，所有权与控制权的统一和分离都具有各自的利弊。因此，有必要构建防范人为地使所有权与控制权相背离，以及歪曲多样所有构造形态中产生的反竞争性的规范性制度。

为了构建这种规范性制度，首先不应当以偏见或否定的视角，而应以功能性与效率性角度去检讨所有权与控制权背离现象产生的缘由，以及公司具有这种形态的所有构造所面临的问题。不仅如此，通过检讨，应当将具有所有权与控制权相背离的公司治理结构的积极层面和消极层面概念化。同时，企业集团应当具备公司这一组织，并从理论层面去化解在被公开的过程中发生的内部股东与外部股东之间的矛盾。

(一) 内部控股股东与外部股东之间矛盾的评判

从严格意义上来讲，企业并不能等同于公司。所谓的企业是指资产所有人(企

〔1〕 James Mcconvill, op. cit., p.415.

〔2〕 Lynn A. Stout, Takeovers in the Lvory Towner: How Academics are Learning Martin Lipton May Be Right, 60 Business Lawyer,(2005), pp.1453-1454.

〔3〕 Robert J. Shiller, The Subprime Solution, Princeton University Press,(2008), pp.117-120.

业家)雇佣劳动者来运营生产组织,所有权与控制权呈现出统一的组织形态。然而,产业革命以后,企业家单单依靠自身的资本并不能达到企业运营所需资金,即筹措巨大资金的必要性。若要实现这一目标,具有有限责任、股份的自由转让与法人人格等特性的公司制度较为合理。因此,公司可以被视为在企业组织中以股份为媒介从不特定多数人那里筹措资金的一种方式。从个人企业向公开公司的转变过程来看,所有权与控制权背离是一种自然现象。个人企业的所有人为了吸收外部资金而使用公司这一制度时,内部控股股东与外部股东之间的矛盾也由此开始产生。

对于内部人来讲,在维护控制权的同时,又试图从外部筹措更多的资金;相反,外部人又试图监管内部人追求自身利益的风险。另外,内部人以维持其控制权为目的,而外部人以追求有效监督为目的。但是,这种情形下,由于股份构成要素中包含着现金流量权与表决权,因而内部人与外部人在持有少量股份的同时,又试图争取可以拥有更多表决权的方式。实践中,内部人主要运用的方式是差别表决权、金字塔形所有构造、相互出资、循环出资等;而外部人主要运用的方式是私募基金、对冲基金等金融手段。

事实上,建立在内部人与外部人之上的所有经营相背离的现象各自具有利弊。从公司集团的弊端来看,以对冲基金为中心的外部股东运用诸多金融手段等强化对公司的监管。尽管外部人持有较少股份,但可以行使更多表决权,积极地介入公司治理结构,即所谓的股东行动主义。这在公司治理结构的完善上具有积极意义。相反,内部股东通过差别表决权或者金字塔式股权结构等引起的所有权与控制权相背离是一种非正常的现象。然而,针对脱离股份的所有权与表决权的比例性的所有权与控制权相背离现象,从其本身来看,并非不正常或者不适当,其也具有一定的积极功能。因此,建立在外部人基础上所有权与控制权的背离,虽然对企业集团治理结构的完善具有一定的作用,但是建立在内部控股股东基础上的所有权与控制权背离则成为控股股东的追求个人利益的手段,并可能阻碍公司治理结构的完善。若严格地去衡量所有权与控制权背离的得与失,那么探索权衡两者的制度性措施才是较为合理的选择。

对于外部股东而言,这种所有权与控制权相背离的现象也具有一定的利弊。首先,在所有权与表决权相背离的情形下,虽持有较少股份,但可以通过对冲基金等金融手段行使更多表决权。另外,通过空投票,对冲基金试图更深层次参与公司经营,这在一定程度上可以降低股东分散前提下产生的对经营者监督的成本。相反,尽管对冲基金具有上述积极功能,但对冲基金也具有投机目的,为了追求自身利益，可能会牺牲公司长期利益和全体股东利益。此外，相比于经营者，对冲基金可以不考虑公司整体利益且不承担经营上的法律责任，同时本身也可以作为代言人为了全体股东利益而行动。

(二)控股股东下所有权与控制权背离的证成

1. 存在控股股东的治理结构模式反思

从英美公司治理结构来看，所有分散，由专业经营人管理，并不存在控股股东。那么，控股股东存在的公司治理模式是不是落后形态？从美国的实践来看，会计丑闻事件是发生在由专业经营人存在的大型公司，而非控股股东存在的公司。另外，从公司治理结构的比较法研究来看，未找出特定公司治理结构的形态与公司业绩之间一致的相关性，个别公司根据其所处的状况，实践中也呈现出多样形态的公司治理结构。因此，所有分散的公司治理结构模式并不是最合理的治理结构模式，尤其在控股股东存在的情形下，可能不会被视为优先考虑的治理结构模式。鉴于此，有必要从功能性层面进行阐释，将控股股东的积极功能与消极功能进行概念化，以此为基础创建出较为合理的规范式结构。不仅如此，建立在控股股东基础上的所有权与控制权相背离现象也应当在延长线上被诠释。

另外，控制权溢价是普通股东不能享受的福利，并将此称之为对控股股东个人利益的替代物。因此，控制权溢价存在时，法律并不能有效地抑制控股股东追加自身利益的风险，只有通过更为严格的监管消除这种控制权溢价才可以。控制权溢价自始并不是所期望的，且被视为非效率的。[1]不仅如此，从现行立法与实践来看，一般认为控股股东只能给公司带来消极作用，而不会带来积极作用。然而，事实上控股股东的积极功能与消极功能是并存的。鉴于此，我们应当给予更深层次的检讨，探索可以弱化其消极功能并促进其积极功能的规范式结构。

2. 控股股东情形下代理成本的解决：管家理论

在控股股东情形下，尤其以家庭为基础形成的家族公司，则是以企业家精神为支柱，与其他公司相比，可能更倾向于谋求公司经营持续发展。然而，尽管具有这种积极功能，控股股东为了自身的控制权，相比于公司整体利益，可能更倾向于自身利益。因此，对于控股股东存在的家族公司，有些学者常常持否定态度，这种现象在我国可能更为严重。当然，控股股东可能会利用自身控制权追求自身利益，给

〔1〕 Karl Hofstetter, One Size Does Not Fit All: Corporate Governance for “Controlled Companies”, 597 North Carolina Journal of International Law and Commercial Regulation,(2006), p.637.

公司造成损害，因而可以看到控股股东承担法律责任的多种情形。假设控股股东执着于追求个人利益，那么是不是有必要构建出防范控股股东追求个人利益的公司治理结构。这一思路主要源于新古典学派对人间行为的假设，即经济主体通过合理计算而追求自身利益最大化是理所当然。换句话来讲，控股股东并不关注自身行为所给予他人产生的影响，反而更重视为了自身的个人利益而行动。因此，公司法应当将重点放在控股股东作为持有多数分散股份的中小股东的代理人，进而防止其追求个人利益而产生的代理成本降低到最小化。对于控股股东，若没有外部的诱因或监督，控股股东可能就会追求自身利益，而损害公司其他构成员的利益。在这种假设下，控股股东也不是值得信赖的代理人。相反，从代理成本层面来看，若不给予控股股东直接性金钱补偿，控股股东很难为了他人利益而服务。

然而，从理想性层面来看，大部分的企业家(包括控股股东)应当为了公司的整体利益而经营，且事实上也应当以此来行动。对于这种主张，在我国可能会遭到众多人的指责。最近，美国法经济学者对心理学者与社会学者的人间行动目的进行了实证研究，所谓的人间行动常常不是为了自身利益最大化而行动，而是试图让自身的行为影响其他人。基于这一理论来分析公司治理结构上经营者或企业家的行动。[1]在这种分析下，控股股东在内的经营者并不是单纯地为了自身利益而损害其他成员利益的代理人，而是建立在职业性满足与动机上为了组织体整体的利益而行动的管家(Steward)，即所谓的“管家理论”。在这一管家理论中，企业家并不基于代理理论中外部诱因与市场交替功能的价值而行动，而是根据公司成长与自身成就、自我实现等不容易量化的内在回报而行动。[2]

3. 控股股东功能的再证成

(1)控股股东的积极性剖析

虽然控股股东与普通股东存在利益相冲突的情形，但事实上还具有符合全体普通股东利益的情形。在与公司的关系上，相比于普通股东，控股股东是单纯地将其全部资金投资于资本市场的股东。另，相比于对市场上其他公司的投资相比，控股股东更倾向于选择同其自身投资公司的相关投资。随着公司的持续经营，控股股东与公司的经营者也会产生持续关系，即维持这种关系的契约性。相比于为了抑制股东与经营者之间的代理成本的形式上立法或者权力配置，保障股东与经营

〔1〕 Margaret Blair & Lynn A. Stout, Trust, Trustworthiness and the Behavioral Foundations of Corporate Law, 149 U. PA. L. Rev,(2000), p.1807.

〔2〕 股东中心主义是以新古典学派经济学上的代理理论为理论基础；相反，管家理论是建立在行动经济学基础上而形成的理论。

者之间的这种持续性关系本身可能更为有效。这主要源于控股股东在未来投资或者公司意思决定上具有积极性，且也可以减少公司利害关系人之间的交易成本。

另外，相比于投资分散的中小股东，当控股股东将自身财产的相当部分投资到公司时，可以更好地诱使控股股东监督经营者的行为。当经营者为了自身控制权而损害公司利益时，控股股东可以及时地采取强有力的措施。创造性破坏(creative destruction)是控股股东、企业家最重要的优势。不仅如此，控股股东长期投资偏好与战略不会为资本市场上短期偏好所动摇，他们立足于追求持续发展战略。尤其是在家族式公司情形下，相比于普通股东，控股股东可以长期地基于家族成员之间的信赖，发挥其对成功的意志；而家族成员之间共有价值趋向在公司的发展中是企业家非常必要的精神基础。

(2)控股股东负担的成本

如上所述，在控股股东存在的情形下，尽管控股股东具有追求自身利益倾向性的风险，但仍然具有其积极功能。因此，问题不是强制将控股股东或公司集团这一体系转化为专业经营人或个别企业的经营体系，而是建构控股股东与公司集团利益冲突最小化的规范性治理结构。换言之，当经营者为控股股东时，应当建构可以促进其为公司创造长期性价值以及抑制追求个人利益、具有预防功能的制度性结构。另外，在控股股东存在的情形下，若不能抑制其消极层面，就应当认定其积极层面，并持续地维持这种功能。

严格意义上来讲，控股股东在其地位上也承担着非控股股东所不能负担的成本。控股股东在履行经营职责或者作为董事会成员而行动时，由于可以从公司获得与其地位相当的报酬，因此，这不会成为问题。但是，若这种公司内部经营者不是其他股东，而为控股股东时，可能要负担更大的成本。控股股东不像其他普通股东那样进行分散投资，而将自身大部分财产投资于公司所产生的风险与股份的流动性不足所发生的成本等，且控股股东在维持其地位上也面临着成本。然而，控股股东所负担的这种成本很难予以算定，且很容易被忽视。若不向控股股东提供补偿这种成本的机会，控股股东会抛弃其支配的地位。鉴于此，为了公司这种制度得到灵活运用和创造更多社会财富，有必要反向思维，认定控股股东积极性层面，以及控股股东地位的特殊性，并考虑补偿其所负成本的机制。

相比于普通股东，若将控股股东所享有的权限作为抑制对象，公司可能不会得到发展、成长。不仅如此，企业的成长只能通过公司这一组织发行证券从外部筹措资金，在这一过程中，若企业家失去控制权，那么可能在其发展上徘徊或者试图通过IPO以外的其他非效率的手段维持企业。因此，从社会整体利益来考虑，这并不是所希望的。

(3)激励措施：控股股东负担成本的补偿

如上所述，在控股股东存在的情形下，若认定其积极功能，控股股东在其地位上所负担的成本应当给予补偿，而这种补偿正是在所有权形态选择下而成立。一般来讲，控股股东可以创造出差别表决权结构与虚拟资本、金字塔式股权构造、循环出资、相互出资等手段而维护其利益。但是，这种所有结构自始就被批判或者遭受质疑。控股股东在股东地位上负担普通股东所不负担的成本时，为了补偿这种成本，虽然有必要认定各种形态的所有构造，但是这其中差别表决权被视为一种有效的手段。美国针对差别表决权股的效率性已有论证，例如，在《纽约时报》与《华尔街日报》上曾有这种报道："由持有表决权与经济利益不成比例的差别表决权股份的家族经营，即家族式控股股东不像其他普通股东那样基于自身所持股份的比例负担风险，因而应当为了公司剩余利益的最大化而尽力"。然而，普通股东在购买同一公司的股份时，对于在该公司中所发行的差别表决权股是知情的。另外，从契约主义公司观层面来看，公司法应当具有促进个人价值的功能，而并不应该进行抑制。

如上，外部人不仅可以充分获悉发行差别表决权股的公司信息，也具有评价的机会，相比于运用new vote buying等金融手段，差别表决权股反而是有效率的。尽管内部股东与外部股东都可以运用new vote buying，但内部股东还可以运用差别表决权、金字塔式所有构造以及循环出资等。这种传统方式与new vote buying的差别是特定公司在运用差别表决权、金字塔式股权构造以及循环出资时，外部投资人在一定程度上知道该事实，且该公司基于此而对股票价格进行估算。因此，内部人发行股份时，则接受对采取这种所有形态的市场评判。然而，在运用new vote buying时，主要是在事后不披露的情形下而运用，因而就产生外部股东不会获得评判机会的问题。在内部控股股东的所有与经营相背离的手段中，尤其是差别表决权是较为透明的，外部股东也具有事后进行评价的机会。

总之，在控股股东存在的情形下，少数股东等公司利害关系人面临着其利益被损害的潜在风险。至今，从对所有经营相背离持否定态度的主张来看，控股股东追求个人利益的风险与控制权(或控制权)溢价是等比例的，但在公司集团内控股股东相比于其他股东可以获得更多的利益，因而有的学者对此持否定的态度。然而，控制权私利(Private Benefits of Control)是由内部控制权私利(Internal Benefits of

Control）与外部控制权私利（External Benefits of Control）构成；尽管前者应当成为被遏制的对象，但对于后者也应当给予遏制。控股股东不像普通股东那样可以进行分散投资等，因而相比于其他普通股东，面临着更大的潜在风险。只有对这种潜在的损失风险进行补偿，才能维持控股股东地位，以及发挥对全体股东有利的作用。因此，若不将控制权私利区分为内在与外在，那么只能引起过度规范，最终不利于公司发展。

四、结论

迄今为止，将所有权控制权分离或者一股一权原则视为较为理想的，以及将公司集团的所有权控制权的背离视为变革对象的都可以归结为是对股东地位的论断。股东与公司的其他利害关系人事先通过与公司缔结契约，满足契约上的权利。对于公司的剩余财产，可以根据自身所持股比例行使权利，但是对公司的经营成果最敏感的是公司的利害关系人。对于公司的表决权，根据股东所持股比例行使，进而促使全体股东为了公司剩余利益的最大化积极监督经营者。另外，为了有效发挥公司控制权市场（敌意M&A）对经营者的监管，应当以一股一权原则为前提。因此，脱离一股一权原则，不仅会歪曲股东对经营者的监管，也会使公司控制权市场陷于萎靡。

然而，若将一股一权原则和股东中心主义的基本理论解释合理化，则应当具备两个前提要件：其一，以公司利益最大化为目的，全体股东应当具有统一的利害关系或者偏好；其二，经营者会避开股东或公司而试图追求自身利益，因而需要股东严格的监管。另外，股东对于公司的短期利益与长期利益、分红与控制权等具有多种偏好，这种情形下，上述第一个条件并不合理，即有些股东并不关心公司的控制权，反而偏好于以低廉的价格认购股份并获得更多分红。相反，有些股东偏好支配权，想方设法控制公司的经营。而差别表决权股可以反映以上两种股东之间的利害关系。另，随着金融科技的发展，衍生品（期权、期货、互换）与证券相结合衍生出更多满足股东偏好的金融产品。若没有股东对经营者的监督，追求个人利益的经营者或许将心理学嫁接于经济学，由此行为经济学也会产生动摇。在这里，建立在人间行动原理上诸多实证研究的人间并不一定为了自身利益最大化而行动。此外，相比于经营者的积极性，应当将重点放在消极层面而进行设计，再检讨现行公司法上相关制度。

如上所述，真正的股东中心主义是为了防范经营者追求个人利益，全体股东希望一股一权或者所有经营的一致并不是制度上的强求。在资本市场中，具有多样偏好的股东通过契约可以自由地表现出自身的偏好，为了将这种偏好可以归结于公司全体利益，应当考虑相关的制度性装置。将公司组织与政治组织混同，一股一权原则和股东中心主义视为较为公正、理想的，以及人为地促使所有经营一致或者自始就禁止差别表决权股发行是否必然反映全体股东的真正意思，则值得思考。另外，不应当通过立法将公司的治理结构模式施加于全部公司，而应该从所有权与控制权相背离的积极层面与消极层面出发，构建符合公司利益与全体股东利益的制度性装置，即从形式上标准化，并使公司的利害关系人可以免费获得这种契约条款，以及减少在公司运营中所产生的必要的协商成本。

针对公司设立，公司法上的条款是否适合于自身的状况，可以通过章程规定自身的契约条款。换言之，公司法应当被理解为向资本市场参与人提供契约缔结便利的任意法，即公司立法应当具有弹性、灵活性。另，股东的偏好通过股份构成要素中的所有权或现金流量权以及控制权或者表决权之间多样的组合呈现出多样性的产品制度。从这一层面来讲，我们应当灵活地运用股份制度，进而促进诸多公司多样的所有经营结构形态。

实践中，家族公司通过关联公司之间金字塔式股权结构、相互出资、循环出资等构建虚拟资本(fictitious capital)，在持有少数股份的情形下可以行使更多表决权，并滥用其权利。尤其是针对促使股价下跌、无能的内部控股股东，可以联合外部股东，遏制虚拟资本对公司控制权市场的这种现象。鉴于此，有必要构建股东行动主义，促使对冲基金对公司控制权的干涉，进而限制家族公司的虚拟资本行为。然而，随着衍生产品发展和股票借贷市场的成长，对冲基金可以在不进行信息披露义务的前提下将所有权与控制权进行分离。以空投票为基础，事前维护其股份的表决权，而仅在股票的经济风险下进行对冲或者赋予持有股份更多的表决权。在我国，由家族公司创造的虚拟资本是非正常的，并呈现出畸形化。相反，对冲基金产生的虚拟资本则是基于发达国家的金融科技而产生，具有积极功能。然而，利用空投票手段，维持其股份的表决权，创造出表决权与剩余财产请求权关系之对立，在可以行使表决权的情形下，剩余财产请求权的量变小，但由于股东是公司的所有人，同时也是公司的剩余财产请求权人，因而可以使所有权与表决权一致，并以此为基础对公司经营积极介入，这种应对虽然可以增加公司的整体利益，但是也具有一定局限性。另，为了强化外部市场的监管功能，有必要构建可以规范由家族公司引起的所有与经营背离的内部虚拟资本的政策，同时在这种政策延长线上确立控制权防御措施。在这里，基于内部控股股东的虚拟资本并不是不合理的，即虚拟资本自身既具有积极一面，也兼具消极一面。因此，应当衡量因所有经营背离而产生的虚拟资本的得与失，由此考虑合理的制度性装置。此外，为了消除内部人虚拟资本的积极性与外部人虚拟资本的消极性，以及内部人虚拟资本的消极性和外部人虚拟资本的积极性之间的利益冲突，不应将内部人的虚拟资本视为非正常的，并试图使企业集团的所有与经营一致，而应当考虑使两者积极层面最大化与消极层面最小化的制度性装置。总之，立法所应追求的不是强制性地促使所有权与控制权分离，而是均衡地调整内部股东与外部股东的虚拟资本之间的利益冲突，在诸多所有形态的竞争中无歪曲地考虑规范性框架。

外国直接投资与发展中国家的商业环境：双边投资协定的影响

［美］詹妮弗·托宾　［美］苏珊·罗斯-阿克曼[*]著
程涵婧[**]译

一、引言

在当前全球化课题的争论中，跨国公司对发展中国家的影响是其中争论最激烈的问题之一。尽管学界关于外国投资对宏观经济的影响已经有很多论述。我们的兴趣不仅限于这些宏观经济产生的影响，还将重点集中在外国直接投资的政治和社会影响，普遍关注外国投资者和东道国政府的决策过程。尽管这些过程复杂且多面，但本文的重点是研究双边投资协定的作用，因为在新兴经济体吸引外国投资的过程中，双边投资协定这一工具的重要性日益提高。这项对双边投资协定的研究，是我们持续努力的一部分，目的是了解外国投资者和东道国如何努力限制风险因素影响国内商业环境。

投资者普遍面临市场价格和机会的不确定性风险。然而，在许多发展中国家这类风险更超出了普通市场风险。投资者可能对财产权的可靠性和公正性以及政府执法力度缺乏信任；反之，当地企业、公民和政治家也可能对国际商业的动机和持久力缺乏信心。投资者抱怨规则不明确且频繁变动；东道国的批评者担心国际投资者将攫取大部分收益，并在遇到第一个麻烦时就逃之夭夭。在极端情况下，双

*　詹妮弗·托宾为耶鲁大学政治学系研究生，苏珊·罗斯-阿克曼为耶鲁大学亨利·R.卢斯法学与政治学教授。我们衷心感谢丹尼尔·塔鲁洛、托马斯·瓦尔德、贝特朗·马尔凯以及阿斯彭研究所、纽约大学商学院、乔治城法学院和新英格兰政治科学协会研讨会参与者的宝贵意见。

感谢作者授权翻译并出版此文。

**　程涵婧，西北政法大学法治学院、法律硕士教育学院2024级硕士研究生。

方的不信任程度如此之大，以至于几乎或完全没有投资发生，即使这种投资对双方都有益。

外国直接投资通常被视为一股无差别的资本洪流，根据东道国的国内条件在全球范围内流动。我们同意投资确实受到国内条件的影响，但我们认为应将其分析为东道国与外国公司之间的一系列交易，这些交易可能还涉及公司母国的参与。特别是在贫困和新兴经济体中，外国直接投资往往以大型项目的形式出现，每一个项目都代表东道国总投资相当大的一部分。因此，只要外国投资者有其投资的其他潜在地点选择，它就相对于东道国政府拥有议价能力，并可能通过谈判获得比国内投资者更有利的条款。这些条款可能包括豁免某些当地法律(包括税法)以及提供特别补贴和公共服务(如新建道路和升级港口设施)。此外，外国投资者可能担心其投资进入后受到东道国的剥削，因此会寻求保证，确保政府不会给予他们比国内公司更差的待遇。

近年来，国际投资者得到了双边投资协定增长的助力。这些协定是投资者母国与潜在东道国之间签订的条约，为双边投资协定交易的谈判设定了总体框架。它们要求东道国以保护外国投资者投资的方式对待来自母国的所有外国投资者，并给予他们与国内投资者平等或更优的待遇。

双边投资协定的普及反映出投资者对低收入和中等收入国家的法律和政治环境的信任赤字。鉴于此，东道国认为，签订表面上似乎偏向外国投资者的条约将使其受益。政策问题因此分为两个方面。首先，双边投资协定是否促进了外国直接投资流向东道国？如果这一问题的答案是肯定的，那么这些协定是否更倾向于某些类型的外国直接投资？其次，双边投资协定对国内私人投资环境有何影响？积极与众多潜在投资伙伴签订双边投资协定的努力是刺激了国内投资还是抑制了国内投资？换言之，外国直接投资是国内投资的替代品还是补充品，双边投资协定是否鼓励各国加强对国内财产权的保护？

若各国专注于与外国直接投资者达成特别协议，我们推测，它们可能会忽视那些能整体改善投资环境的措施。人们可以从单个协议层面研究这一问题，看看这些协议的条款是否允许跨国公司规避限制性的地方规则，或使其免受高成本政府政策的影响，从而获得更好的保护。这是一个重要的研究方向，但超出了本文的研究范围。相反，我们聚焦于双边投资协定——这一明确针对外国投资者的通用政策，并探讨其影响。然而，我们意识到研究结果将不具有决定性。双边投资协定在国际商业中是一个相对较新的现象，其影响才刚刚开始显现。

我们的研究步骤如下：第二部分简要概述外国直接投资对低收入和中等收入国家的影响及其增长情况，并讨论其与国内产权的关系。第三部分是对双边投资协定的介绍。第四部分讨论实证研究结果。第五部分为结论。

二、外国直接投资与国内产权

关于外国直接投资的收益与成本，理论和实证证据均给出了喜忧参半的结论。争论的一方学者认为，外国直接投资带来了新技术和生产技术，提高了工资水平，改善了管理技能和质量控制，并增强了出口市场的准入。〔1〕而一些成本包括抑制国内竞争和本土创业精神、加剧收入不平等、减少公共收入、汇率升值，以及持续依赖当地资源禀赋，而非经济生产部门的现代化。东道国的特征——如人力资本、劳动和工资标准，以及现有技术在各国间的分布，将影响各国从外国投资机会中获益(或损失)的程度。〔2〕

外国直接投资的类型和进入模式都会影响其对东道国的影响。现有的实证工作才刚刚开始厘清这些复杂性。在我们看来，之所以结果不明确，是因为外国直接投资的具体影响因国家和行业而异，取决于国家的特征及其政策。〔3〕同时，其影响还取决于投资者、东道国以及任何合资伙伴之间达成的协议的具体性质。

在贫困、高风险的环境中，外国直接投资很可能是投资资金的主要来源。尽管关于外国直接投资的利弊尚无定论，但低收入和中等收入国家仍将其视为促进经济增长的主要手段。因此，东道国政府致力于吸引外国直接投资。它们为跨国公司(MNCs)提供激励措施，旨在吸引来自竞争国家的外国直接投资，并抵消可能阻碍投资的潜在风险因素。同样，跨国公司也采用策略来降低在不稳定环境中投资的潜在风险。

1995年至2000年间，低收入和中等收入国家的外国直接投资流入量以年均17%的速度增长。〔4〕2000年至2001年间，流入量无论是绝对值还是占世界流量的

〔1〕 关于讨论外国直接投资对技术转让影响的文献综述，请参见凯夫斯(1996年)、芬德利(1978年)、曼斯菲尔德和罗密欧(1980年)、小泉和科佩基(1980年)、克莱因等(2001年)、库珀(2001年)和汉森(2001年)。

〔2〕 参见恩迪瓦·科费莱-卡尔：《外商直接投资的政治经济学：分析发展中国家投资法律法规的框架》，载《国际商业中的法律与政策》1992年第23期，第619页。

〔3〕 参见兰克斯和维纳布尔斯(1996年)、科费莱-卡尔(1992年)、布洛姆斯特罗姆等(1992年)。

〔4〕 外国直接投资流入量是指在一段时间内(通常为一年)流入某地区的外国直接投资总额。外国直接投资存量是指在某一特定时点上，外国所有资产的总累计价值。发展中国家是根据世界银行的收入分类来定义的，该分类基于人均国民总收入(GNI)。“发展中国家”这一类别包括低收入国家、中下等

份额都短暂下降后，发展中国家的流入量持续增长，无论是绝对值还是占全球流入量的份额均有所上升。发展中国家的外国直接投资流入量从2002年的1580亿美元增长到2003年的1720亿美元，其在全球外国直接投资的比例增加了8个百分点，达到2003年的31%(图1—1和图1—2)。[1]外国直接投资是发展中国家最大的外部资金来源，在大多数年份中超过了商业银行贷款和投资组合流量的总和(图2)。它也比其他外部来源的融资更为稳定。1997年至2001年间，外国直接投资占发展中国家GDP的比例相对平稳，但外国直接投资与非外国直接投资流入量的比率在4.6至1.8之间波动。

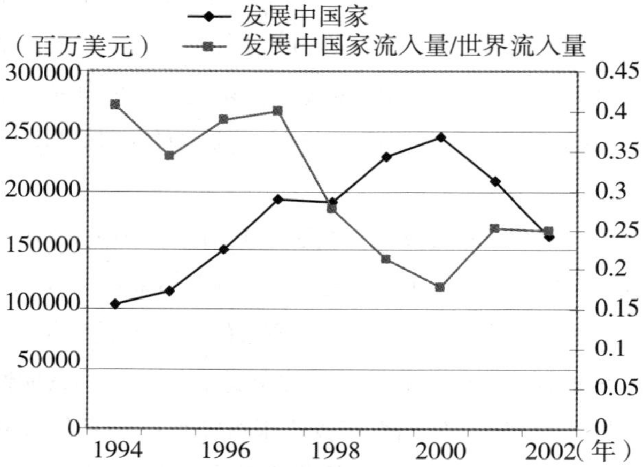

图1—1 发展中国家外国直接投资流入

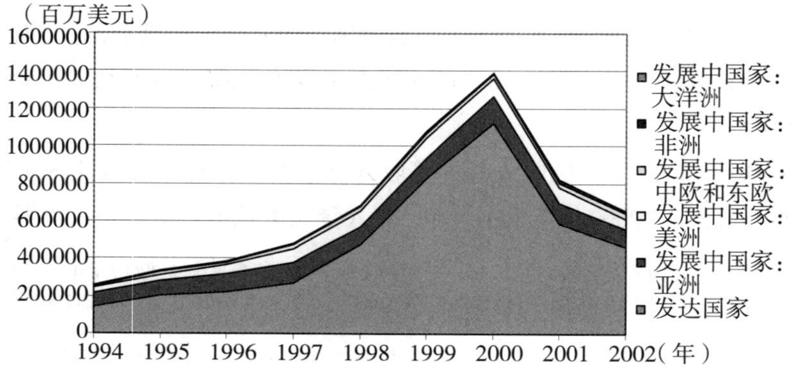

图1—2 外国直接投资流入总额(按经济体/地区划分)

收入国家和中上等收入国家。具体分类见附录A。

〔1〕 所有美元数值均以2000年美元不变价计算。

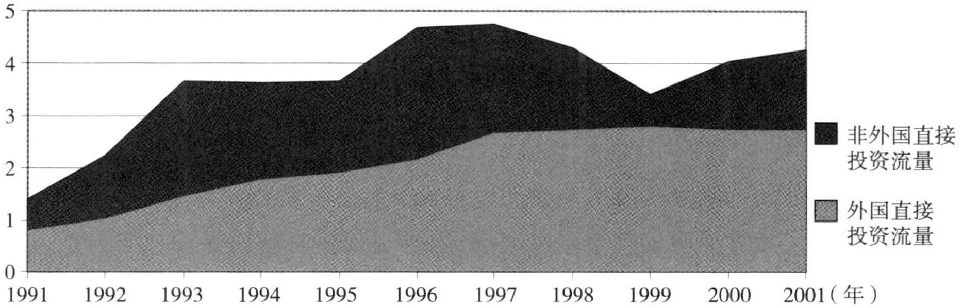

图2　流向发展中国家的私人净资源流量(占GDP的百分比*)

数据来源：国际货币基金组织（IMF）国际金融统计。

非外国直接投资流动包括投资组合流动和商业银行贷款。

* 百分比是相对于所有发展中国家作为一个整体的国内生产总值计算的（发展中国家列在脚注 2 中）。

吸引外国直接投资主要有两种方式，这两种方式可能相互补充或替代。第一种是为外国直接投资建立特殊的优惠条件，这些条件并不适用于所有投资；第二种是改善整体政治/经济环境以降低风险。降低风险的一种方法就是明确界定并强制执行产权。良好执行的产权不仅能带来更多的当前国内投资[1]，还能创造一个稳定的市场环境，促进外国直接投资。

对产权执行有信心会减弱为政治风险投保的动机，从而降低经商成本。关于腐败和政治风险的研究表明，外国投资者更愿意在产权得到良好执行的环境中开展业务。[2]

如果强有力的产权对国内和外国投资者都是有利的，为何发展中国家不直接

〔1〕 道格拉斯·诺斯(1990年)认为，低效的产权是“第三世界历史停滞和当代发展不足的最重要根源”。埃尔南多·德·索托(2000年)声称，产权帮助人们更容易地借款，并克服阻碍市场高效运作的信息约束。在费尔明-塞勒(1995年)对加纳产权的研究中，她发现国家经济成功的关键在于政府能否通过其政治机构有效执行产权。克纳克和基弗(1995年)提供的证据表明，“保护产权的制度对经济增长和投资至关重要”。同样，戈德史密斯(1995年)利用横截面数据发现，在低收入和中等收入国家，产权与经济增长之间存在相关性。在一项关于发展中国家政治风险的公司层面研究中，博纳、布鲁内蒂和韦德(1993年)发现，“如果存在政治不确定性，那么经济合理的国内投资就会很少……因此，制度改革是市场驱动发展的关键先决条件，这种发展主要依赖于私营部门投资。”托尔斯滕松(1994年)指出，“产权不安全会导致投资资金分配低效和人力资本利用低效。”考虑到经济增长的时间维度，大卫·勒布朗证明，保护产权的国家比不保护产权的国家增长更快。在回顾那些不仅影响整体增长，还影响穷人收入的整体政策时，多拉和克拉伊(2001年)发现，一系列良好政策(其中产权发挥着至关重要的作用)能提高发展中国家的整体收入，并对穷人的收入产生额外的积极影响。同样，霍尔和琼斯(1999年)发现，政府政策和制度的差异(其中产权发挥着主要作用)导致了国家间收入的巨大差异。

〔2〕 尽管许多作者已对这一联系提出了假设，但安德森对东欧腐败的研究证实了这一关系。例如，参见安德森等人(2003年)以及安德森(1998年，2000年)。另见戈德史密斯(1995年)、勒布朗(1996年)以及格拉博夫斯基和希尔兹(1989年)。

借鉴西方资本主义国家的产权制度呢？一个原因是，大多数发展中国家政府没有建立足够的法律体系和制度结构来有效执行法律。在其他情况下，创造或执行强有力的产权根本不符合政府的最大利益。这样的政府无法做出不违反本国规则的可靠承诺。只有当产权执行的收益超过低水平执行的收益时，政府才会加强执行力度。[1]产权薄弱的国家政府可能会通过与投资者达成特别协议来吸引外国直接投资，这些协议无需扩展到整个国内经济，甚至可能损害国内保护。[2]因此，重要的是要发现改善外国投资者条件的努力是否与国内整体商业环境的改善相伴而行，或者外国投资者能否在不与当地企业共享利益的情况下得到良好对待。

三、双边投资协定

鉴于许多低收入和中等收入国家国内政治和法律环境的薄弱，投资者寻求符合其需求的替代方案。这可以逐个案例地进行，但如果东道国承诺遵循一个基本框架，则可以降低交易成本。与他国际机构一样，双边投资协定也是起到了这一作用。[3]它们提供了明确、可执行的规则，以保护外国投资并降低投资者面临的风险。根据联合国贸易和发展会议(以下简称贸发会议)对双边投资协定的全面概述，这些协定通过一系列策略促进外国投资，包括保证高标准待遇、根据国际法提供投资法律保护，以及获得国际争端解决途径(贸发会议1998年)。双边投资协定正逐渐成为发展中国家促进和保护外国投资热门工具。

第一个双边投资协定于1959年在德国和巴基斯坦之间签署，并于1962年生效。20世纪90年代，新签订的双边投资协定数量迅速增加。根据贸发会议的数据，双边投资协定的总数从1990年的385个增加到1999年底的1857个。截至1999年底，有173个国家参与了双边投资协定(图3)[4]。大多数早期的条约是在发达国家和发

〔1〕 参见巴泽尔(1989年)和费尔明-塞勒斯(1995年)。博纳等人(1995年)在其对加纳产权和投资的研究中证实了费敏-塞勒(此处原文为“费敏-塞勒斯”，但根据前文统一翻译为“费尔明-塞勒”)的发现。

〔2〕 例如，埃尔南多·德·索托认为，如果没有明确的所有权，土地可能会被从穷人手中夺走，为政府和外资主导的工业化项目让路(德·索托，2000年)。

〔3〕 对外国投资者友好的一揽子政策的其他部分通常还包括加入世界银行国际投资争端解决中心(ICSID)及其多边投资担保机构、签订限制双重征税的税收协定，以及加入1958年《纽约公约》(关于承认及执行外国仲裁裁决)。

〔4〕 图3和图4的数据仅截至2000年。尽管大多数国家都维护着其签署和批准条约的公开清单，但2000年之前所有已批准条约的汇总公开数据并不可用。在这些图中，同时包括了已签署和已批准的条约。

展中国家之间签订的，通常是在发达国家政府的敦促下签订的。在20世纪90年代之前，发展中国家之间通常不签订双边投资协定，但在整个90年代至今，越来越多的发展中国家开始相互签订这些条约(图4)。

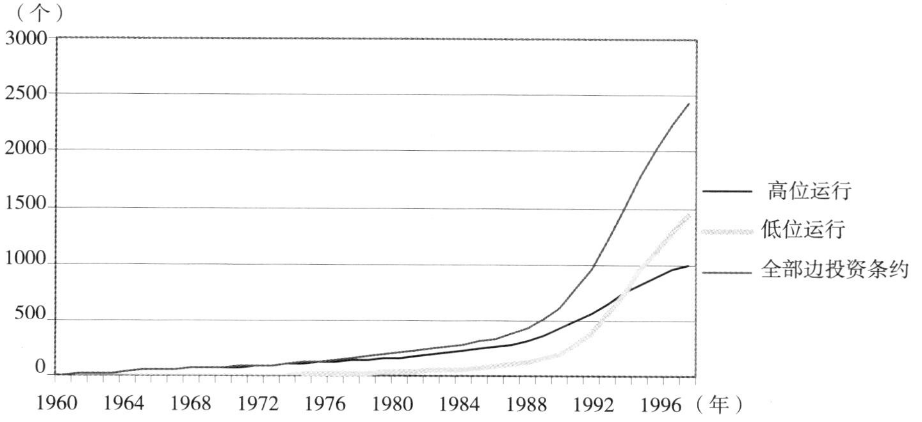

图3　已签署的双边投资协定总数统计

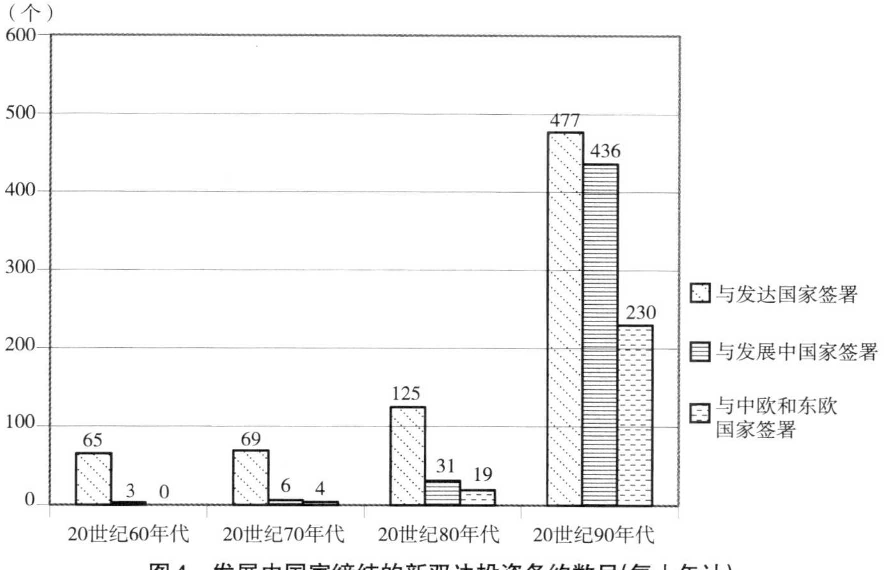

图4　发展中国家缔结的新双边投资条约数目(每十年计)

双边投资协定的增多遵循了一种总体的地理模式。大多数早期的双边投资协定是在非洲和西欧国家之间签订的。亚洲国家于20世纪70年代开始慢慢进入这一领域，随后是中欧和东欧国家。直到20世纪80年代末，拉丁美洲国家才开始签订这些协定(图5)。[1]

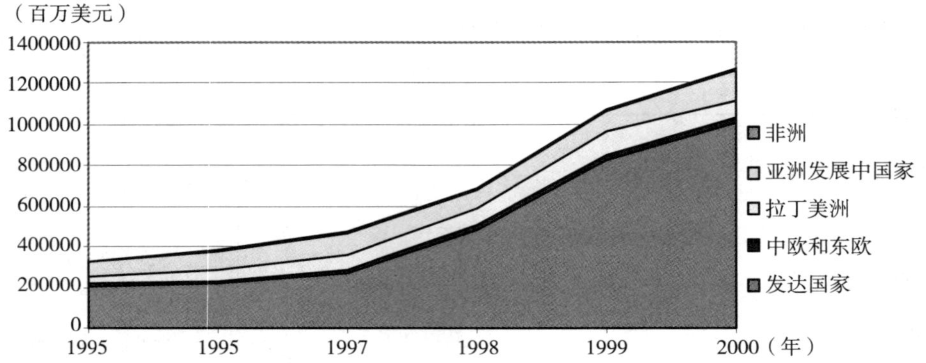

图5　外国直接投资流入总额(按经济体/地区划分)

(一)双边投资协定:历史

国际商事与投资法最初源自一系列友好通商航海条约(FCNs)及其在欧洲的对应条约。这些条约是美国马歇尔计划的一部分,旨在二战后重振欧洲经济。友好通商航海条约为外国投资者在东道国提供了最惠国待遇,但主要签署国为发达国家。美国还试图通过投资担保和法律条款来保护外国投资者。1959年,美国成立了海外私人投资公司(OPIC),以保护战后欧洲的投资,并于同年将其覆盖范围扩大至发展中国家。此外,美国国会通过了《希肯卢珀修正案》,要求美国政府终止对任何未经充分补偿而征收美国投资者财产的国家的援助。该修正案仅使用过两次,并未达到威慑投资的目的。[2]

1967年,经合组织试图就外国投资保护建立一项多边协议——《经合组织保护外国财产公约草案》。该公约提出了保护外国投资的国际最低标准,但遭到主要来自拉丁美洲的发展中国家的反对,这些国家坚持认为外国投资应受国内控制,争议应由国内法院解决。[3]在经合组织公约折戟后,欧洲国家率先与发展中国家签订

〔1〕 尽管拉丁美洲国家直到20世纪90年代才签署双边投资协定,但其最大的贸易伙伴美国已向大多数拉丁美洲国家提供了政治风险保险和保证协议。

〔2〕 参见帕特丽夏·麦金斯特里:《双边投资协定不会咬人:美国双边投资条约计划》,载《美国大学法律评论》1984年第33期。

〔3〕 1974年,一些发展中国家支持联合国一项决议,以保护东道国经济活动和资源的国家主权[《各国经济权利与义务宪章》,联合国大会第3281号决议,第29届联合国大会正式记录,补编第31号,第50页,第51—55段,联合国文件A/9631(1974年)]。

双边投资协定，美国随后跟进。[1]

（二）双边投资协定：基本条款

总体而言，双边投资协定的条款旨在确保外国投资者的法律环境、建立争议解决机制，并促进资金的流入和流出。双边投资协定涵盖财产征收以及相当于征收的间接征收。目前，双边投资协定是国际法下规范低收入和中等收入国家投资的主要手段。[2]这些条约是对习惯国际法在国际公司对发展水平较低国家的投资方面的弱点和模糊性的回应。习惯法主要是在发达国家之间的贸易和投资背景下发展起来的，并不适用于这些风险更高、制度更薄弱的环境（贸发会议，1998年）。

大多数现有的双边投资协定[3]基于主要跨国公司母国开发的示范条约，因此条款高度趋同。它们主要差异体现在特定类型投资的保护范围，以及条约是在合同签订后立即适用，还是必须实际投入资金后才适用。发展中国家需要对某些类型的投资和资源保持控制，这限制了国际投资协定的建立。与友好通商航海条约一样，双边投资协定通常向东道国的外国投资者提供国民待遇和最惠国待遇。然而，大多数双边投资协定包含排除特定领域（如国家安全、电信和金融）投资的条款。国民待遇确保外国投资者有权建立东道国政府允许国内投资者建立的任何业务。并非所有双边投资协定都遵循国民待遇，一些条约将待遇限制在“公平和无歧视”的范围内，尽管一些条约要求所有外国投资无论国内情况如何都必须获得批准。[4]此外，美国示范条约以及许多欧洲双边投资协定确立了投资者将所有收益转移至投资国的权利。

随着时间的推移，双边投资协定不断发展。最重要的变化是条约条款将部分投资者与东道国之间的争议从当地法院转移至国际仲裁。据一位知情观察者称，这类争议直到80年代末才开始被纳入，这一变化对于使条约具有实际效力至关重要。[5]

---

〔1〕 欧洲条约通常被称为双边投资保护协定(BIPAs)；美国条约则被称为双边投资协定。美国在1946年至1966年间签署了23项友好通商航海条约，但在1982年与巴拿马签订双边投资协定之前，没有签订任何其他双边投资协定。申金(1994年)认为，这归因于发展中国家不愿与美国签订友好通商航海条约，以及欧洲BIPA计划的吸引力。

〔2〕 参见伯纳德·基绍伊安：《双边投资条约在习惯国际法形成中的作用》，载《国际法与商业杂志》1994年第14期；施瓦岑贝格，乔治：《外国投资与国际法》，史蒂文斯与儿子出版社1969年版；沃克，赫尔曼：《鼓励和保护外国投资的条约：美国的现行实践》，载《美国竞争法杂志》1956年，第229页。

〔3〕 我们将使用BIT来指代BITs和BIPAs。

〔4〕 参见帕特丽夏·麦金斯特里：《双边投资协定不会咬人：美国双边投资条约计划》，载《美国大学法律评论》1984年第33期。

〔5〕 参见托马斯·瓦尔德与苏珊·罗斯-阿克曼的电子邮件通信，2004年8月5日。

双边投资协定普遍约定由国际机构[如世界银行集团的国际投资争端解决中心(ICSID)或其他仲裁系统，如国际商会(ICC)和联合国国际贸易法委员会(UNCITRAL)运营的系统]解决国家与国家之间以及投资者与东道国之间的争端(贸发会议，1998)。而1958年《纽约公约》关于承认及执行外国仲裁裁决的规定，为这类仲裁裁决的执行提供了保障。投资者若赢得对国家的判决，能够直接执行仲裁裁决，而无需通过外交渠道，这对投资者而言是有利的。若违反双边投资协定及仲裁制度下的相关义务，未来伙伴国和新的国家可能会不愿签署更多条约，同时会对现有条约失去信心，并对东道国的投资环境缺乏信任。

近期，国际投资争端解决中心的案件量显著增加，其他仲裁机构也受理了大量根据双边投资协定提起的案件。截至2003年，国际投资争端解决中心登记了124起案件，其中超过50%的案件在2004年末仍悬而未决。此外，还有许多争端在相关方之间得到了解决，从而避免了正式仲裁(森肯，1994年)。国际投资争端解决中心对双边投资协定的地位及其解释的影响很大，并且随着其仲裁小组审理更多案件并发布更多裁决(当事方同意将这些裁决发布在国际投资争端解决中心网站上)，这种影响可能会进一步增大。[1]

通常，发达国家会基于1967年《关于保护外国财产的公约草案》和已有的双边投资协定制定一份示范条约(贸发会议，1996年)。然后，这些示范条约会根据不同情况进行修改以适应各种场景。因此，来自发达国家的条约可能相似甚至相同，但不同发达国家提出的条约之间也存在差异。这些条约的主要目的是概述东道国对母国投资者的义务。一个近期的重要发展(未在本文数据集中体现)是美国2004年末发布的新示范双边投资协定，其呈现新趋势，因为加强了财产权保护，并要求签署国提高规则和法规的透明度、引入国内行政程序，并考虑投资对环境和劳动条件的影响。然而，此列表中只有前两个要素可以通过仲裁强制执行。关于这一新示范的讨论超出了本文的范围，但其似乎反映了美国的信念，即双边投资协定确实是双边的，并且更具体的规定将符合美国投资者、消费者和工人的利益。[2]

---

〔1〕 国际投资争端解决中心在其网站www.worldbank.org/icsid上列出了86个已决案件(访问日期：2004年9月20日)。另有14个案件已作出某种裁决，尽管部分专家小组裁决面临败诉方要求新专家小组进行后续程序的撤销程序。在这100个案件中，仅有37%是在国际投资争端解决中心成立的前25年内提交的。其余案件则是在1997年至2003年间提交的，这一时期双边投资协定开始在国际投资中发挥重要作用。此外，北美自由贸易协定(NAFTA)项下的仲裁也通过国际投资争端解决中心的替代性争议解决机制进行处理。案件量的另一个指标是待决案件的数量。截至2004年9月，有64个2002年至2004年期间的案件尚待裁决。阿根廷比索危机引发了异常大量的诉讼。在此期间提交的待决案件中，有27件以阿根廷为被申请人，占总数的40%以上。

〔2〕 2004年双边投资协定范本可访问http://www.state.gov/eb/rls/othr/38602.htm.获取。

（三）双边投资协定对发展中国家的影响

1. 双边投资协定的成本与收益

发展中国家将双边投资协定作为吸引外资的一种手段。对外资的保护旨在吸引投资流向发展中国家，从而促进发展中国家的经济发展。发展中国家希望这些条约能够向外国投资者发出信号，表明其投资环境具有强有力的保护，或者承诺将通过国际执行条约来保护外资。进而，这种强有力投资环境的信号应该能够扩展到整体投资，增加总投资量。

除了吸引投资外，发展中国家还希望双边投资协定能够带来一些附加收益。例如，将外资争端绑定到国际仲裁，可能不仅表明当前政府对外国直接投资持友好态度，还可能将未来的政府锁定在相同的政策立场上。此外，双边投资协定可能给当前政府带来象征性收益。例如，签署双边投资协定可能表明愿意在其他领域签署国际条约。对于转型期国家而言，双边投资协定可能为其在国际舞台上提供政策可信度的捷径(马丁和西蒙斯，2002年)。

然而，这些收益必须与成本相权衡。虽然发展中国家可能希望通过签订条约获得附加收益，但一些国家可能被迫签署条约，以与类似国家竞争。例如，如果两个国家提供的投资环境相对相似，且其中一个国家与主要外国投资者签署了双边投资协定，那么另一个国家可能也会同意签署类似的条约，无论该条约可能带来的负面影响如何，仅仅是为了与竞争国家维持竞争力。

双边投资协定可能导致利润分配偏向发达国家，它们相对于非双边投资协定制度增加了跨国公司的议价能力，并可能不利于国内投资者。跨国公司认为双边投资协定只是为它们相对于国内投资者提供了公平的竞争环境，但至少有可能存在天平向外国投资者倾斜的情况。例如，外国投资者有权诉诸国际仲裁法庭解决其认为财产受到不公平待遇的任何索赔，而国内投资者则只能依赖当地的财产权执行系统。如果国内投资者试图将自己定义为外国投资者以获得更受青睐的司法途径，那么这表明当地法院被认为不如国际仲裁有效。〔1〕

此外，发展中国家担心，通过限制其就业和发展政策，以及对国内产业提出挑战，会失去对国内经济活动的控制权。这种主权丧失对一些发展中国家而言可能

〔1〕 例如，近期乌克兰就遇到了一起案件，涉及由乌克兰投资者组织的立陶宛公司的地位问题，这些投资者随后声称立陶宛和乌克兰双边投资协定适用于他们在乌克兰的商业交易。案件为托基斯・托克勒斯诉乌克兰，国际投资争端解决中心案件编号ARB/02/18。

是过重的负担，导致其拒绝签署双边投资协定(卡勒，2000年)。

美国的双边投资协定范本和几个欧洲的双边投资协定范本都禁止设定投资业绩要求。这可能会削弱东道国对外国投资者的控制力。投资业绩要求使东道国能够影响外国投资者的贸易和选址决策，以促进东道国的发展。例如，出口要求可以改善东道国的国际收支账户，而选址激励措施可以促进东道国的基础设施发展(森肯，1994年)。

根据双边投资协定，征收主张可能要求东道国在国际仲裁制度下向投资者支付赔偿。在没有双边投资协定的情况下，发达国家推动采用"及时、充分和有效补偿"的标准，而发展中国家长期坚持认为，只有其国内法庭才能决定适当的补偿金额(基绍伊安，1994年)。[1]利润汇回是另一个可能对发展中国家产生负面影响的领域。大多数条约授予投资者"在无不当延误的情况下"汇回利润的能力，尽管在经济紧急情况下存在例外。[2]如果条约对"经济紧急情况"一词的解释过于狭隘，那么利润汇回的能力可能会加剧东道国面临的流动性问题(基绍伊安，1994年；麦金斯特里·罗宾，1984年)。[3]这一问题似乎在国际投资争端解决中心针对阿根廷政府的一系列待决案件中有所体现。例如，法国水和能源公司苏伊士在阿根廷投资后，根据法国—阿根廷双边投资协定中的征收条款，就比索贬值后的补偿性损害赔偿起诉阿根廷政府。这只是目前针对阿根廷的30起待决案件之一，所有这些案件均源于2002年的金融危机。尽管苏伊士案仍在审理中，但根据双边投资协定提出的索赔主张的有效性令人担忧阿根廷的经济状况。[4]

几乎所有双边投资协定都包含一些条款，一些公司曾利用这些条款向政府请愿，要求赔偿因政府行为(如税法变更以及投资后颁布的环境或健康法规)造成的损失。公司曾试图根据《北美自由贸易协定》中的类似条款起诉要求赔偿；具体来说，公司声称国家的行为相当于征收利润，或者没有给予投资者平等待遇。投资者在许多此类案件中败诉，尤其是在政府法律或法规具有公共政策依据且统一适用的情况下。然而，这对于考虑签署新双边投资协定的国家以及拥有许多未决双边

〔1〕 参见伯纳德·基绍伊安:《双边投资条约在习惯国际法形成中的作用》，载《国际法与商业杂志》1994年第14期。

〔2〕 基绍伊安(1994)引用了国际投资争端解决中心对335个双边投资协定的研究。所有这些双边投资协定都规定了利润的即时汇回，但其中60个允许东道国考虑其国内的国际收支状况，并且许多双边投资协定还规定了利息或在延迟情况下的确切汇率。

〔3〕 参见帕特丽夏·麦金斯特里:《双边投资协定不会咬人：美国双边投资条约计划》，载《美国大学法律评论》1984年第33期。

〔4〕 参见EFE外部财经报告，2002年6月28日，"法国公司就损失向阿根廷施压要求赔偿"。

投资协定并寻求改革其税收和监管体系的发展中国家而言，仍然是一个令人关心的领域。[1]

双边投资协定近期成为学术界关注焦点。学者霍尔沃德-德里迈尔分析了经合组织(OECD)国家向发展中国家流动的双边外国直接投资，发现几乎没有证据表明双边投资协定与外国直接投资流动之间存在关联。[2]她进一步发现，国内制度薄弱的国家与经合组织国家签订双边投资协定后，并未获得显著的额外收益。[3]另外，萨拉库斯和沙利文发现，签订美国双边投资协定与整体及来自美国的外国直接投资流动之间存在强烈相关性。同样，诺伊迈尔和斯佩斯发现，一个国家签订的双边投资协定越多，流向该国的外国直接投资就越多。[4]他们还提出，双边投资协定可以作为国内制度的替代品。我们将在结果部分更深入地讨论这些论文的结果。

2. 产权与双边投资协定

(1) 谁在签订双边投资协定？为何签订？

鉴于双边投资协定的双重影响，我们预计中低收入国家在签订热情以及对纳入例外条款的坚持上会有所不同。例如，资源丰富的国家在与外国投资者谈判时具有优势。因此，我们预计资源丰富的国家会试图避免签订此类条约，或签订包含有利条款的条约；相比之下，那些能为投资者提供的独特利益较少的国家则需要签订双边投资协定。[5]为了吸引投资，各国需要模仿竞争对手的政策，否则可能会使自己处于不利地位。因此，我们预计，如果一个国家签订双边投资协定作为向外国投资者发出的信号，表明其投资将受到保护，这将鼓励类似国家也采取同样行动。

弱国可能签订双边投资协定以制衡强国，但在此过程中，它们必须接受对强国

---

〔1〕 此处不是详细分析这一重要问题的场合。然而，为了简要说明所涉及的问题，可以考虑西方石油开发与生产公司(OEPC)诉厄瓜多尔共和国一案，伦敦国际仲裁法院，管理案件编号UN 3467(2004年7月1日)。西方石油开发与生产公司赢得了部分已付增值税的退款。仲裁员驳回了西方石油开发与生产公司关于通过任意和歧视性措施征收和损害投资的索赔主张。相反，仲裁小组认为，厄瓜多尔没有给予西方石油开发与生产公司公平和无歧视待遇，因为它没有像对待其他出口商一样对待西方石油开发与生产公司。这些其他出口商不仅包括石油和天然气出口商，还包括从花卉到香蕉等其他产品的出口商。这一裁决表明，即使仲裁小组很少认定税收和监管规则构成"征收"，仲裁法庭也会对国内政策制定进行一定程度的干预。

〔2〕 参见玛丽·霍尔沃德-德里迈尔：《双边投资条约能吸引外国直接投资吗？仅有一点……而且它们可能反噬》，载《世界银行研究部工作论文》2003年。

〔3〕 参见萨拉库斯、杰斯瓦尔德、尼古拉斯·沙利文：《双边投资条约真的有效吗？对双边投资条约及其大交易的评价》，载《即将发表的哈佛国际法杂志》2004年第46期。

〔4〕 参见埃里克·诺伊迈耶、劳拉·斯佩斯：《双边投资协定是否增加了对发展中国家的外国直接投资？》，载《伦敦经济学院工作论文》2004年。

〔5〕 参见迈尔斯·卡勒：《结论：合法化的原因与后果》，载《国际组织》2000年第54期；阿伯特，弗雷德里克·M：《〈北美自由贸易协定〉与世界政治的法律化：一项案例研究》，载《国际组织》2000年第54期。

有利的协议。只有风险偏好者才会投资于索马里、刚果和坦桑尼亚等国家。这些投资者可能主要关注自然资源，而不太关心整体国内投资。即使这些国家签订了双边投资协定，投资者也不太可能依赖这些条约来确保投资保护。反观一些中高收入国家，如韩国、智利和新加坡，已经突破了产权障碍，被认为是低投资风险国家。企业有信心认为这些国家将保护所有投资者的产权。在这些国家，双边投资协定与模范条约的差异比其他发展中国家更大。它们稳定的投资环境使它们能够在条款上进行谈判，甚至拒绝签订条约，而无需担心失去外国投资。例如，新加坡基于其模范条约拒绝了与美国签订的双边投资协定，因为对业绩要求有限制。此外，其与法国、英国和荷兰签订的条约将提供给投资者的保护限制在特定批准的投资项目上。[1]新加坡仅同意将投资作为更广泛的自由贸易协定的一部分纳入条约，该协定还包含对其进出口业务至关重要的其他条款。[2]

我们最感兴趣的是中间情况。这些情况处于产权演变的中间阶段，可能停滞不前，也可能继续发展。一方面，在没有双边投资协定的情况下，对外国投资者的竞争可能会倒逼产权改革——或许在国内投资者的帮助下实现，他们意识到建立法治的潜在益处。另一方面，国内精英和腐败官僚可能会试图维持现状。如果因不执行产权而获得的租金很高，而现任者预期从改革中获益不多(或许是因为他们面临失去政治权力的风险)，以及最重要的是，如果反对利益集团的势力强大，那么政府作出改革产权的决定就缺乏动力。

(2)产权改革

在没有双边投资协定的情况下，产权执行方面的改善来源于政府通过增加外国和国内投资来促进经济增长的决策。但这只有在增加投资所带来的收益，加上因这些变化而获得的任何政治资本，超过执行成本以及因新制度而受损者所造成的政治损失时才会发生。贸易文献已表明，外国投资者在东道国政治决策中具有相当大的影响力。因此，在没有双边投资协定的情况下，这些投资者可能会成为能惠及所有投资者的更广泛改革的倡导者。相反，在存在双边投资协定的世界里，跨国公司可能对发展中国家的产权改革和执行兴趣减弱。国内改革的可能性降低，国家甚至可能倒退至损害国内投资者的政策。在一些国家，改革尝试可能会失败，或者根本就不会进行任何改革尝试。在这种情况下，尽管双边投资协定有利于外

〔1〕 参见伯纳德·基绍伊安:《双边投资条约在习惯国际法形成中的作用》,载《国际法与商业杂志》1994年第14期。

〔2〕 该协定于2003年5月6日签署，文本见：http://www.ustr.gov/Trade_Agreements/Bilateral/Singapore_FTA/Section_Index.html。

国投资者，但可能对国内投资者商业环境的可信度产生负面影响。当然，即使有双边投资协定，外国投资者也能从国内产权制度的某些改善中受益，甚至可能将国际条约的规定作为国内立法的模板。[1]因此，一个关键的实证问题是，跨国公司是既寻求双边投资协定又寻求能惠及当地企业的整体国内改革，还是仅专注于双边投资协定等国际文书，而忽视甚至反对国内法律改革。

通过案例分析来说明产权和双边投资协定之间可能存在的脱节是很有启发性的。首先，在许多国家，西方援助机构，特别是美国国际开发署(USAID)，与当地商会合作，致力于建立当地仲裁法庭以处理投资争议。[2]美国国际开发署还推广双边投资协定以解决当地仲裁法庭旨在处理的同样问题。因此，如果双边投资协定证明有效，那么通过这些当地法庭显现出来的产权改革压力很可能会减小。其次，考虑特定国家。博茨瓦纳和纳米比亚在国际国家风险指南(ICRG)和自由之家(两个公认的产权评级机构)的产权排名中，是撒哈拉以南非洲所有国家中产权排名最高的。[3]然而，截至2000年，博茨瓦纳仅签署了两项双边投资协定，其中仅1项是与发达国家(瑞士)签署的，而纳米比亚仅签署了5项。津巴布韦和南非是邻国，其产权排名显著较低，分别签署了24项和18项双边投资协定。

在博茨瓦纳和纳米比亚，大多数外国直接投资集中在自然资源领域，投资者显然选择有限，即使没有双边投资协定也会进行投资。[4]然而，重要的问题是，这种投资(即使大部分集中在自然资源领域)是否有助于刺激国内法律改革，还是这种关联仅仅是一种偶然结果。

在拉丁美洲，情况复杂。然而，秘鲁和委内瑞拉这两个都启动了产权改革计划但均告失败的国家，其双边投资协定数量远高于拉丁美洲其他地区的平均水平。具体而言，秘鲁和委内瑞拉分别签署了26项和22项双边投资协定，而拉丁美洲的平均水平低于14项。秘鲁的改革尝试值得注意。一项改革产权制度并确保其执行的计划得到了世界银行的资助。此外，一家知名的当地非政府组织发起了一场公共宣传活动，向潜在投资者宣传产权的益处。然而，该项目在实施一年半后、实际

---

〔1〕 例如，参见Konoplyanik(1996)关于俄罗斯的一个案例，其中《能源宪章条约》被用作国内法规的模板。

〔2〕 美国国际开发署网站上关于其法律和制度改革项目的各种文件可见：http://www.usaid.gov/our_work/economic_growth_and_trade/eg/lir.htm。

〔3〕 国际国家风险指南和自由之家网站上的数据可见：http://www.icrgonline.com; http://www.freedomhouse.org/ratings/index.htm。

〔4〕 在下面报告的实证工作中，我们使用自然资源出口的绝对美元价值作为控制变量。在校正其他因素后，它似乎在决定一个国家外国直接投资份额方面没有独立作用。

执行尚未开始前就被终止了。[1]当然，双边投资协定不太可能在阻碍秘鲁产权执行改革方面发挥了主要作用。然而，主要投资者对改革缺乏压力似乎起到了重要作用。

（四）结论

许多全球商业环境的观察者认为，通过双边投资协定和国际仲裁，商业法的日益国际化是一种可取的趋势。他们呼吁扩大其覆盖范围，以涵盖更广泛的合同争议。然而，尽管国际商法规范和双边投资协定能够降低风险并解决集体行动问题，但它们对社会福利的影响却模糊不清。它们可能对政府施加约束，否则政府可能会偏袒狭隘利益或要求腐败回报。它们要求国家维护与国际直接投资者的合同关系[2]；另外，发展中国家可能面临由富裕国家起草的标准形式条约，这些条约限制了国家的国内政策灵活性，并导致其偏爱外部投资者或狭隘的本地利益，而非广大民众。由于双边投资协定是基于资本输出国起草的模式，且对改善发展中国家的整体法律结构关注甚少，因此它们可能会减少外国直接投资给东道国带来的可用利益。[3]当然，除非拥有宝贵的自然资源储备，否则这类国家在所有国际论坛上都处于弱势谈判地位。因此，双边投资协定可能并无特别之处。或许在边缘情况下，它们比基于双边投资协定框架之外的国际仲裁执行的个别合同的非双边投资协定制度要好。然而，人们也可以问，另一种制度，如一种更完善的真正的多边制度，是否能为竞争外国直接投资的新兴和发展中国家提供更大的利益。

四、定量分析

对双边投资协定影响的实证分析需要遵循双重路径。首先，我们研究双边投资协定如何与其他外国投资决定因素相互作用，以影响外国直接投资流入。双边投资协定的主要好处据说是增加对发展中国家的外国直接投资。这一分析是理解这一点是否属实的第一步。其次，我们通过分析双边投资协定和国内商业环境对国内私人投资和财产权的影响，来探究它们的效果。

我们的研究数据涵盖176个国家的政府绩效、投资率、社会指标和投资条约的

〔1〕 LCHR(2000)and *The Economist.*“The clark side of the beom,” Augusts,1995.

〔2〕 参见韦尔德、托马斯：《国际条约与监管风险》，载《世界银行工作论文》1999年。

〔3〕 参见安德鲁·古兹曼：《解释双边投资条约的普及：为何最不发达国家签署损害自身的条约》，载《哈佛让·莫内工作论文》1997年第12期。

各种指标。其数据集是从多种来源编译的，因此，每个变量的观测数量不同。为了考虑部分数据的动态性质，并控制这类横截面分析中固有的一些统计偏误，数据集使用了从1959年签订的第一个双边投资协定到2000年的面板数据，针对低收入和中等收入国家[1]。

需要说明的，我们的发现是初步的。在无法区分条约的情况下，无法确定条约中的某些元素、签订的条约总数和缔约国的身份，是否作为研究中的因果机制。然而，这一分析是理解双边投资协定与低收入和中等收入国家投资环境之间一些重要关系的第一步。

（一）外国直接投资

关于外国直接投资决定因素的实证研究已形成丰富文献。[2]对文献的回顾表明，对于决定发展中国家外国直接投资流入的因素，并没有明确的共识。研究使用了不同的变量，并且经常得出关于某些变量与投资之间关系的相反结论。尽管如此，我们仍可以利用过去的工作，为投资决定因素指定一个合理的模型，作为理解双边投资协定影响的基础。我们将分析分为两部分：一是一般分析，以确定签订条约对整体外国直接投资流入的影响；二是美国与低收入和中等收入国家之间的双边分析。

我们的第一个分析探讨了双边投资协定作为外国投资者信号的假设。如果这是真的，我们预计外国直接投资流入会随着签订的双边投资协定总数增加而增加。然而，信号的强度可能与母国的经济实力有关。因此，我们将双边投资协定分为两类，取决于母国是被归类为发达国家还是发展中国家。当然，也有可能双边投资协定并不是向所有投资者发出信号，而只是让母国投资者放心，从而只有在投资者的母国与东道国签订了双边投资协定时，才鼓励投资。我们的第二个分析通过考察与美国签订的双边投资协定如何影响美国对东道国的外国直接投资流入，来探讨这一点。

1\. 总体分析

在总体分析中，我们采用了联合国贸易和发展会议每年提供的最广泛的外国

---

〔1〕 附录C包含了每项分析中使用的国家列表。附录E包含了每项分析中变量之间的相关性。

〔2〕 查克拉巴蒂（2001年）提供了关于外国直接投资决定因素文献的良好概述。对于更具体的分析，请参见例如：施奈德，F. 和 B. 弗赖（1985年），鲁特和阿里梅德（1979年），萨德（1993年），比林顿（1999年），马库森（1990年），加斯塔纳加等（1998年），奥兹勒和罗德里克（1992年），以及赫尼什（2000年）。

直接投资流入量作为因变量。[1]我们将外国直接投资衡量为特定国家当年吸引的外国直接投资占全球外国直接投资流入总量的比例。在此情况下，我们关注的是，各国在全球外国直接投资流入中所占比例如何随着缔约数量的变化而变化。特定国家每年外国直接投资流入量与全球所有国家外国直接投资总流入量的比率，是衡量该国在全球外国直接投资中所占比例变化的最佳指标。[2]外国直接投资流入量以净额计，包括外国直接投资者向外国直接投资企业提供的资本(无论是直接提供还是通过其他相关企业提供)，以及外国直接投资者从外国直接投资企业获得的资本。外国直接投资包含3个组成部分：股本资本、再投资收益和公司内部贷款。如果这3个组成部分中有一个为负值，且未被其他组成部分的正值所抵消，那么计算出的外国直接投资流入量可能为负，表示资本撤出。[3]

市场规模被普遍认为是决定外国直接投资流入的主要因素。我们采用了两个指标来共同衡量投资于某国市场的价值。第一个是人均国内生产总值(GDP)的对数(收入)，第二个是人口规模。除了市场规模外，对于外国直接投资的决定因素，人们普遍存在分歧。理论上，一个国家的经济增长率似乎对吸引外国直接投资至关重要，因为当前的经济快速增长预示着未来的发展潜力。[4]然而，尽管增长和市场规模会影响一个国家的投资水平，但也可能存在相反方向的因果关系。即更高的投资会导致更快的增长和更大的市场。我们通过使用收入和经济增长的滞后值来解决这个问题。

根据联合国贸易和发展会议(2001年)的数据，最不发达国家的多数外国直接投资集中在自然资源领域。无论其他因素通常是否会吸引或阻碍投资者，一个国家的自然资源通常都会吸引外国投资。自然资源禀赋通过各国出口的自然燃料和矿石的综合指标来衡量，该指标可从国际货币基金组织(IMF)的国际金融统计数据库中获取。

我们将政治风险纳入外国直接投资流入的潜在决定因素之中，理论上认为，政治风险较高的国家将吸引较少的投资，而政治风险较低的国家则吸引较多的投资。

---

〔1〕 见附录D，了解变量来源和定义；见附录E，了解汇总统计数据。

〔2〕 我们使用外国直接投资占GDP的比例重新运行了模型，结果没有显著变化。然而，这一比率衡量的是外国直接投资在整体经济中的重要性变化，而不是我们感兴趣的流入量变化，因此我们在报告结果中保留了外国直接投资流入量与全球外国直接投资总流入量的比率。

〔3〕 如需更多信息，请访问世界投资目录网站：http://r0.unctad.org/en/subsites/dite/fdistats_files/WID.htm

〔4〕 参见施奈德、弗里德里希、布鲁诺・弗雷：《外国直接投资的经济与政治决定因素》，载《世界发展》1985年第13期。

政治风险衡量指标多样。我们将通货膨胀率作为衡量一个国家宏观经济稳定性的代理指标。我们预计通货膨胀的影响将是模糊的。一方面，如果贷款是以当地货币发放的，那么未预期的通货膨胀对债务人有利；另一方面，高通货膨胀率可能表明国内政策失败，这会同时抑制储蓄和投资。宏观经济稳定性应是外国投资的重要决定因素。

为了进行跨时间的横截面比较，并在后续分析中能够区分出产权风险等因素，我们采用了国际国家风险指南提供的一项指标，该指标基于私人国际投资风险服务机构编制的制度指标。国际国家风险指南政治风险指数通过衡量征用风险、已建立的争议解决机制、合同执行力度、政府信誉、政府腐败程度以及官僚主义质量等指标来评估风险。该指数采用1至100的评分体系(各组成部分详见附录B)，分数越高，表明一国的风险水平越低、制度越好。

此外，还有其他自变量可供分析，包括人类发展指标、民主程度以及地理位置等。为了考虑特定国家因素，我们纳入了大洲虚拟变量[1]和纬度变量，表示一国距离赤道的距离，取值范围在0到1之间。[2]制度与经济增长理论指出，温带地区的国家拥有更高产的农业和更健康的气候，更易形成更发达的经济和制度。[3]社会因素如识字率或健康状况与我们的市场规模和增长指标高度共线，因此被排除在模型之外。最后，在没有其他有利的制度条件下，没有理由认为一国的民主程度必然会吸引或阻碍总体外国直接投资流入。[4]

根据外国直接投资的类型，开放程度(以出口加进口占GDP的比重衡量)可能对一个国家吸引外国直接投资的能力产生正面或负面影响。以开发当地市场为重点的外国直接投资会被经济相对封闭的国家所吸引，而以贸易部门为重点的外国直接投资则与开放程度正相关。鉴于该理论具有对立性质，且我们针对子样本国家的数据存在缺失，因此我们排除了开放程度这一变量。我们还排除了黑市溢价。黑市溢价是国家货币高估的症状，因此可能与较低的投资水平相关，它们通常被用

---

〔1〕 亚洲是比较中的省略案例，但由于前社会主义国家的数据不足，它们也被排除在分析之外。因此，在我们的随机效应模型中，缺失的地理类别是亚洲和前社会主义国家。

〔2〕 我们还考虑了将法律渊源纳入分析。然而，该变量的含义存在疑问。它可能只是反映了一般的历史规律性。为了确保稳健性，我们在随机效应规范的某一版本中纳入了该变量，但在各种规范中，其系数估计值均为零且不显著，且其纳入并未影响其他变量。

〔3〕 参见大卫·兰德斯：《国富国穷》，纽约诺顿出版公司出版社1998年版；拉斐尔·拉波塔、弗洛伦西奥·洛佩斯-德西拉内斯、安德烈·施莱弗、罗伯特·维什尼：《投资者保护与公司治理》，载《金融经济学杂志》2000年第58期。

〔4〕 作为稳健性检验，我们纳入了由政体Ⅳ评级给出的国家民主程度，但在任何情况下，该变量对分析均不显著。

作金融系统扭曲的替代指标进行实证评估。然而，在我们的案例中，由于数据匮乏，样本量从68个国家减少到48个国家，因此不得不将其排除在分析之外。由于理论对立或数据效率低下而被排除的其他可能影响外国直接投资的变量还包括东道国的工资水平、政府消费和税率。各项研究表明，东道国的工资水平根据投资类型不同，既可能成为吸引外国直接投资的诱因，也可能成为阻碍因素。例如，施奈德和弗雷以及皮斯托雷西发现，平均工资水平较高通常会阻碍外国直接投资，而凯夫斯以及惠勒和莫迪则发现外国直接投资流入与实际工资水平呈正相关。[1]

税率无法让我们区分出吸引投资的税收优惠与阻碍外国直接投资的高税率。[2]同样，政府消费的整体指标也无法区分哪些类型的支出会吸引投资，哪些会成为阻碍因素。

联合国贸易和发展会议公布的一份清单记录了每项双边投资协定的缔约方、签署日期和生效日期，据此可以获得双边投资协定数据。这些数据涵盖了从1959年德国和巴基斯坦签署的第一项条约到2000年12月期间所有公开记录中的双边投资协定(贸发会议，2000年)。鉴于双边投资协定的长期性质，我们将双边投资协定变量衡量为特定国家在时间期初签署的双边投资协定累计数量的自然对数。[3]研究假设双边投资协定在向外国投资者发出信号方面发挥作用，那么它们在吸引投资方面很可能具有规模报酬递减的特点，因此，我们计算了签署的双边投资协定总数的自然对数。我们衡量的是时间期初的累计总数，而非整个时期的平均值，假设在五年期初签署的双边投资协定将影响后续但非即时的外国直接投资流入。我们将与发展中国家签署的双边投资协定与发达国家签署的双边投资协定区分开来，以确定条约伙伴的身份是否会对东道国的投资或产权水平产生影响。

需要解决内生性问题的可能性。一个发展中国家与发达国家签署双边投资条约，可能是因为该国已经吸引了来自发达国家的外国直接投资。如果分析特定双

〔1〕 参见施奈德、弗里德里希、布鲁诺·弗雷:《外国直接投资的经济与政治决定因素》,载《世界发展》1985年第13期;皮斯托雷西、芭芭拉:《外国直接投资与区位因素:拉丁美洲与东南亚》,载《经济政策评论》2000年第90期;凯夫斯、理查德:《跨国公司、竞争与东道国市场的生产率》,载《经济学刊》1974年第41期;惠勒 大卫、阿肖卡·莫迪:《国际投资区位决策:以美国公司为例》,载《国际经济学杂志》1992年第3期。

〔2〕 我们在关于外国直接投资和私人投资的两组回归中纳入了国际货币基金组织(IMF)国际金融统计提供的商品税和所得税指标。在所有回归中,这些系数的值均为零且不具有统计显著性。除了文本中讨论的问题外,这一点也促使我们将其排除在分析之外。

〔3〕 即使我们使用已批准的双边投资条约而不是已签署的双边投资条约,分析结果不会发生实质性变化,但我们认为已签署的双边投资条约是更合适的衡量指标,因为从签署到批准的时间通常反映了批准的预期,特别是条约会追溯适用于现有投资。

边投资协定对来自特定国家投资的影响，这将成为一个问题。那么，我们可能会预期如果来自特定国家的外国直接投资流入量增加，这将促使东道国与该国签署双边投资协定。[1]然而，在我们的案例中，我们衡量的是签署双边投资协定对总体外国直接投资流入的更广泛影响。因此，虽然我们可能会预期拥有更多外国直接投资的国家可能会签署双边投资协定以吸引更多的外国直接投资流入，但我们同样会预期拥有较少外国直接投资流入的国家可能会签署双边投资协定以提高其对外国投资者的吸引力。

为了避免单个交易模式造成的逐年变化的影响，除双边投资协定外(在每个五年期初衡量)，对所有变量均采用了1975年至2000年的五年平均值。[2]我们以随机效应和固定效应两种形式对数据建模。我们对中低收入国家外国直接投资的一般规范如下：

$$y_{it}=\beta_0+\beta_1 b_{i,t}+\beta_2 i_{i,t}+\beta_3 r_{i,t}+\beta_4 s_{i,t}+\beta_5 p_{i,t}+\beta_6 g_{i,t}+\beta_7 n_{i,t}+\tau_i+\eta_i+v_{it} \quad (1)$$

$$y_{it}=\beta_0+\beta_1 b_{i,t}+\beta_2 i_{i,t}+\beta_3 r_{i,t}+\beta_4 s_{i,t}+\beta_5 p_{i,t}+\beta_6 g_{i,t}+\beta_7 n_{i,t}+\tau_t+\beta_8 D_i+v_{it} \quad (2)$$

研究旨在探讨影响低收入国家在时间t所吸引外国直接投资占全球外国直接投资流量百分比(y)的因素。这些因素包括东道国签订的双边投资协定数量(b)、平均收入水平的对数(i)、政治风险水平(r)、通货膨胀率(s)、东道国人口的自然对数(p)、经济增长(g)、自然资源(n)、时间效应(T)、一些随机误差(v)，以及方程(1)中的固定国家效应或方程(2)中随时间不变且决定外国直接投资的各种外生变量(D)。下标i代表国家i，下标t代表时期t。

我们通过具有异方差一致标准误差的两阶段最小二乘法对方程(1)和(2)进行估计，利用经济增长和收入的滞后值以及其他决定增长和收入的因素作为它们的工具变量。除了使用滞后值作为经济增长和收入的工具变量的理论依据外，我们第一阶段回归中的每个F统计量都远高于99%的显著性水平，这表明所选择的工具变量是有效的。

豪斯曼规范检验否定了随机效应模型中误差分量与该模型中误差不相关的假设。因此，我们的随机效应模型效率将低于固定效应模型。然而，由于我们许多国家的数据在时间跨度上较为匮乏，我们认为考察两种模型的含义都至关重要。

〔1〕 参见霍尔沃德-德里迈尔：《双边投资条约能吸引外国直接投资吗？仅有一点……而且它们可能反噬》，载《世界银行研究部工作论文》2003年。

〔2〕 尽管我们的部分数据可追溯至1959年，但大部分数据涵盖的是1975年至2000年。

表 1　外国直接投资与双边投资协定：随机效应模型(1980—2000 年)

	基础情况	2	3	4	5
高收入国家已签订双边投资协定的对数			0.20*		0.85
			(0.11)		(0.74)
低收入国家已签订双边投资协定的对数			0.13		–0.32
			(0.10)		(0.52)
全部国家已签订双边投资协定的对数		0.24**		0.38^	
		(0.09)		(0.38)	
人均 GDP 的自然对数	0.15	0.07	0.07	0.07	0.04
	(0.10)	(0.13)	(0.13)	(0.14)	(0.15)
经济增长	–0.03	–0.09	–0.08	–0.08	–0.10
	(0.04)	(0.06)	(0.06)	(0.06)	(0.07)
政治风险水平	0.02**	0.02**	0.02**	0.02	0.02*
	(0.01)	(0.01)	(0.01)	(0.01)	(0.01)
风险 * 总双边投资协定的对数				–0.002^	
				(0.006)	
风险 * 高收入双边投资协定的对数					–0.01
					(0.01)
风险 * 低收入双边投资协定的对数					0.01
					(0.01)
通货膨胀率	0.00002	0.00006	0.00004	0.00007	0.00004
	(0.13)	(0.17)	(0.16)	(0.16)	(0.18)
自然资源	0.001	0.001	0.001	0.001	0.0002
	(0.001)	(0.002)	(0.002)	(0.002)	(0.0017)
人口的自然对数	0.000003**	0.000003**	0.000003**	0.000003**	0.000003**
	(0.001)	(0.001)	(0.001)	(0.001)	(0.001)
纬度	0.17	0.21	0.15	0.24	0.13
	(0.47)	(0.53)	(0.54)	(0.56)	(0.58)
拉丁美洲	0.21*	0.44**	0.44**	0.46**	0.46**
	(0.13)	(0.20)	(0.19)	(0.21)	(0.22)
非洲	0.04	0.09	0.10	0.11	0.07
	(0.15)	(0.17)	(0.18)	(0.18)	(0.18)
截距	–1.89**	–1.13	–1.10	–1.30	–1.26
	(0.72)	(0.86)	(0.79)	(0.77)	(0.79)
国家数量 N	62	62	62	62	62
R 方值	0.41	0.30	0.32	0.31	0.28
均方根误差（MSE）	0.75	0.81	0.80	0.81	0.83

** 表示在 0.05 水平上显著，* 表示在 0.10 水平上显著；^ 表示 f 检验的联合显著性。括号

内给出的是具有异方差一致性的标准误差
注：因变量：国家外国直接投资流入量 / 全球外国直接投资流入量

表2　外国直接投资与双边投资协定：固定效应模型(1980—2000年)

	基础情况	2	3	4	5
高收入国家已签订双边投资协定的对数			0.13 （0.09）		0.43 （0.73）
低收入国家已签订双边投资协定的对数			0.09 (0.11)		–0.26 (0.46)
全部国家已签订双边投资协定的对数		0.16 (0.12)		0.14 (0.31)	
人均 GDP 的自然对数	0.21** (0.07)	0.19** (0.08)	0.19** (0.08)	0.19** (0.08)	0.18** (0.08)
经济增长	–0.03 (0.04)	–0.07 (0.06)	–0.07 (0.06)	–0.06 (0.07)	–0.06 (0.07)
政治风险水平	0.02** (0.01)	0.01** (0.01)	0.01** (0.01)	0.01^ (0.01)	0.02*^ (0.01)
风险 * 总双边投资协定的对数				0.0002^ (0.0051)	
风险 * 高收入双边投资协定的对数					–0.01^ (0.01)
风险 * 低收入双边投资协定的对数					0.01^ (0.01)
通货膨胀率	0.0001 (0.0001)	0.0002 (0.0002)	0.0002 (0.0002)	0.0002 (0.0002)	0.0002 (0.0002)
自然资源	0.0011 (0.0018)	0.0007 (0.0017)	0.0007 (0.0018)	0.0008 (0.0016)	0.0006 (0.0016)
人口的自然对数	0.000003** (0.000002)	0.000003** (0.000002)	0.000003** (0.000001)	0.000003** (.000002)	0.000003** (.000001)
截距	–2.22** (0.69)	–1.91** (0.70)	–1.83** (0.69)	–1.90** (0.94)	–1.92** (0.94)
国家数量 N	62	62	62	62	62
R 方值	0.40	0.35	0.35	0.36	0.36
均方根误差（MSE）	0.74	0.77	0.77	0.77	0.77

** 表示在 0.05 水平上显著，* 表示在 0.10 水平上显著；^ 表示 f 检验的联合显著性。括号内给出的是具有异方差一致性的标准误差
注：因变量：国家外国直接投资流入量 / 全球外国直接投资流入量

两个模型均显示政治风险和人口或市场规模在确定外国直接投资方面的核心决定因素。在固定效应规范中，人均GDP也颇具影响力。尽管政治风险和GDP的系数看似较小，但重要的是要记住，在我们样本中的国家，其平均外国直接投资流入量占全球流入量的百分比仅为0.20%。在我们的固定效应基础规范中，我们发现人均GDP与外国直接投资流入量之间存在正向且显著的关系，同时控制了外国直接投资的其他决定因素。具体来说，人均GDP每增加1%，就会导致该国在全球外国直接投资总额中所占份额增加0.0021个百分点，而在我们的随机效应模型中，收入对一国在全球外国直接投资中所占份额没有如统计上的显著影响。在我们的基础情形中，政治风险对外国直接投资具有显著且正向的影响，在两个模型中，政治风险量表的一个单位增加(相当于政治风险的改善)会使一国外国直接投资流入量占全球流入量的百分比增加0.02个百分点。同样，一个国家的人口增加1%，在两个模型中都会对外国直接投资流量产生虽小但正向的影响。

当我们将双边投资协定纳入模型时，基本结果保持不变。双边投资协定似乎与外国直接投资流入量呈正相关。然而，这一关系仅在随机效应模型表1第2列中，在不对其与风险的相互作用进行控制的情况下，于5%以上的水平上具有统计显著性，即已签订双边投资协定数量每增加1%，相当于该国在全球外国直接投资中所占份额增加0.0024%。在固定效应模型中，双边投资协定与外国直接投资无显著关联。这种不显著可能表明模型设定偏差。然而，在对包括双边投资协定水平(而非自然对数)、美国双边投资协定的批准、黑市溢价、检查数据中的异常值等一系列其他稳健性检查在内的多种其他因素进行控制后，双边投资协定对外国直接投资的显著性并未提高。相反，这种不显著可能仅仅表明，已签订的双边投资协定数量或与高收入国家签订的双边投资协定数量对国家吸引外国投资的能力几乎没有或根本没有影响。

政治风险在我们的模型中占有重要位置，无论是单独考虑还是与双边投资协定的相互作用效应相结合。双边投资协定与政治风险的相互作用在某些规范中与其中一个组成部分共同显著。这表明双边投资协定可能影响外国投资者对其所面临风险的评估，但结果并不确定。在一些规范中，双边投资协定的数量和政治风险的缺乏都对外国直接投资产生正向影响，但它们的相互作用是负向的。在这种规范中，投资者面临的风险越小(即政治风险指数越高)，双边投资协定就越不重要。这一结果在涉及所有双边投资协定的随机效应模型和涉及与高收入国家签订的双边投资协定的固定效应模型中均成立。反观固定效应模型，风险较小似乎至少对低收入国家而言增强了双边投资协定的价值。我们将在后续分析中进一步探讨这一点。

重要的是，要将这些结果与上述关于双边投资协定对外国直接投资影响的其他研究结果进行对比。诺伊迈耶和斯佩斯[1]发现，一个国家签订的双边投资协定越多，流入该国的外国直接投资就越多。如作者所述，这一差异可能源于样本量差异以及研究时间跨度的不同。该研究覆盖119个国家，时间可追溯至1970年；而我们的研究只有62个国家，且由于政治风险数据的限制，我们的时间跨度仅限于1984年之后。尽管一些因数据限制而被我们排除在外的国家(如韩国、中国以及中欧和东欧国家)可能对我们的分析很重要，但纳入一些小岛国也可能扭曲了纽梅耶和斯佩斯的研究结果。

关于他们如何处理欧洲在这一时期发生的向社会主义过渡的问题(这无疑是比签订双边投资协定更重要的结构性转变)，目前尚不清楚。更重要的是，在如此长的时间跨度内观察数据的逐年变化，可能会使他们的研究结果产生偏差。发展中国家，特别是小型发展中国家的外国直接投资流入量逐年变化很大，因此，在此期间进行平均化处理似乎是一种更合适的技术手段。

萨拉库斯和沙利文[2]发现美国双边投资协定与一个国家的总体外国直接投资流入量之间存在强烈的相关性，但与经合组织成员国的双边投资协定没有影响。本研究对其研究方法存疑。首先，就像我们对诺迈耶和斯佩斯的批评一样，他们采用的滞后一年时间似乎太短。其次，他们使用总体流量而不是份额，可能会将时间趋势与双边投资协定的影响混淆在一起。再次，固定国家效应可能很重要。本研究同时采用随机效应模型和固定效应模型。在随机效应回归中，拉丁美洲的虚拟变量具有解释力，该地区与美国签订了多项双边投资协定。总体而言，萨拉库斯和沙利文的估计中可能存在遗漏变量偏差。在他们研究的这一部分中，作者没有估计固定效应模型，也没有通过纳入可能从年到年变化不大的国家特定因素来进行补偿。最后，不同的样本构成也可能对此产生影响。我们的分析包括62个国家，而他们只包括30个。

综上，尽管我们可以指出与这两项研究相比，我们的结果存在差异的一些可能原因，但显然还需要做更多的工作来厘清其中的潜在因素。然而，根据我们的结果，

〔1〕 埃里克·诺伊迈耶、劳拉·斯佩斯:《双边投资协定是否增加了对发展中国家的外国直接投资?》，伦敦经济学院工作论文。

〔2〕 参见萨拉库斯，杰斯瓦尔德 、尼古拉斯·沙利文:《双边投资条约真的有效吗? 对双边投资条约及其大交易的评价》，载《即将发表的哈佛国际法杂志》第46期。

双边投资协定似乎并不是外国直接投资的强有力决定因素。这表明，与上述研究总结的情况相反，双边投资协定的总数并不表明投资环境得到了改善。相反，它们可能只对来自签约国的投资者有利。因此，我们的下一步是研究这种可能性。

2. 双边分析

总体分析研究了签订双边投资协定如何影响一个国家的总体外国直接投资流入量。若如前文所示，双边投资协定对一个国家吸引总体外国直接投资的能力影响不大，那么双边投资协定可能仍然有助于吸引来自母国的外国直接投资。因此，我们聚焦于美国双边投资协定及相关的美国外国直接投资流出的分析。

最全面的外国直接投资数据来源是美国经济分析局(BEA)[1]每年发布的“美国国际交易账户数据”。该数据涵盖了两个广泛领域，涉及1950年至今美国所有外国直接投资业务。BEA报告了美国母公司及其海外附属公司之间交易的国际收支和直接投资数据，以及美国跨国公司海外业务的财务和经营数据。BEA的数据通常符合国际报告标准，并提供了大量国家和行业细节。因此，为了了解外国直接投资流入与双边投资协定之间的双边关系，BEA数据似乎非常理想。但局限性在于，它仅适用于总部位于美国的跨国公司。根据联合国贸易和发展会议(UNCTAD)的外国直接投资数据库，2000年，美国跨国公司仅占全球对外外国直接投资流量的12%，占对外外国直接投资存量的21%。此外，超过一半的美国外国直接投资流向了欧盟。尽管如此，BEA数据的广度和质量仍然强烈表明了美国双边投资协定与美国外国直接投资流入量之间的关系[2](贸发会议，2001年)。

我们以百万美元为单位，衡量美国的外国直接投资净资本流入或流出。在这种情况下，我们关注的是与美国签订双边投资协定后美国总体资本存量的变化，即我们只关心与美国签订双边投资协定如何影响美国对该特定国家的外国直接投资流动。在我们感兴趣的国家中，外国直接投资流动量是美国资本存量年度变化的最佳指标。重要的是要注意，将感兴趣的变量更改为反映外国直接投资流入量占美国所有流入量和附属公司销售百分比，并没有对我们的分析产生显著影响。我们的双边投资协定变量是一个虚拟变量，在美国与东道国签订双边投资协定的当年及之后的每一年为1，没有与美国签订双边投资协定的国家为0。

---

〔1〕 BEA的美国国际交易账户数据可在线上进行交互式分析，网址为：http://www.bea.doc.gov/bea/di/di1fdibal.htm。

〔2〕 参见雷蒙德·马塔洛尼：《美国跨国公司BEA统计指南》，载《当前商业概览》1995年3月；基哈诺，艾丽西亚：《美国外国直接投资BEA统计指南》，载《当前商业概览》第70期；罗伯特·利普西：《外国直接投资与跨国公司的运营：概念、历史与数据》，载《NBER工作论文系列》，2001年工作论文8665。

除了总体分析中使用的变量外，我们还在合并数据分析中纳入了衡量美国与东道国政府之间距离的指标。距离作为影响企业投资决策的运输和贸易成本的代理变量，假设东道国与美国之间的距离越远，美国投资的可能性就越低。此外，为了考虑流动的双边性质，我们纳入了衡量东道国汇率稳定性的指标，以及衡量美国和东道国之间平均受教育年限差异的变量，以作为两国技能差异的代理变量。理论分析认为，国家之间技能水平的差异越大，投资水平就越低。[1]具体来说，我们使用美国和东道国之间总平均受教育年限的差异来衡量技能差异。从理论上讲，汇率水平和稳定性对外国直接投资流动有重要影响，但其影响是模糊的。汇率稳定可能会增加对低生产率投资或当地市场生产投资，同时减少对高进入成本行业或倾向于再出口行业的投资。[2]

在基准模型中，内生性问题似乎并不影响美国对外国直接投资流动的情况。布隆根和戴维斯[3]在研究美国双边税收协定时指出，美国并未将双边投资协定仅限于那些外国直接投资活动频繁的国家。附录F表明，美国外国直接投资流入量与协定签署日期之间并无相关性。事实上，美国常与外国直接投资流入量非常低的东道国签署了协定。因此，在我们的估计中，我们无需控制内生性。[4]

我们再次使用随机效应和固定效应分析对数据进行建模。我们的模型规范与上文使用的规范相同。由于数据限制，我们只能逐年观察变化，而无法像一般分析那样观察五年期的平均值。为了反映外国直接投资与过去收入和经济增长水平的关系，我们的前两个模型滞后了人均国内生产总值和增长率，而后两个模型则滞后了所有经济变量，以反映随时间发生的更大变化。我们在表3中报告了这两种分析的结果，但滞后模型与非滞后模型之间的差异并不显著。

此次更详细的分析得出的结果颇为有趣，且在很多情况下与直觉相悖。其中两个最有趣的结果是，双边投资协定和政治风险的系数均为负。与美国签署了双边投资协定或已有双边投资协定在执行的国家，其外国直接投资流入量可能显著低于未与美国签署双边投资协定的国家。可能是那些美国外国直接投资流入量较

〔1〕 参见卡尔•大卫、詹姆斯•马库森、基思•马斯库斯：《发展中国家对跨国投资的竞争：人力资本、基础设施与市场规模》，芝加哥大学出版社2002年版。

〔2〕 参见贝纳西 • 凯雷、阿涅斯、莱昂内尔 • 丰塔涅等：《吸引外国直接投资竞争中的汇率策略》，法国国际经济展望与信息研究中心（CEPII）1999年工作论文第99—16号。

〔3〕 参见布隆根、布鲁斯、罗纳德 • 戴维斯：《双边税收协定对美国外国直接投资活动的影响》，俄勒冈大学2001年工作论文。

〔4〕 我们遵循霍尔沃德-德里迈尔（2003年）的方法，通过用与其他国家签署的双边投资协定数量作为工具变量，来检验这一结果。这一估计对我们的估计结果没有显著影响。

低的国家正以更高的速度签署双边投资协定，以吸引更多美国外国直接投资。这种现象表明，美国双边投资协定似乎并未向美国投资者传达出投资环境更强或保护更好的信号。政治风险系数为负表明，对于低收入和中等收入国家（双边投资协定的主要对象国）而言，随着政治风险指标的提高（意味着环境风险降低），来自美国的外国直接投资流入量也会减少。需要注意的是，数据集仅包含此类低收入和中等收入国家。然而，这与我们对政治风险的直觉和公认证据相悖，因此我们必须关注政治风险与签署美国双边投资协定之间的相互作用，这种相互作用在所有回归中均在95%的置信水平。

表4展示了这一相互作用的条件效应。研究发现，对于美国双边投资协定，随着政治风险的降低（实际指标上升），与美国签署双边投资协定对条件外国直接投资流入量的影响增加。换言之，随着国家风险降低，与美国签署的双边投资协定有助于吸引更多来自美国的外国直接投资流入量。[1]例如，当一个国家的风险从45级（2000年的刚果和阿尔及利亚）降低到55级（1999年的土耳其和塞内加尔）时，签署双边投资协定可吸引多达6600万美元的额外美国外国投资。这可能是，为了使双边投资协定对投资者具有可信度，需要有一定的产权保护最低水平。遗憾的是，我们只能在政治风险非常高的水平（风险水平为55及以下的国家）上确定这一结果。

开放度系数为负的结果并不令人意外。结果显示，一个国家的经济越开放，来自美国的投资流入量就越低。这可能是出于对东道国市场的投资考虑，在这种市场中，经济更加封闭反而对投资者有利。国内生产总值、时间、教育和人口都与我们的直觉相符。国内生产总值和人口作为市场规模的代理变量，都符合理论推理，即市场规模越大，外国直接投资流入量就越大。美国的外国直接投资流出量持续逐年增加，因此外国直接投资流入量随时间增加而增加也就不足为奇了。距离系数表明，一个国家离美国越远，对该国的投资流入量就越低，尽管这一变量在统计上与零无显著差异。最后，美国和东道国在教育水平上的差异越大，外国直接投资流入量就越低。

如上所述，这些结果与霍尔沃德-德里迈尔[2]的发现相似，他发现双边投资协定与双边外国直接投资流动之间几乎没有联系。相比之下，萨拉库斯和沙利文[3]

〔1〕这一发现与霍尔沃德-德里迈尔（2003年）的发现相似，他发现只有那些已经拥有相当强大的制度环境的国家似乎能从批准条约中受益。

〔2〕参见玛丽·霍尔沃德、德里迈尔：《双边投资条约能吸引外国直接投资吗？仅有一点……而且它们可能反噬》，世界银行研究部2003年工作论文。

〔3〕参见萨拉库斯，杰斯瓦尔德 、尼古拉斯·沙利文：《双边投资条约真的有效吗？对双边投资条约及其大交易的评价》，载《即将发表的哈佛国际法杂志》第46期。

发现美国双边投资协定与美国外国直接投资流动之间存在强烈相关性。我们的结果存在差异的原因可能有很多。首先，我们的数据来自美国经济分析局(BEA)的统计数据，这是关于美国外国直接投资流出的最全面的数据。而萨拉库斯和沙利文使用的是经合组织的数据，这解释了他们样本量较小的原因(我们的分析涵盖了54个国家，而萨拉库斯和沙利文仅包括30个国家)。其次，尽管萨拉库斯和沙利文使用了固定效应模型来解释稳定的国家间差异，但他们没有纳入随时间变化的其他变量，如开放度、政治风险和技能差异等。最后，他们的数据只涵盖了1991—2000年这段时间，而我们将分析扩展到了1980年，那是在美国首次签署双边投资条约的1982年之前。

总体而言，我们的结果表明，与美国签署双边投资协定并不会增加美国公司的外国直接投资流入量，除非这些国家本身风险就很低。此外，似乎美国双边投资协定并不能缓解美国投资者的政治风险因素。尽管有必要对其他投资国进行类似分析，但结果表明，双边投资协定本身并不能作为东道国投资环境安全的信号。

表3　外国直接投资与双边投资协定：与美国的双边关系(1980—2000年)

	滞后 GDP		全部滞后项	
	随机效应	固定效应	随机效应	固定效应
与美国签订的双边投资协定	−408.51 (301.96)	−477.97 ** (208.07)	−370.01 (339.33)	−463.71 *** (195.50)
人均 GDP 对数	223.02 *** (82.28)	49.41 (187.92)	266.73 *** (81.44)	120.02 (191.63)
政治风险水平	−9.47 *** (3.08)	−10.65 *** (3.29)	−7.19 ** (3.26)	−9.45 *** (2.91)
风险 * 美国双边投资协定	4.39 (4.84)	6.03 * (3.31)	4.15 (5.74)	6.58 ** (3.41)
经济增长	298.77 (225.23)	352.14 ** (176.85)	240.91 (237.42)	284.56 (178.09)
人口	0.00063 * (0.00032)	0.0025 * (0.0016)	.00066 ** (.00030)	0.0029 (0.0019)
自然资源	−1.81 (1.64)	−3.20 (2.09)	−1.69 (1.66)	−3.37 * (1.94)
开放程度	−2.89 ** (1.34)	−2.20 * (1.35)	−3.41 ** (1.34)	−2.64 ** (1.32)
汇率稳定性	0.082 (0.057)	0.09 (0.10)	0.25 (0.19)	0.44 (0.48)
技能差异	−58.53 (40.50)	−236.64 *** (72.01)	−31.92 (35.66)	−247.05 *** (77.92)
时间趋势项	51.97 *** (6.46)	40.54 *** (9.35)	50.86 *** (7.02)	36.60 *** (8.82)

续表

	滞后 GDP		全部滞后项	
	随机效应	固定效应	随机效应	固定效应
距离	−0.020 (0.026)		−0.02 (0.02)	
常数项	−103646.6 *** (12891.86)	−78501.74 *** (18152.41)	−102062.1 *** (14037.81)	−71163.91 *** (17131.32)
国家数量	54	54	54	54
观测值数	667	667	622	622
R 方值	0.17	0.59	0.18	0.61

** 表示在 0.05 水平上显著，* 表示在 0.10 水平上显著；^ 表示 f 检验的联合显著性。括号内给出的是具有异方差一致性的标准误差

注：因变量：美国外国直接投资

表 4　美国双边投资协定对美国外国直接投资流入的政治风险条件效应

政治风险范围	美国双边投资协定对外国直接投资的条件效应	条件效应的标准误差	条件效应的 t 统计量	处于该范围内平均值的国家
0（高风险）	−463.71	195.50	−2.37	—
5	−430.83	179.40	−2.40	—
10	−397.95	163.49	−2.43	—
15	−365.06	147.83	−2.47	—
20	−332.18	132.51	−2.51	—
25	−299.30	117.67	−2.54	4
30	−266.42	103.52	−2.57	10
35	−233.54	90.37	−2.58	22
40	−200.66	78.73	−2.55	51
45	−167.78	69.37	−2.42	46
50	−134.90	63.30	−2.13	58
55	−102.02	61.51	−1.66	65
60	−69.14	64.35	−1.07	108
65	−36.26	71.27	−0.51	124
70	−3.38	81.24	−0.04	100
75	29.50	93.29	0.32	54
80	62.38	106.70	0.58	20
85	95.26	121.04	0.79	8
90	128.15	136.00	0.94	—
95	161.03	151.41	1.06	—
100（低风险）	193.91	167.13	1.16	—

（二）国内商业环境

尽管双边投资协定旨在改善外国投资者的投资环境，但了解这些协定对国内

投资者的潜在收益或成本也同样重要。我们分两步来研究这种关系。首先，我们使用与外国投资相同的规范来确定双边投资协定是否影响国内投资水平。如果双边投资协定是外国投资者强大投资环境的信号，那么在国内投资者对投资气候缺乏独立了解或签订双边投资协定能锁定投资者友好气候的情况下，国内投资者可能也会受到影响。其次，我们研究了双边投资协定对财产权的影响。之前我们假设，双边投资协定可能会通过消除外国投资者对财产权制度改善的压力，从而阻碍财产权环境的改善。本节中的第二个估计初步探讨了这一关系。

1. 私人国内投资

我们估算了私人国内投资的决定因素，方法与我们的外国直接投资模型类似，仅因变量调整为人均值。我们借鉴了关于发展中国家私人投资决定因素的文献。[1]人均国内生产总值和国家的增长率再次被理论化为投资的主要决定因素，这些因素反映了市场规模。一个国家的金融深度或金融部门的总体规模也可能是一个重要的决定因素。我们用流动负债来衡量金融深度。假设一个国家的金融部门规模越大，我们应该看到的投资就越多。与外国直接投资回归一样，我们排除了税收和通货膨胀。[2]与外国直接投资一样，政治风险很可能是私人投资的一个重要决定因素。最终，我们还将大陆和纬度作为国家的特定效应纳入考量。

私人国内投资定义为国民账户中的总国内投资与合并公共投资之间的差额。该变量是国内私人投资与国内生产总值的比率。比率是按照世界银行《世界发展指标》中现有的当前价格以当地货币单位计算的。除了变量上的差异外，我们对私人投资的建模方式与我们的外国直接投资规范相同。

在两类模型中，市场规模似乎是私人投资的核心决定因素。具体而言，人均国内生产总值每增加1%，私人投资与国内生产总值的比率就提升约2%。我们的固定效应模型(表6)表明，经济中流动负债每增加1%，私人投资就会增加0.07%。然而，在随机效应模型中，我们的系数估计值与零无显著差异。在随机效应模型中，自然资源对国内投资有负面影响。我们在固定效应回归中省略了自然资源，因为它们会体现在国家固定效应中。在随机效应模型中，我们能够看到一些国家特定的效应。例如，一个国家离赤道越近，其经济中的私人投资水平就越低。拉丁美洲和非洲的投资水平低于东欧和苏联国家。

〔1〕 关于发展中国家私人投资决定因素的概述有很多。例如，参见施密特-赫贝尔等人(1996年)、怀和黄(1982年)以及恩迪库马纳(2001年)。

〔2〕 再次进行稳健性检验，结果显示系数为零，无统计学意义，且对其余估计值无影响。

在这两种情况下，一旦考虑到双边投资协定与政治风险之间的相互作用，双边投资协定对投资就有显著影响(表5和表6中的方程4)。此外，与高收入国家签订的双边投资协定具有正面影响，而与低收入国家签订的则具有负面影响。在随机效应模型中，每与一个高收入国家签订额外的双边投资协定，私人国内投资平均增加0.34%。同时，每与一个低收入国家签订额外的双边投资协定，私人投资就会减少约0.29%。这些结果在固定效应模型中几乎相同。

表5　私人投资与双边投资协定：随机效应模型(1980—2000年)

因变量：私人投资	基础情况	2	3	4
与高收入国家已签订双边投资协定			0.34** (0.13)	
与低收入国家已签订双边投资协定			–0.29** (0.09)	
双边投资协定总数		–0.05 (0.04)		0.53** (0.26)
人均 GDP 自然对数	2.08** (0.68)	1.96** (0.68)	2.13** (0.68)	2.08** (0.69)
政治风险水平	0.03 (0.03)	0.05 (0.04)	0.03 (0.04)	0.08** (0.04)
风险 * 总双边投资协定的对数				–001 (0.01)
流动负债	0.04 (0.03)	0.04 (0.03)	0.04 (0.03)	0.05 (0.03)
经济增长	–0.05 (0.14)	–0.05 (0.14)	–0.05 (0.13)	–0.06 (0.13)
自然资源	–0.05** (0.02)	–0.05** (0.02)	–0.05** (0.02)	–0.05** (0.02)
时间趋势项	0.50 (0.32)	0.93** (0.36)	0.78** (0.35)	0.79** (0.37)
纬度	–13.63** (4.53)	–12.76** (4.58)	–12.46** (4.58)	–13.91** (4.64)
拉丁美洲	–3.90** (1.39)	–4.14** (1.41)	–3.70** (1.41)	–3.74 (1.43)
非洲	–7.68** (1.66)	–8.21** (1.71)	–7.76** (1.71)	–7.77 (1.73)
截距	1.12 (4.33)	1.07 (4.33)	–0.22 (4.34)	–1.54 (4.51)
国家数量	40	40	40	40
R 方值	0.410	0.416	0.446	0.426

** 表示在 0.05 水平上显著，* 表示在 0.10 水平上显著；^ 表示 f 检验的联合显著性。括号内给出的是具有异方差一致性的标准误差

表6 私人投资与双边投资协定：工具变量固定效应回归(1980—2000年)

因变量：私人投资	基础情况	2	3	4
与高收入国家已签订双边投资协定			0.43** (0.19)	
与低收入国家已签订双边投资协定			−0.31** (0.13)	
双边投资协定总数		0.003 (0.044)		0.45* (0.25)
人均 GDP 自然对数	1.6** (0.63)	1.6** (0.63)	1.84** (0.6)	1.67** (0.62)
政治风险水平	0.02 (0.05)	0.02 (0.05)	0.01 (0.05)	0.05 (0.05)
风险 * 总双边投资协定的对数				−0.01* (0.01)
流动负债	0.07** (0.03)	0.07** (0.03)	0.06** (0.03)	0.07** (0.03)
经济增长	−0.06 (0.12)	−0.07 (0.12)	−0.05 (0.11)	−0.07 (0.12)
时间趋势项	0.52 (0.38)	0.64 (0.46)	0.64 (0.43)	0.58 (0.46)
截距	−2.33 (4.97)	−2.32 (5.23)	−4.4 (5.01)	−4.69 (5.4)
国家数量	40	40	40	40
R 方值	0.21	0.21	0.27	0.23
均方根误差（MSE）	4.39	4.41	4.28	4.39

** 表示在 0.05 水平上显著，* 表示在 0.10 水平上显著；^ 表示 f 检验的联合显著性。括号内给出的是具有异方差一致性的标准误差

表7固定效应模型显示，随着政治风险的降低(实际指标的增加)，额外双边投资协定对国内投资的条件效应实际上会下降，在政治风险为70—100的范围内甚至变为负值(墨西哥和泰国在当前时间段内的政治风险评级为70)。换句话说，随着国家风险的降低，已生效的双边投资协定数量似乎会阻碍国内投资。例如，当一个国家的政治风险水平从55(1995—2000年的乌干达和哥伦比亚)上升到45(1995—2000年的阿尔及利亚和几内亚比绍)时，与高收入国家签订的每个额外双边投资协定会使国内投资增加0.08%。我们无法从这项研究中得出为什么会发生这种情况的原因，但一种解释是，尽管政治/法律环境相当良好，但双边投资协定所鼓励的外国直接投资正在挤出国内投资。相比之下，在高风险水平下，双边投资协定可能会鼓励与当地企业合资的外国直接投资。因此，双边投资协定似乎与发展中国家的

私人投资呈正相关关系，但当政治风险较低时除外。尽管我们很想知道它们鼓励的是哪种类型的投资，但从现有数据中无法得知。

表7　双边投资协定对私人投资在政治风险条件下的影响

政治风险范围	双边投资协定对国内投资的条件影响	条件效应的标准误差	条件效应的t统计量	处于该范围内平均值的国家
0（高风险）	0.53	0.25	2.16	
5	0.49	0.23	2.16	
10	0.45	0.21	2.15	
15	0.41	0.19	2.15	
20	0.37	0.17	2.14	
25	0.32	0.15	2.13	
30	0.28	0.13	2.12	
35	0.24	0.11	2.11	1
40	0.20	0.10	2.09	3
45	0.16	0.08	2.06	7
50	0.12	0.06	1.99	4
55	0.08	0.04	1.86	9
60	0.04	0.03	1.44	9
65	0.00	0.02	−0.25	5
70	−0.05	0.02	−1.91	4
75	−0.09	0.04	−2.18	
80	−0.13	0.06	−2.23	
85	−0.17	0.08	−2.23	
90	−0.21	0.09	−2.23	
95	−0.25	0.11	−2.23	
100（低风险）	−0.29	0.13	−2.23	

需要进一步阐述按母国经济划分双边投资协定的结果，高收入国家与私人投资和双边投资协定之间观察到的正相关关系，既有正面原因也有负面原因。存在两种可能的解释路径。如果条约刺激了外国直接投资，那么这一正面结果可能是外国投资正面溢出效应的结果。然而，我们之前关于外国直接投资的部分结果表明，这并没有作为外国直接投资总额的一部分发生。另一种解释是，这一结果可能表明现有国内企业阶层的投资增加，他们对维护产权现状更加有信心。与发展中经济体签署的双边投资协定产生的负面结果，可能是邻国投资增加和竞争加剧，从而替代了现有国内投资的结果。上述结果凸显了探究双边投资协定与产权关系的重要性。我们的结果是初步的，但为我们提供了二者关系的近似值。

2. 产权

本部分旨在评估双边投资协定对产权的影响。假设双边投资协定的一个潜在成本可能是产权停滞不前。外国投资者在双边投资协定保障的安全环境下，可能不再关心整体投资环境的改善，因此，改善东道国产权的压力就会消失。

为了估算双边投资协定对产权的影响，我们再次从产权决定因素的基础规范开始。鉴于产权可用衡量指标的主观性，该模型设定面临挑战。存在许多定性统计数据，以及如私营部门信贷占GDP百分比等代理指标。代理指标通常与投资高度相关。研究沿用前文分析中使用的 ICRG 政治风险评级构建产权指标，具体而言，我们结合了应该对投资者在其财产上投资的决定产生最大影响的指标：一个国家的投资概况（通过合同的可行性、被征收的可能性以及利润汇回能力的组合来衡量）、法治水平以及腐败程度。

尽管有大量证据表明产权对经济增长和稳定性有影响，但很难估计产权的决定因素。经济增长和政府稳定的衡量指标很可能是产权的主要决定因素。然而，尽管这些因素可能会影响一个国家的产权强度，但更强的产权也会对经济因素产生积极影响。模型纳入了从ICRG数据集中提取的人口社会经济指标变量。通过ICRG的综合指数来衡量可能限制政府行动、失业、消费者信心和贫困等条件，从而反映整体社会状况。最后，将自然资源作为产权的潜在影响因素纳入模型。尽管自然资源水平较高可能对外国直接投资流入产生积极影响，但其对产权的影响应为中性或负面。如前文结果所示，产权保护不力会阻碍外国直接投资。然而，自然资源水平较高的国家保护产权的需求可能较小，因为无论产权制度如何，外国直接投资都会流向自然资源。然而，我们之前报告的结果并未发现自然资源禀赋是外国直接投资的重要决定因素。

研究采用带面板校正标准误差的固定效应时间序列模型作为自变量。在这种情况下，我们的样本量比之前的估计更大，且随时间变化更大。（我们还运行了随机效应模型，但得出了几乎相同的结果）我们使用回归变量的滞后值作为经济增长因素的工具变量，以减少由同时性偏差引起的不一致性。该模型与我们之前使用工具变量的固定效应回归模型相同，只是包含的一些变量不同。

表8　产权与双边投资协定（1980—2000年）

因变量：产权	基础情况	2	3
与高收入国家已签订双边投资协定			0.004 (0.05)

续表

因变量：产权	基础情况	2	3
与低收入国家已签订双边投资协定			0.03 (0.02)
双边投资协定总数		0.02 (0.01)	
人均 GDP 自然对数	0.68** (0.19)	0.65** (0.19)	0.65** (0.19)
经济增长	–0.002 (0.024)	–0.005 (0.025)	–0.005 (0.025)
自然资源	–0.01 (0.01)	–0.01 (0.01)	–0.01 (0.01)
社会经济指标	1.09** (0.11)	1.06** (0.11)	1.06** (0.11)
时间趋势项	0.88** (0.11)	0.77** (0.12)	0.78** (0.13)
截距	–4.85** (1.51)	–3.96** (1.59)	–3.99** (1.59)
国家数量	68	68	68
R 方值	0.550	0.557	0.558
均方根误差（MSE）	1.875	1.864	1.866

在我们的基准案例中，我们发现人均GDP(社会经济结构指标)和时间是产权的主要决定因素。所有回归中，增长和自然资源均未呈现统计显著性。自然资源系数为负，但可能只是资源丰富的国家往往拥有制度较弱的政治体系的结果。具体而言，人均GDP增加1%会导致产权量表上增加0.68。同样，社会经济指标增加1会导致产权量表上增加1，并且每增加5年，产权就会增加0.88。在我们的模型中加入双边投资协定对结果没有影响。也许最有趣的结果是时间对于改善产权的重要性。尽管部分时间效应可能反映了双边投资协定的影响，但总体而言，在其他条件相同的情况下，各国往往朝着加强产权保护的方向发展。因此，根据这一初步规范，我们不能断定双边投资协定对国内产权有任何显著影响。在国内机构方面，似乎没有正面或负面的溢出效应。

五、结论

随着双边投资协定的出现，外国投资者得以确保国际或工业化国家法律中规定的强大且具有约束力的产权制度。然而，商业领域的当地参与者却受制于母国不稳定的产权制度。如果外国投资者能够通过双边投资协定绕过当地法律并降低风险，发展中国家政府加强国内产权制度的主要激励可能就不复存在。因此，双边投资协定对新兴经济体既有成本也有收益。我们的分析是理解双边投资协定对国内商业环境产生冲突影响的第一步。

总体而言，我们得出的结论是双边投资协定与外国直接投资之间的关系较弱。一般而言，双边投资协定似乎对外国直接投资的影响很小。政治风险水平、双边投资协定和外国直接投资之间似乎存在复杂的相互作用，但结果让人无法确切了解其中涉及的机制。这可能因国家而异。在我们对美国投资的分析中，我们发现美国双边投资协定的存在与美国外国直接投资水平之间几乎没有关系。对于存在关系的高风险国家，其关系也呈微弱的负面关系。

分析双边投资协定与国内投资环境的关系至关重要，因为我们想要了解这些条约是否可能对国内投资者不利。总体而言，双边投资协定与私人国内投资之间似乎存在正相关关系。因此，尽管这些条约可能使外国投资者相对于国内投资者具有优势，但它们似乎并未普遍抑制国内投资。相比之下，在政治风险较低的国家可能会出现不利情况。然而，这些都是双边投资协定发挥作用并不十分显著的国家。此外，尽管我们的分析是初步的，但双边投资协定与国内产权之间似乎不存在正面或负面的关系。

发展中国家改革停滞和法律执行不力的原因有很多，双边投资协定当然不是主要原因。同时，似乎这一旨在降低风险和增加对中低收入国家外国投资的工具，对整体投资环境没有可衡量的影响。

与高收入国家签订双边投资协定似乎对国内私人投资有积极影响，但这种因果关系并非通过国内法律环境产生。相反，这种影响可能反映了合资企业或外国直接投资对当地企业家的其他直接溢出效应。双边投资协定甚至可能通过挤出当地投资者，限制在制度相对较好的国家的国内投资。显然，关于双边投资协定的影响评估仍需深入研究。还需要进一步分析投资决策，以观察不同类型的外国直接投资受双边投资协定影响的程度是否有所不同，也许更重要的是要确定双边投资协定内容上的差异是否会影响整体商业环境。

附录A：世界银行收入分类：

世界银行的收入分类是根据2000年的人均国民总收入(GNI)划分的，使用世界银行图标集方法进行计算。分组如下：低收入，755美元及以下；中低收入，756—2995美元；中高收入，2996—9265美元；高收入，9266美元及以上(更多信息请参见http://www.worldbank.org/data/databytopic/class.htm)。

低收入经济体(63个)

阿富汗	布基纳法索	刚果民主共和国
加纳	朝鲜民主主义人民共和国	马里
尼加拉瓜	塞拉利昂	乌干达
安哥拉	布隆迪	刚果共和国
几内亚	吉尔吉斯斯坦	毛里塔尼亚
尼日尔	所罗门群岛	乌克兰
亚美尼亚	柬埔寨	科特迪瓦
几内亚比绍	老挝人民民主共和国	摩尔多瓦
尼日利亚	索马里	乌兹别克斯坦
阿塞拜疆	喀麦隆	厄立特里亚
海地	莱索托	蒙古
巴基斯坦	苏丹	越南
孟加拉国	中非共和国	埃塞俄比亚
印度	利比里亚	莫桑比克
卢旺达	塔吉克斯坦	也门共和国
贝宁	乍得	冈比亚
印度尼西亚	马达加斯加	缅甸
圣多美和普林西比	坦桑尼亚	赞比亚
不丹	科摩罗	格鲁吉亚
肯尼亚	马拉维	尼泊尔
塞内加尔	多哥	津巴布韦

中低收入经济体(54个)

阿尔巴尼亚	巴拉圭	圭亚那
危地马拉	阿尔及利亚	秘鲁

白俄罗斯
洪都拉斯
菲律宾
伯利兹
伊朗伊斯兰共和国
罗马尼亚
玻利维亚
伊拉克
俄罗斯联邦
波斯尼亚和黑塞哥维那
牙买加
萨摩亚
保加利亚
约旦
斯里兰卡
佛得角
哈萨克斯坦
圣文森特和格林纳丁斯
中国
基里巴斯
苏里南
哥伦比亚
拉脱维亚
斯威士兰
古巴
立陶宛
阿拉伯叙利亚共和国
吉布提
马其顿(前南斯拉夫共和国)
泰国
多米尼加共和国
马尔代夫
汤加
厄瓜多尔
马绍尔群岛
突尼斯
埃及阿拉伯共和国
密克罗尼西亚联邦
土库曼斯坦
萨尔瓦多
摩洛哥
瓦努阿图
赤道几内亚
纳米比亚
西岸和加沙地带
斐济
巴布亚新几内亚
南斯拉夫联邦共和国

中高收入经济体(38个)

美属萨摩亚
格林纳达
波兰
安提瓜和巴布达
匈牙利
波多黎各
阿根廷
马恩岛
沙特阿拉伯
巴林
韩国
塞舌尔
博茨瓦纳
黎巴嫩
斯洛伐克共和国
巴西
利比亚
南非
智利
马来西亚
圣基茨和尼维斯
哥斯达黎加
毛里求斯
圣卢西亚
克罗地亚
马约特岛
特立尼达和多巴哥
捷克共和国
墨西哥
土耳其
多米尼加
阿曼
乌拉圭
爱沙尼亚
帕劳
委内瑞拉玻利瓦尔共和国

加蓬	巴拿马	

高收入经济体(52个)

安道尔	比利时	塞浦路斯
德国	爱尔兰	卢森堡
新喀里多尼亚	圣马力诺	阿拉伯联合酋长国
阿鲁巴	百慕大	丹麦
希腊	以色列	中国澳门
新西兰	新加坡	英国
澳大利亚	文莱	法罗群岛
格陵兰	意大利	马耳他
北马里亚纳群岛	斯洛文尼亚	美国
奥地利	加拿大	芬兰
关岛	日本	摩纳哥
挪威	西班牙	美属维尔京群岛
巴哈马	开曼群岛	法国
中国香港	科威特	荷兰
葡萄牙	瑞典	法属波利尼西亚
巴巴多斯	海峡群岛	荷属安的列斯群岛
冰岛	列支敦士登	
卡塔尔	瑞士	

附录B：ICRG政治风险评级

“政治风险评级的目的是为在可比较的基础上评估ICRG所涵盖国家的政治稳定性提供一种手段。这是通过向一组预先设定的因素(政治风险要素)分配风险点来实现的。每个要素可以分配的最低点数为零，而最高点数则取决于该要素在整体政治风险评估中的固定权重。在任何情况下，风险点总数越低，风险越高；风险点总数越高，风险越低。”

“为确保国家之间以及随时间推移的一致性，ICRG编辑会根据每个风险要素的系列预设问题分配点数。”

表　ICRG政治风险要素

要素	定义	最高点数
政府稳定性	基于政府团结、立法力量和民众支持的衡量，政府保持执政和履行其宣布计划的能力	12
社会经济状况	可能制约政府行动的因素：失业、消费者信心、贫困	12
投资环境	合同可行性 / 征用、利润汇回和支付延迟	12
内部冲突	政治暴力对治理的影响：内战 / 恐怖主义 / 政治暴力、公民骚乱	12
外部冲突	政府因非暴力外部压力（如贸易限制或中止援助）或基于战争、跨境冲突、外国压力的暴力压力而面临的外部行动风险	12
腐败	金融腐败，如与许可、监管和税收相关的贿赂，更侧重于“过度庇护、任人唯亲、职位保留、以权谋私、秘密政党资助以及政治和商业之间可疑的密切关系等实际或潜在的腐败形式。”	6
军事介入政治		6
宗教紧张局势		6
法律和秩序	法律制度的力量和公正性以及民众对法律的遵守	6
种族紧张局势	种族、民族或语言分歧	6
民主问责制		6
官僚机构质量		4
总计		100

附录C：回归分析中包括的国家

外国直接投资包含的国家：

阿尔及利亚	圭亚那	巴拉圭
阿根廷	海地	秘鲁
孟加拉国	洪都拉斯	菲律宾
玻利维亚	印度	塞内加尔
巴西	印度尼西亚	南非
喀麦隆	伊朗	斯里兰卡
智利	牙买加	叙利亚
哥伦比亚	约旦	泰国
哥斯达黎加	肯尼亚	多哥
多米尼加共和国	马拉维	特立尼达和多巴哥
厄瓜多尔	马来西亚	突尼斯
埃及	墨西哥	土耳其
萨尔瓦多	摩洛哥	乌干达
加蓬	尼加拉瓜	乌拉圭
冈比亚	尼日利亚	委内瑞拉
加纳	巴基斯坦	赞比亚
危地马拉	巴拿马	津巴布韦

美国双边外国直接投资包含的国家：

阿尔及利亚	哥斯达黎加	匈牙利
阿根廷	多米尼加共和国	印度
孟加拉国	厄瓜多尔	印度尼西亚
玻利维亚	埃及	伊朗
博茨瓦纳	萨尔瓦多	肯尼亚
巴西	加纳	马来西亚
喀麦隆	危地马拉	马里
智利	圭亚那	墨西哥
中国	海地	尼加拉瓜
哥伦比亚	洪都拉斯	尼日尔

巴基斯坦
巴拿马
巴布亚新几内亚
巴拉圭
秘鲁
菲律宾
塞内加尔
南非
斯里兰卡
泰国
多哥
特立尼达和多巴哥
突尼斯
土耳其
乌拉圭
委内瑞拉
赞比亚
津巴布韦

附录C(续)

私人投资包含的国家：

阿尔及利亚
阿根廷
孟加拉国
玻利维亚
巴西
智利
哥伦比亚
哥斯达黎加
科特迪瓦
多米尼加共和国
厄瓜多尔
埃及
萨尔瓦多
危地马拉
几内亚比绍
圭亚那
海地
印度
印度尼西亚
伊朗
肯尼亚
马达加斯加
马拉维
马来西亚
墨西哥
摩洛哥
尼加拉瓜
巴基斯坦
巴拿马
巴布亚新几内亚
巴拉圭
秘鲁
菲律宾
南非
泰国
特立尼达和多巴哥
突尼斯
土耳其
乌拉圭
委内瑞拉

产权包含的国家：

阿尔及利亚
阿根廷
巴林
孟加拉国
玻利维亚
博茨瓦纳
巴西
布基纳法索
喀麦隆
智利
中国
哥伦比亚
刚果
哥斯达黎加
科特迪瓦
多米尼加共和国
厄瓜多尔
埃及
萨尔瓦多
埃塞俄比亚
加蓬

冈比亚
加纳
圭亚那
海地
印度
伊朗
牙买加
约旦
肯尼亚
马拉维
马里
墨西哥
尼日尔
尼日利亚
阿曼
巴拿马

巴拉圭
秘鲁
菲律宾
沙特阿拉伯
塞内加尔
塞拉利昂
南非
斯里兰卡
苏里南
叙利亚
泰国
多哥
特立尼达和多巴哥
突尼斯
土耳其
乌干达

乌拉圭
委内瑞拉
赞比亚
津巴布韦
危地马拉
几内亚比绍
洪都拉斯
匈牙利
印度尼西亚
马达加斯加
马来西亚
摩洛哥
尼加拉瓜
巴基斯坦
巴布亚新几内亚

附录D

表9　变量说明

变量名称	说明及来源
因变量	
外国直接投资（全球流入）	衡量每年流入一个国家的外国直接投资总额（以美元计），除以该年全球外国直接投资流入总额的比例。 来源：贸发会议外国直接投资数据库
外国直接投资（美国流出）	美国向东道国净资本流入（或流出）的外国直接投资数额，以百万美元计。
私人国内投资	国内总投资（来自国民账户）与合并公共投资（以百万美元计）之间的差额。 来源：世界发展指标
产权	根据国际国家风险指南的政治风险量表中的三个指标的总和来衡量：投资概况（衡量征用风险和合同可行性）、法律和秩序以及腐败。量表总分为24分。 来源：国际国家风险指南
自变量	
与发达国家签订的双边投资协定	等于某一年与高收入国家签订的条约数量。 来源：贸发会议双边投资协定数据库
与发展中国家签订的双边投资协定	等于某一年与发展中国家签订的条约数量。 来源：贸发会议双边投资协定数据库
政治风险	通过对一组预设的风险组成部分分配风险点，对“国际国家风险指南所涵盖国家的政治稳定性”进行可比评估。每个组成部分分配的最小点数为零，而最大点数是该组成部分在整体政治风险评估中的权重函数。风险组成部分（和最大点数）包括：政府稳定性（例如，民众支持）（12分）、社会经济条件（例如，贫困）（12分）、投资概况（例如，征用）（12分）、内部冲突（例如，恐怖主义或内战）（12分）、外部冲突（例如，战争）（12分）、腐败（6分）、军事干政（6分）、宗教干政（6分）、法律和秩序（6分）、民族紧张局势（6分）、民主问责制（6分）和官僚机构质量（4分）。量表范围从0到100；低分数表示高风险。 来源：国际国家风险指南
人均国民生产总值对数	1970—1995年期间以当前美元计的人均国民生产总值对数。 来源：世界发展指标。
增长率	人均国内生产总值增长率，按每年国内生产总值的百分比变化衡量。 来源：世界发展指标。
纬度	国家纬度的绝对值，按比例缩放为0到1之间的值。 来源：中央情报局1996年版《世界概况》。
大洲	针对非洲、亚洲、拉丁美洲和东欧的虚拟变量。如果国家位于该大洲，则变量等于1。 来源：中央情报局1996年版《世界概况》。

续表

变量名称	说明及来源
自然资源	衡量各国出口的自然燃料和矿石总额（以百万美元计）。 来源：国际货币基金组织国际金融统计数据库。
流动负债	世界发展指标定义为“中央银行货币和存款的总和，加上可转让存款和电子货币，加上定期和储蓄存款、外币可转让存款、存单和证券回购协议，加上旅行支票、外币定期存款、商业票据和居民持有的共同基金或市场基金份额。”以国内生产总值百分比衡量。 来源：Levine-Loayza-Beck 数据集，世界银行
黑市溢价	黑市汇率与官方汇率之比减一。 来源：Levine-Loayza-Beck 数据集，世界银行
通货膨胀	消费者价格指数的对数差。 来源：国际金融统计
人口	每年国家总人口的对数（以百万计）。 来源：世界发展指标。
社会经济指标	对国家社会经济状况（如贫困水平和失业率）的评级，作为政治风险衡量的一部分。 来源：国际国家风险指南

附录E

表10　统计摘要：外国直接投资回归

变量	观测值	均值	标准差	最小值	最大值
外国直接投资	238	0.31	0.87	–0.16	7.99
高收入国家双边投资协定对数	238	0.86	0.91	0	3.09
低收入国家双边投资协定对数	238	0.41	0.83	0	3.89
累计双边投资协定总数对数	238	1.04	1.10	0	4.30
人均 GDP 对数	238	7.96	0.92	4.98	8.96
政治风险	238	54.55	10.64	26	77
GDP 增长率	238	1.06	4.35	–12.9	35.8
通货膨胀	238	51.71	206.89	0.74	2096
自然资源	238	20.54	26.17	0	98.61
纬度摘要	238	0.18	0.10	0.01	0.39
人口对数	238	16.4	1.42	13.5	20.6

表11　统计摘要：私人投资回归分析

变量	观测值	均值	标准差	最小值	最大值
私人投资	142	13.50	4.78	3.06	32.50
高收入国家双边投资协定对数	142	3.38	4.11	0	17
低收入国家双边投资协定对数	142	2.33	5.07	0	28
累计双边投资协定总数对数	142	5.71	8.64	0	43
人均 GDP 对数	142	7.09	0.95	4.90	8.86
政治风险	142	54.69	11.30	26	77
GDP 增长率	142	4.07	2.55	–2.37	10.28
流动负债	142	34.53	16.57	0.57	90.01
自然资源	142	21.04	26.14	0	97.12
纬度摘要	142	0.20	0.12	0.01	0.43

表12　统计摘要：产权回归分析

变量	观测值	均值	标准差	最小值	最大值
产权	255	11.31	2.76	3	18.60
累计双边投资协定总数	255	9.16	13.96	0	94
高收入国家双边投资协定	255	4.61	4.95	0	24
低收入国家双边投资协定	255	4.55	9.71	0	70
GDP 增长率	255	4.43	4.22	0	25.01
人均 GDP 对数	255	6.98	1.07	4.51	9.36

续表

变量	观测值	均值	标准差	最小值	最大值
自然资源	255	22.69	27.53	0	98.61
社会经济指标	255	5.34	1.33	1.40	9

表13　相关性：产权

变量	产权	双边投资协定总数	高收入国家双边投资协定	低收入国家双边投资协定	GDP增长率	人均GDP对数	时间	自然资源	通货膨胀	社会经济指标
产权	1.00	—	—	—	—	—	—	—	—	—
双边投资协定总数	0.25	1.00	—	—	—	—	—	—	—	—
高收入国家双边投资协定	0.22	0.93	1.00	—	—	—	—	—	—	—
低收入国家双边投资协定	0.25	0.97	0.81	1.00	—	—	—	—	—	—
GDP 增长率	0.00	0.05	0.05	0.04	1.00	—	—	—	—	—
人均 GDP 对数	0.40	0.16	0.12	0.16	0.08	1.00	—	—	—	—
时间	0.35	0.30	0.31	0.28	0.18	0.15	1.00	—	—	—
自然资源	0.02	0.00	0.00	0.00	0.09	0.27	−0.03	1.00	—	—
通货膨胀	−0.08	−0.01	−0.01	−0.01	−0.10	0.02	−0.06	0.03	1.00	—
社会经济指标	0.44	0.17	0.18	0.15	0.06	0.33	−0.30	0.11	−0.09	1.00

表14　相关性：私人投资变

变量	私人投资	高收入国家双边投资协定	低收入国家双边投资协定	双边投资协定总数	人均GDP对数	政治风险	GDP增长率	流动负债	时间	通货膨胀	商品税	自然资源	纬度摘要	东欧、独联体国家	拉丁美洲/加勒比地区	非洲
私人投资	1	—	—	—	—	—	—	—	—	—	—	—	—	—	—	—
高收入国家双边投资协定	0.13	1.00	—	—	—	—	—	—	—	—	—	—	—	—	—	—
低收入国家双边投资协定	0.06	0.81	1.00	—	—	—	—	—	—	—	—	—	—	—	—	—
双边投资协定总数	0.10	0.93	0.97	1.00	—	—	—	—	—	—	—	—	—	—	—	—
人均 GDP 对数	0.37	0.05	0.08	0.07	1.00	—	—	—	—	—	—	—	—	—	—	—
政治风险	0.24	0.43	0.35	0.40	0.40	1.00	—	—	—	—	—	—	—	—	—	—
GDP 增长率	0.21	0.03	0.04	0.04	0.03	0.05	1.00	—	—	—	—	—	—	—	—	—
流动负债	0.24	0.04	0.10	0.08	0.37	0.10	−0.02	1.00	—	—	—	—	—	—	—	—
时间	0.18	0.52	0.40	0.47	0.00	0.43	0.05	−0.01	1.00	—	—	—	—	—	—	—
通货膨胀	−0.04	−0.05	−0.03s	−0.04	−0.01	−0.08	−0.19	−0.05	−0.06	1.00	—	—	—	—	—	—
商品税	0.09	0.08	0.06	0.07	−0.01	0.04	−0.16	−0.05	0.00	0.09	1.00	—	—	—	—	—
自然资源	−0.04	0.00	−0.01	−0.01	0.25	0.03	−0.01	0.05	−0.03	0.03	−0.12	1.00	—	—	—	—
纬度摘要	−0.12	0.10	0.19	0.16	0.24	0.11	0.01	0.28	0.00	−0.02	0.10	0.05	1.00	—	—	—
东欧、独联体国家	−0.01	0.13	0.12	0.13	0.25	0.27	−0.25	0.03	0.00	0.14	0.23	−0.05	0.31	1.00	—	—
拉丁美洲/加勒比地区	0.03	−0.07	−0.06	−0.07	0.36	0.07	−0.01	0.02	0.00	0.03	0.16	0.04	−0.11	−0.23	1.00	—
非洲	−0.24	−0.08	−0.16	−0.14	−0.50	−0.21	0.01	−0.36	0.00	−0.02	−0.19	−0.15	−0.36	−0.30	−0.37	—
外国直接投资/全球外国直接投资	1.00	—	—	—	—	—	—	—	—	—	—	—	—	—	—	—

续表

变量	私人投资	高收入国家双边投资协定	低收入国家双边投资协定	双边投资协定总数	人均GDP对数	政治风险	GDP增长率	流动负债	时间	通货膨胀	商品税	自然资源	纬度摘要	东欧、独联体国家	拉丁美洲 / 加勒比地区	非洲
高收入国家双边投资协定	0.16	1.00	—	—	—	—	—	—	—	—	—	—	—	—	—	—
低收入国家双边投资协定	0.20	0.81	1.00	—	—	—	—	—	—	—	—	—	—	—	—	—
双边投资协定总数	0.19	0.93	0.97	1.00	—	—	—	—	—	—	—	—	—	—	—	—
人均 GDP 对数	0.13	0.08	0.15	0.13	1.00	—	—	—	—	—	—	—	—	—	—	—
政治风险	0.29	0.43	0.35	0.40	0.44	1.00	—	—	—	—	—	—	—	—	—	—
GDP 增长率	0.08	0.08	0.05	0.06	0.08	–0.06	1.00	—	—	—	—	—	—	—	—	—
黑市溢价	–0.05	–0.06	–0.03	–0.05	–0.05	–0.16	–0.01	1.00	—	—	—	—	—	—	—	—
开放程度	–0.16	0.00	0.01	0.01	0.30	0.23	–0.01	–0.02	1.00	—	—	—	—	—	—	—
自然资源	0.03	0.00	–0.01	–0.01	0.27	0.03	0.09	–0.04	0.08	1.00	—	—	—	—	—	—
时间	0.02	0.52	0.40	0.47	0.15	0.43	0.18	0.06	0.18	–0.03	1.00	—	—	—	—	—
纬度摘要	0.08	0.10	0.19	0.16	0.21	0.11	0.03	–0.01	–0.10	0.05	0.00	1.00	—	—	—	—
民法法系起源	–0.01	0.09	0.02	0.05	0.10	–0.01	–0.01	0.05	–0.32	0.13	0.00	–0.03	1.00	—	—	—
拉丁美洲 / 加勒比地区	0.10	–0.07	–0.06	–0.07	0.42	0.07	0.02	0.03	–0.03	0.04	0.00	–0.11	0.18	1.00	—	—
非洲	–0.15	–0.08	–0.16	–0.14	–0.45	–0.21	0.02	–0.06	–0.05	–0.15	0.00	–0.36	0.00	–0.37	1.00	—
总人口	0.40	0.16	0.21	0.20	–0.19	0.04	0.12	0.00	–0.23	–0.05	0.06	0.18	–0.16	–0.08	–0.12	—

附录F

表15　1982—1990年部分发展中国家签订双边条约前后FDI流入排名对比

国家	签署日期	签订条约当年该国在所有发展中国家中的外国直接投资流入排名	未签订条约时排名靠前的国家数量
巴拿马	1982年10月27日	6	5
塞内加尔	1983年12月6日	24	22
海地	1983年12月13日	64	62
刚果民主共和国	1984年8月3日	77	74
摩洛哥	1985年7月22日	36	33
土耳其	1985年12月3日	19	18
喀麦隆	1986年2月26日	99	91
埃及	1986年3月11日	80	72
孟加拉国	1986年3月12日	50	45
格林纳达	1986年5月2日	39	35
波兰	1990年3月21日	47	40
突尼斯	1990年5月15日	35	30
斯里兰卡	1991年9月20日	49	38
捷克共和国	1991年10月22日	112	97
斯洛伐克	1991年10月22日	135	119
阿根廷	1991年11月14日	8	6
哈萨克斯坦	1992年5月19日	122	102
罗马尼亚	1992年5月28日	36	28
俄罗斯	1992年6月17日	33	27
亚美尼亚	1992年9月23日	97	81
保加利亚	1992年9月23日	53	42
厄瓜多尔	1993年8月27日	16	12
白俄罗斯	1994年1月15日	73	53
牙买加	1994年2月4日	21	16
乌克兰	1994年3月4日	137	109
格鲁吉亚	1994年3月7日	79	58

续表

国家	签署日期	签订条约当年该国在所有发展中国家中的外国直接投资流入排名	未签订条约时排名靠前的国家数量
爱沙尼亚	1994年4月19日	113	87
特立尼达和多巴哥	1994年9月26日	28	20
蒙古国	1994年10月6日	126	98
乌兹别克斯坦	1994年12月16日	140	111
阿尔巴尼亚	1995年1月11日	74	55
拉脱维亚	1995年1月13日	118	88
洪都拉斯	1995年7月1日	84	61
尼加拉瓜	1995年7月1日	126	95
克罗地亚	1996年7月13日	112	82
约旦	1997年7月2日	120	86
阿塞拜疆	1997年8月1日	13	11
立陶宛	1998年1月14日	80	53
玻利维亚	1998年4月17日	32	20
莫桑比克	1998年12月1日	58	36
萨尔瓦多	1999年3月10日	23	13

俄罗斯和中亚国家外汇法律制度研究

贾同乐　张　月*

外汇法律管理作为国家金融管理的重要组成部分，对于维护国家金融稳定、促进国际贸易与投资具有关键作用。俄罗斯外汇法律不仅反映了自身经济转型与发展的需求，也对周边国家产生了辐射效应。中亚国家地处欧亚大陆核心区域，独特的地缘政治和经济结构使其外汇法律既受区域大国影响，又因自身资源禀赋、经济发展水平和发展战略的差异而各具特色。

一、俄罗斯外汇法律制度

(一)俄罗斯外汇法律基础及主体

1. 法律基础

俄罗斯外汇市场近年来受到了国际政治、经济局势的显著影响。自2014年与西方国家关系紧张开始，俄罗斯出台了一系列法律和政策，以维护本国金融稳定、限制资本外流和应对西方国家制裁的压力。俄罗斯外汇管理制度中，最主要的法律包括《俄罗斯联邦外汇管理和控制法》《俄罗斯联邦中央银行法》。这些法律为俄罗斯外汇市场的操作、外汇交易、资本流动以及货币兑换等活动提供了法律框架。其中，《俄罗斯联邦外汇管理和控制法》旨在规范外汇交易、防止非法外汇交易和资本外流。该法律规定了外汇管理的基本原则，如外汇交易的合规性、俄罗斯居民和非居民的外汇交易限制、外汇收入和支付的报备等。除了上述基础性法律，俄罗斯还通过一系列法规管理外汇交易和资本流动。例如，俄罗斯外汇市场的交

* 贾同乐，西北政法大学民商法学院讲师、硕士生导师、“一带一路”营商环境研究院执行院长，法学博士；张月，西北政法大学法律硕士教育学院硕士研究生。

易必须通过经认证的金融机构进行；俄罗斯对资本账户的管制相对严格，资本项目的跨境转移和外汇支付通常需要政府审批或遵循一定的程序等。

2. 中央银行

俄罗斯银行作为俄罗斯中央银行，是外汇管理的主要执行机构，负责设定外汇市场的监管政策。在20世纪90年代的经济转型期，俄罗斯银行面对系统性金融风险，着力构建外汇监管框架，实施反危机货币政策工具组合，为经济软着陆提供制度保障。作为国家金融稳定的守护者，俄罗斯银行通过数字化监管平台、宏观审慎政策工具及金融科技创新监管体系，全面维护金融市场秩序。其职能演变轨迹深刻反映了俄罗斯经济发展模式的历史变革，为新兴市场国家中央银行制度改革提供了重要参考。根据《俄罗斯联邦宪法》《俄罗斯联邦中央银行法》的规定，俄罗斯银行有权制定外汇交易和金融市场的操作规则，并实施货币政策来稳定汇率。俄罗斯银行通过实时监测系统，对银行和非银行金融机构的外汇交易活动进行全方位、动态化的严格监督，确保市场参与者严格遵守外汇法律法规，维护外汇市场的有序运行。[1]

（二）俄罗斯外汇管理法规政策

1. 经常项目外汇管理法规政策

《俄罗斯联邦外汇管理和外汇控制法》等规定，除了法律规定的有限的外汇交易清单外，在俄罗斯境内开展各类商业活动时，本国居民之间不得采用外币作为交易结算货币。该项法规针对境内经济主体的支付结算方式作出强制性规定，涵盖所有商业契约的履行过程。一般而言，对于符合国际贸易规范且具有真实交易凭证的跨境贸易行为，只要不存在资金非法转移等违规嫌疑，相关法律并未设置额外的交易壁垒。但是，当居民与非居民在跨境交易中，签订涉及金额超过等值300万卢布的进口合同、1000万卢布的出口合同时，交易双方需在指定金融机构登记合同相关信息。

俄罗斯中央银行目前建立了系统的跨境资金申报与监测机制。对于涉及商品贸易、服务输出及资本收益的跨境资金流动，相关法规明确要求资金接收方必须在法定期限内通过合规渠道完成外汇资金划转。此项规定不仅适用于传统货物贸易领域，同时涵盖知识产权转让、技术合作等新型国际服务贸易形态。俄罗斯中央银

〔1〕 参见《俄罗斯银行介绍》，载俄罗斯中央银行官网，https://cbr.ru/cash_circulation/memorable_coins/coins_base/ShowCoins/?cat_num=5111-0427，2025年3月26日访问。

行特别强调金融交易的透明度要求，通过多部门联动的反洗钱监测系统对跨境资金往来的合法性进行全流程追踪。

2. 资本和金融项目外汇管理法规政策

(1)直接投资

在国防和国家安全领域，俄罗斯对外资准入实施特别管制。《俄罗斯联邦关于外资进入对保障国防和国家安全具有战略意义的商业组织程序法》规定，涉及国防及国家安全相关产业的投资行为，若通过直接或间接途径获取目标机构25%以上表决权或将影响企业经营决策权的并购活动，须经主管部门事先审批。[1]针对金融行业外资准入，俄罗斯中央银行采取总量控制模式。外资在俄罗斯信贷机构资本总额中的占比不得超过50%，若突破该阈值，俄罗斯中央银行将终止新设外资银行的许可审批，并限制非居民资本通过注资、增资方式进入本国银行体系。

(2)资本与货币市场工具

在股票类证券投资方面，非居民在俄罗斯境内的市场交易不受限制，非居民在俄罗斯境内发行和出售债券同样不受特殊限制。居民在俄罗斯的境外证券投资虽不受额度管控，但在发行地点须经当地监管部门批准。

3. 个人外汇管理法规政策

针对俄罗斯的关税联盟国(亚美尼亚、白俄罗斯、哈萨克斯坦、吉尔吉斯斯坦)间的货币汇兑业务，俄罗斯居民和非居民个人可以自由携带卢布和外币出入境。若涉及金额超过等值1万美元的货币跨境流动，俄罗斯居民和非居民个人须向主管部门申报。俄罗斯居民个人单月可将不超过等值100万美元的资金转移至其境外账户。[2]

4. 金融机构外汇业务管理法规政策

俄罗斯对外资进入本国信贷行业实施准入限制，禁止境外实体在境内新设信贷类金融机构。境内信贷机构股权投资占比超过1%的外资主体须向俄罗斯中央银行报告。[3]俄罗斯金融机构须遵守国际收支申报制度。俄罗斯中央银行可以对

---

〔1〕 参见国家外汇管理局“一带一路”国家外汇管理政策研究小组编译:《俄罗斯外汇管理概览》,载《中国外汇》2019年第17期。

〔2〕 参见国家外汇管理局“一带一路”国家外汇管理政策研究小组编译:《“一带一路”国家外汇管理政策概览(2024)》,载国家外汇管理局网,http://www.safe.gov.cn/safe/2025/0107/25627.html,2025年3月15日访问;商务部对外投资和经济合作司等编:《对外投资合作国别(地区)指南:俄罗斯》(2024年版),载“走出去”公共服务平台网,http://fec.mofcom.gov.cn/article/gbdqzn/index.shtml#,2025年5月8日访问。

〔3〕 参见《俄罗斯的汇率制度与外汇制度》,载中国人民银行网,http://www.pbc.gov.cn/goujisi/144449/144490/144525/144800/2834653/index.html,2025年2月25日访问。

回购协议违约等情形建立强制处置机制，可依法扣划往来账户资金或处置抵押资产。对于外汇衍生品市场，虽然俄罗斯中央银行不直接参与其国内货币衍生品交易，但可以通过货币互换机制为市场提供流动性支持。

（三）俄罗斯外汇交易制度

莫斯科交易所（MOEX）是全球卢布外汇交易的重要平台，约占全球市场份额的20%左右。该交易所承担着俄罗斯国家法定货币流动性中枢与金融基础设施支柱的双重职能，在俄罗斯外汇交易领域构建了独特的复合型市场架构，整合了即期交易与金融衍生工具两大业务板块。其产品体系涵盖即期外汇、远期合约及货币互换等基础性交易品种，同时创新开发了多种期货期权组合产品。[1]

莫斯科交易所建立了市场化汇率形成机制，定期发布外币兑卢布等官方基准汇率指标。这一价格发现功能不仅为市场参与者提供官方定价参考，也成为俄罗斯中央银行制定汇率政策的重要决策依据。经过多年发展，该交易所培育出涵盖商业银行、流动性提供商、实体企业、零售投资者及国际资本的多层次参与主体，构建起具有全球影响力的跨境投资生态系统。在风险防控机制建设方面，莫斯科交易所以抵押品管理制度为基础，结合动态价格区间调控机制与违约保证金制度，形成多维度的风险管控框架市场稳定装置。该交易所通过参数化风控模型与实时监测系统的协同运作，提升了极端市场波动下的系统性风险抵御能力，为维护俄罗斯金融市场的稳健运行提供了制度保障。

二、中亚国家外汇法律制度

（一）哈萨克斯坦外汇法律

1. 外汇管理主体、主要法规及汇率制度

哈萨克斯坦国家银行是哈萨克斯坦的中央银行和外汇管理部门。哈萨克斯坦外汇管理相关的法规主要有《哈萨克斯坦共和国国家银行法》《哈萨克斯坦共和国投资法》《哈萨克斯坦共和国外汇管理和外汇管制法》等。哈萨克斯坦的法定货币为坚戈。自2015年8月20日起，哈萨克斯坦国家银行取消汇率波动区间限制，开始实施坚戈自由浮动汇率，并减少外汇市场干预，但实际上实施的是有管理的浮动汇

〔1〕 参见王莹丽：《莫交所外汇期/现货市场发展情况分析》，载《中国外汇》2021年第5期。

率制度。哈萨克斯坦国家银行每日会公布坚戈对部分货币的汇率。

2. 外汇管理法规政策

(1) 经常项目外汇管理法规政策

哈萨克斯坦对居民和非居民在境内购汇没有限制。所有出口收入均须汇回，企业出口前须向授权银行申领交易许可证，且在交易完全结束前接受海关和授权银行的监管。外汇贸易合同或收支金额超过等值5万美元时，进出口商必须提交进出口协议的原件或复印件。对出口逾期未收汇行为，授权银行要及时向哈萨克斯坦国家银行报告，由其负责查处违规企业。对于进口付汇业务，要求向授权银行出示相关合同、协定或协议，并由授权银行向进口企业核发交易许可证，在交易完全结束前要受海关和授权银行的监管。[1]哈萨克斯坦支付外籍员工工资和境外使用信用卡均无需事前审批，也无金额限制，但在境外使用信用卡支付超过1万美元需提供相关证明文件。服务贸易项下的外汇收入需在交易条款规定的期限内汇回哈萨克斯坦境内，金额超过5万美元的收入汇回需遵守相关要求。

(2) 资本和金融项目外汇管理法规政策

哈萨克斯坦对资本项目外汇收支实行管制，与资本流动有关的外汇业务在哈萨克斯坦国家银行办理登记或许可后方能进行。资本项下的跨境资金流动方面，只要双方有合法有效的协议，在办理登记手续后，资金即可自由进出。对外直接投资、外商直接投资超过等值50万美元，居民购买由居民或非居民发行的超过等值50万美元的证券，居民与非居民之间金额超过等值50万美元的金融信贷，均须在哈萨克斯坦国家银行登记。[2]

(3) 个人外汇管理法规政策

居民个人和非居民个人可直接在银行、有经营许可证的货币兑换机构进行外币兑换业务，但在汇出和携带出境外环节实行一定管制。在欧亚经济联盟成员国(俄罗斯、亚美尼亚、白俄罗斯、哈萨克斯坦、吉尔吉斯斯坦)之间，个人携带外币或本币现钞、旅行支票出入境无需向海关申报。但是，个人携带来自其他国家的外币或本币现钞、旅行支票入境，或携带外币或本币现钞、旅行支票出境至其他国家，如

〔1〕 国家外汇管理局“一带一路”国家外汇管理政策研究小组编译:《“一带一路”国家外汇管理政策概览(2024)》，载国家外汇管理局网，http://www.safe.gov.cn/safe/2025/0107/25627.html，2025年3月15日访问；国家外汇管理局“一带一路”国家外汇管理政策研究小组编译:《哈萨克斯坦外汇管理概览》，载《中国外汇》2019年第23期。

〔2〕 国家外汇管理局“一带一路”国家外汇管理政策研究小组编译:《“一带一路”国家外汇管理政策概览(2024)》，载国家外汇管理局网，http://www.safe.gov.cn/safe/2025/0107/25627.html，2025年3月15日访问。

果总额超过等值1万美元则须向海关申报。

(4)金融机构外汇业务管理法规政策

哈萨克斯坦国家银行负责向商业银行发行外汇交易许可证，持证银行可以在哈萨克斯坦境内外自由购买和出售外币。商业银行可在哈萨克斯坦证券交易所和银行间市场开展外汇即期交易，但外汇远期交易必须在银行间市场进行，不能在哈萨克斯坦证券交易所进行。哈萨克斯坦国家银行在哈萨克斯坦证券交易所参与外汇互换交易。哈萨克斯坦国家银行同时向非银行货币兑换机构发放外汇交易许可证，这些经许可的机构可以从事外币现钞业务，但是不得代客从事外币支付和转账。

(二)塔吉克斯坦外汇法律

塔吉克斯坦外汇管理侧重于保障基本进口用汇需求，维护外汇市场秩序和保障经济平稳运行。根据《塔吉克斯坦共和国投资法》，投资者有权在塔吉克斯坦开立本币(索莫尼)及外币账户，完税后可以将索莫尼自由兑换成其他外币，同样可认购其他外币用于支付塔吉克斯坦境外业务。在塔吉克斯坦，外汇的汇进汇出自由，投资者和外国工作者有权将合法投资和经营利润所得外币收入和工资收入汇出境外，但需要缴纳特别税费。个人携带3000美元以上现金出入境塔吉克斯坦需要进行申报。[1]

《塔吉克斯坦共和国外汇管理与外汇管制法》规制外汇管理与外汇监管关系，并在外汇持有、使用、处置方面规定塔吉克斯坦居民及非居民的权利与义务。塔吉克斯坦其他重要的外汇管理法律还包括《塔吉克斯坦共和国国家银行法》《塔吉克斯坦共和国投资法》《塔吉克斯坦共和国海关法典》等。塔吉克斯坦的外汇管理主体为塔吉克斯坦国家银行或依法授权的其他国家机构。塔吉克斯坦国家银行行使制定外汇和以外汇计价的有价证券流通范围和办法、发布外汇相关的法律法规和制定外汇业务规则等职能。[2]

〔1〕 参见商务部对外投资和经济合作司等编:《对外投资合作国别(地区)指南:塔吉克斯坦》(2024年版)，载“走出去”公共服务平台网，http://fec.mofcom.gov.cn/article/gbdqzn/index.shtml#，2025年5月8日访问。

〔2〕 参见中国国际贸易促进委员会法律事务部、中国经济信息社编著:《“一带一路”国别法律研究(第三辑):塔吉克斯坦》，新华出版社2018年版，第62页。

(三)吉尔吉斯斯坦外汇法律

吉尔吉斯斯坦外汇法律框架主要由《吉尔吉斯共和国外汇交易法》《吉尔吉斯共和国国家银行法》等构成。吉尔吉斯斯坦国家银行承担着制定汇率形成机制、监督外汇交易市场以及规范持牌金融机构的核心职能。吉尔吉斯斯坦外汇管理制度呈现出较高的开放度,尽管其境内结算原则上规定使用本币索姆,但该约束性条款并不适用于国际贸易结算及跨境资本运作领域。

在汇率形成机制方面,吉尔吉斯斯坦采取市场化汇率制度,索姆在其境内实行完全可兑换的政策。注册商业银行在吉尔吉斯斯坦境内外汇市场具有自主交易权限。个人及法人实体可在持牌金融机构不受限制地进行本外币兑换。吉尔吉斯斯坦国家银行每日依据银行间市场加权平均价发布指导汇率,该数据作为经济主体开展跨境贸易计价结算的法定基准。

跨境资金流动管理方面,《吉尔吉斯共和国外汇交易法》确立自由化原则,境内外居民均可依法进行货币出入境及跨境汇兑操作,仅需履行常规申报程序。其中,企业利润汇出仅需缴纳标准手续费,且操作流程较为便利。吉尔吉斯斯坦商业银行普遍接入SWIFT国际清算系统,可通过电子支付方式进行国际汇款业务。中国和吉尔吉斯斯坦两国金融机构间已建立顺畅的清算通道。在现金管理领域,个人入境携带外币等值现金若低于1万美元可免于申报;外国居民允许携带等值5000美元以下的外币出境,本国居民允许携带等值1万美元的现金出境,超过限额部分将征收10%的费用。[1]

(四)乌兹别克斯坦外汇法律

乌兹别克斯坦曾长期实行较为严格的外汇管制,以此来维护本国货币苏姆的稳定,支持国内产业发展,特别是战略性产业和民生相关产业。2017年9月开始,乌兹别克斯坦实施了一系列外汇市场自由化改革,目前苏姆已经实现了初步的可自由兑换。乌兹别克斯坦国家银行作为中央银行,承担乌兹别克斯坦境内外汇管理职责。乌兹别克斯坦绝大多数贸易由美元计价,苏姆兑美元汇率是基准汇率;苏姆兑美元的官方汇率由乌兹别克斯坦中央银行根据前一天货币交易的加权平均汇

〔1〕 参见商务部对外投资和经济合作司等编:《对外投资合作国别(地区)指南:吉尔吉斯斯坦》(2024年版),载"走出去"公共服务平台网,http://fec.mofcom.gov.cn/article/gbdqzn/index.shtml#,2025年5月9日访问。

率确定。[1]

《乌兹别克斯坦共和国外汇管理法》规定，除法定豁免情形外，境内所有居民与非居民经济主体在实施支付行为时，必须采用官方货币苏姆作为结算工具，且相关外汇交易须通过持牌商业银行完成资金划转。居民和非居民个人携带超过等值1亿苏姆现钞出入境须向海关申报。跨境资本流动规制方面，根据《乌兹别克斯坦共和国外汇管理法》《乌兹别克斯坦共和国投资与投资活动法》的规定，外国投资者在完整履行税收缴纳及其他法定财务责任后，除需按法律规定提交进出口合同等证明材料，便可以依法享有将投资收益转换为外汇并实施跨境转移的权利。乌兹别克斯坦中央银行等监管机构在特定情形下(如涉及外资企业破产清算、重大刑事调查或未执行生效司法裁决等法定事由)，可依法采取资本汇出限制措施。

(五)土库曼斯坦外汇法律

土库曼斯坦依托其战略性油气储备优势，构建了具有国家主导型特征的外汇管控体系，通过中央统筹外汇资源配置机制来优先保障能源产业升级与战略项目融资需求，以此巩固国民经济基础部门的稳健发展。该制度通过行政模式强化对国际收支的管控，形成了较为严格的外汇管理体系。土库曼斯坦的外汇管理对跨国资本流动形成制度约束，跨境金融交易需经行政审查程序，其审批机制常与宏观经济调控目标及金融稳定政策联动，客观上导致市场主体的资本流转效能受限。

土库曼斯坦中央银行和土库曼斯坦内阁是其外汇管理部门，法定货币为马纳特。土库曼斯坦中央银行将官方汇率设定为3.5马纳特兑1美元，并对非官方交易的与官方汇率的偏差比例进行了限制。[2]土库曼斯坦外汇法律主要包括《土库曼斯坦对外经济关系外汇管理和管制法》《土库曼斯坦中央银行法》等。在土库曼斯坦注册的外国公司可在土库曼斯坦银行开设外汇账户，但不允许提取大额现金，需用美元支付时只能通过银行转账。居民和非居民个人出入境低于3000美元无须申报，3000美元以上需要填报海关报关单，且最多不能超过1万美元。[3]

---

〔1〕 参见国家外汇管理局"一带一路"国家外汇管理政策研究小组编译:《"一带一路"国家外汇管理政策概览(2024)》，载国家外汇管理局网，http://www.safe.gov.cn/safe/2025/0107/25627.html，2025年5月11日访问。

〔2〕 参见国家外汇管理局"一带一路"国家外汇管理政策研究小组编译:《"一带一路"国家外汇管理政策概览(2024)》，载国家外汇管理局网，http://www.safe.gov.cn/safe/2025/0107/25627.html，2025年5月11日访问。

〔3〕 参见商务部对外投资和经济合作司等编:《对外投资合作国别(地区)指南：土库曼斯坦》(2024年版)，载"走出去"公共服务平台网，http://fec.mofcom.gov.cn/article/gbdqzn/index.shtml#，2025年5月11日访问。

三、俄罗斯和中亚国家外汇法律对我国的启示

(一)稳慎扎实推进人民币国际化

俄罗斯和中亚国家在外汇管理改革中,汇率市场化和资本项目开放等经验可以为我国借鉴。俄罗斯和中亚国家在区域金融合作中的外汇管理协调可以为我国推进人民币在周边区域的国际化提供思路。我国可以加强与俄罗斯和中亚国家在货币互换、跨境贸易结算等方面的合作,扩大提升人民币在周边地区的使用范围和接受度,提高人民币在区域经济中的影响力,逐步实现人民币在周边区域的国际化。

1. 推进区域本币互换和人民币跨境结算合作

俄罗斯和中亚国家目前通过欧亚经济联盟框架推动非美元结算。我国可依托上海合作组织、金砖国家合作机制,推进高质量共建“一带一路”机制,与俄罗斯和中亚国家推进人民币跨境结算合作,扩大人民币在能源、基建、农产品等关键贸易领域计价的比例。在原油管道、天然气等合作项目中,推动人民币与俄罗斯和中亚国家货币直接结算,减少对第三方货币的依赖。同时,我国可以建立区域性人民币清算网络,推进人民币跨境支付系统(CIPS)在俄罗斯和中亚国家的应用,扩大俄罗斯和中亚国家人民币清算行的服务范围,降低跨境交易成本。在与俄罗斯的金融信息传输系统(SPFS)对接的基础上,我国可以探索建立兼容性结算通道,增强区域金融基础设施韧性。此外,我国可以扩大与俄罗斯和中亚国家的双边本币互换合作范围,并引导相关国家的中央银行将部分人民币储备投资于我国国债、政策性金融债等安全资产,提升其持有人民币头寸的收益性与便利性。

2. 增强人民币在能源与大宗商品领域的锚定作用

我国可以扩大人民币在与俄罗斯和中亚国家能源及大宗商品贸易中的使用,与俄罗斯和中亚国家签订长期能源采购协议,约定以人民币或“人民币+本币”组合定价。同时,推动上海国际能源交易中心与俄罗斯和中亚国家的资源交易平台合作,探索开发人民币计价的铀、铜、小麦等大宗商品期货合约,增强人民币的定价权。

3. 培育俄罗斯和中亚国家人民币离岸市场

我国可以与俄罗斯和中亚国家合作,在其金融中心设立人民币离岸交易中心,

支持当地银行开展人民币存贷款、债券发行及外汇衍生品业务，鼓励符合条件的中资企业在当地发行“熊猫债”或“一带一路”专项债，从而丰富人民币的投资渠道。针对汇率风险，我国可以推动国内银行与俄罗斯和中亚国家的金融机构合作开发人民币对当地货币的远期、期权产品，为双边企业提供低成本汇率避险服务；可以探索建立区域性汇率协调机制，通过货币篮子挂钩等方式增强汇率稳定性。

4. 强化数字人民币跨境应用场景

我国可以利用数字人民币可编程性与跨境支付高效的优势，优先在能源贸易、边境贸易中试点数字人民币结算；可以与现金依赖度高的国家合作，推广数字人民币在侨汇、小额贸易中的应用，从而降低跨境支付成本。

总之，人民币国际化应当立足“周边化—区域化—全球化”的渐进路径。[1]我国的供应链优势契合俄罗斯和中亚国家去美元化的需求，可以以能源人民币计价、数字人民币跨境基建、区域性金融安全网络为突破口，通过制度型开放与市场驱动相结合，逐步构建我国与俄罗斯和中亚国家的人民币经济圈，最终实现人民币的货币职能从结算货币向储备货币的跃升。

（二）加强涉外企业外汇风险管理

鉴于俄罗斯和中亚国家外汇管理制度较为复杂且修订频繁，我国企业在“走出去”过程中需要高度重视外汇风险管理，应当健全外汇风险管理制度，加强对投资目的地国家外汇政策、汇率波动等因素的研究分析。

1. 健全企业汇率风险管理制度

我国企业应当树立汇率“风险中性”理念，动态看待汇率波动，充分认识汇率风险管理的重要意义，降低汇率波动对企业经营的负面影响。[2]首先，我国企业应当根据其业务特征、汇率风险来源等情况建立汇率风险管理架构，明确汇率风险管理的决策、牵头、实施机构及各自职责。企业需重点完善以下汇率风险管理环节：其一，建立金融工具应用决策机制，了解外汇衍生品的适用场景与风险对冲机理；可以在商业银行的帮助下使用各类汇率避险工具。其二，完善投资组合动态监测机制，通过压力测试与情景模拟实现风险敞口实时监控。其三，构建各部门协同管控体系，确保风险对冲策略与业务运营的有机衔接。其次，企业可以设置专门的汇

〔1〕 参见孙少岩：《中俄支付领域“去美元化”与人民币国际化分析》，载《人民论坛》2022年第6期。

〔2〕 国家外汇管理局企业汇率风险管理服务小组：《企业汇率风险管理指引（2024年版）》，载国家外汇管理局网，https://www.safe.gov.cn/safe/2024/0830/24924.html?sessionid=-1076998628，2025年5月13日访问。

率风险管控团队，初期可通过市场化机制选聘专业人士；建立专业培训体系，整合外部专家授课与内部案例研讨等培养模式，重点提升关键岗位人员的风险识别、计量及对冲操作能力；实施配套激励机制，将外汇风险管理绩效纳入考核指标体系，通过职业发展通道设计与专项奖励政策增强人才留任的稳定性。

2. 合理应对投资目的国的外汇管理政策

俄罗斯和中亚国家对投资的管理政策各有特点。我国企业需要深入了解并遵守当地的外汇法律和监管要求，加强合规管理，建立健全内部管理制度，确保外汇相关的投资和经营相关活动符合当地法律，避免因违法违规行为遭受处罚和蒙受损失。同时，我国企业应当积极与当地监管部门沟通，争取良好的投资环境和政策支持。我国企业在开展投资时，应充分利用双边协议和国际组织的支持，可以利用双边投资保护协定、避免双重征税协定等法律文件维护企业利益；应通过多元化投资、加强合规意识等措施，有效防范法律风险，确保投资贸易的顺利推进和长期发展。

四、结语

俄罗斯和中亚国家的外汇法律呈现出鲜明的区域特征。区域协同与制度创新成为这些国家外汇管理的重要趋势，其外汇管理经验对我国具有借鉴意义。这些国家在资本项目开放与金融安全间的平衡策略，以及人民币跨境结算的实践探索，为我国推进人民币国际化和企业“走出去”提供了制度参考，也对我国企业的汇率风险管理能力提出了更高要求。随着高质量共建“一带一路”机制的不断推进，我国应当在金融治理、跨境支付等领域深化与俄罗斯和中亚国家的制度型合作，共同提升新兴经济体在国际货币体系中的话语权，助力构建多元平衡的国际金融新秩序。

从软法到硬法的转型：在制定强制性企业社会责任时激励企业合规经营

［澳］本尼迪克特·希伊　［孟加拉］哈比卜·扎曼·汗
［印尼］帕拉米塔·普拉纳宁蒂亚斯
［印尼］菲莱因·索菲安娜·苏纳索·普特里*著
李思思**译

一、引言

法律建立在这样一种理念之上，人们及他们组建的组织会遵守公认权威机构制定的规则。自人类社会早期以来，这一基本理念就一直主导着法律思维。[1]然而，福利国家的衰落以及监管国家的兴起，让人们不得不重新审视这一理念。由于社会科学领域对人类行为的深刻洞察，各种不同类型的监管工具应运而生。鲁普(Rupp)和威廉姆斯(Williams)指出，“自我决定、组织公正和社会影响理论”[2]是促使人们遵守规定的重要因素——这些内在驱动力会引导人们以特定方式行事。此外，与命令控制型监管模式下的监察机构相关的官僚体系日益繁杂，在很多情况下甚至无法正常运作，其高昂的成本令人难以承受。这迫使政府不得不寻求新的合规策略。鉴于不时出现的严重意外后果，政府也需要尝试新的方法；这些新方法包

* 本尼迪克特·希伊、哈比卜·扎曼·汗任职于澳大利亚堪培拉大学，帕拉米塔·普拉纳宁蒂亚斯、菲莱因·索菲安娜·苏纳索·普特里任职于印度尼西亚迪波内戈罗大学。感谢作者授权翻译并出版本文。

** 李思思，西北政法大学民商法学院讲师、“一带一路”营商环境研究院研究员，法学博士。

〔1〕 Sheehy B (2022) Paradigms of legal scholarship: connecting theories, methods and problems in doctrinal, realist and non-law focused research (22 December 2022). Available at SSRN: https://ssrn.com/abstract=4309144.

〔2〕 Rupp DE, Williams CA (2011) The efficacy of regulation as a function of psychological fit: re-examining the hard law/soft law continuum. Theor Inq Law 12(2):581–602.

括采用软法以及建立自愿监管机制。但随着时间的推移，自愿监管机制的局限性逐渐显现，于是又出现了向强制性措施回归的趋势。

然而，以往与强制性措施相关的难题并未消失。事实上，在某些情况下，强制性措施可能会让情况变得更糟，因为人们和组织会设法逃避、破坏、脱离甚至反对这些规则[1]。在另一些情况下，将行为强制化会抑制内在动机，进一步降低合规性。从自愿性企业社会责任到强制性企业社会责任的转变，为研究这种动机现象提供了一个契机。

全球范围内关于企业社会责任立法行动的讨论，正朝着从自愿性企业社会责任向强制性企业社会责任迈出重要步伐[2]。这一转变意义重大，因为它不仅会影响企业战略选择和企业法律义务，还会对基本管理问题产生影响，包括组织层面和个人层面的组织计划及相关行为。要落实企业社会责任，并引导商业组织采取更具社会责任感的行为，制定组织计划是必要的。

关键在于，动机和行为既会在组织层面发生，也会在个人层面出现。组织的行为或行动并非独立于管理它们的人，相反，组织作为一个整体，是根据领导者的决策来行动的。这些高管根据自身的个人动机制定决策，而这些动机会与组织的职责和政策相互作用。因此，理解强制性背景下的企业社会责任，不仅需要研究相关法规，还需要考察组织和个人层面的动机。研究动机及其表现形式，对于我们更全面地理解企业社会责任以及更广泛意义上的法律至关重要。

强制性和自愿性的企业社会责任机制，本质上都是为了改变企业与社会之间的关系，使企业更具社会性——在增加公共利益的同时降低社会成本。[3]近一个世纪以来，企业与社会的这种关系一直是公司法及学术界其他领域的热门研究方向，

〔1〕 Khan HZ, Bose S, Johns R (2020) Regulatory influences on CSR practices within banks in an emerging economy: do banks merely comply? Crit Perspect Account 71:1–20.

〔2〕 Cominetti M, Seele P (2016) Hard soft law or soft hard law? A content analysis of CSR guidelines typologized along hybrid legal status. UmweltWirtschafts Forum 24(2):127–140. https://doi.org/10.1007/s00550-016-0425-4; Gatti L, Vishwanath B, Seele P, Cottier B (2018) Are we moving beyond voluntary CSR? Exploring theoretical and managerial implications of mandatory CSR resulting from the new Indian Companies Act. J Bus Ethics 160:961–972. https://doi.org/10.1007/s10551-018-3783-8; Kourula A, Moon J, Salles-Djelic M-L, Wickert C (2019) New roles of government in the governance of business conduct: implications for management and organizational research. Organ Stud 40(8):1101–1123. https://doi.org/10.1177/0170840619852142.

〔3〕 Sheehy B (2015) Defining CSR: problems and solutions. J Bus Ethics 131(3):625–648. https://doi.org/10.1007/s10551-014-2281-x; Sheehy B (2020b) Emerging corporate social responsibility rights and duties: law experiments in Spain, India, Indonesia and soft law (2 December 2020). Available at SSRN: https://ssrn.com/abstract=3740949.

通常在企业目标[1]、股东/利益相关者争论[2]以及更广义的利益相关者治理[3]的框架下进行讨论，但本文只聚焦于在强制性企业社会责任环境下运营的组织做出社会决策的动机。本文并不旨在为企业目标相关的学术研究添砖加瓦，而是在受监管的背景下探究决策动机。它对公司法学术研究的贡献在于为合规性的理解提供帮助。在更规范的背景下理解决策动机，需要审视和分析企业社会责任项目、战略举措，现有管理理念、道德承诺，以评估它们作为合规方案的有效性。

动机向来极难界定，但可以通过观察个人、组织和机构的实际行为来推断其动机。[4]在强制性企业社会责任的背景下，高级管理者要从一系列方案中做出选择。这些选择在很大程度上揭示了组织和个人层面的潜在动机。为了研究和分析这些动机，我们借鉴了先前关于企业社会责任动机的研究。该研究确定了三种动机类型："工具性、关系性和道德性"。[5]研究指出，这些动机并非单一存在或相互排斥。尤其是在较高层级，动机往往是混合的。阿吉莱拉等人将监管归为关系性类别；然而，关于强制性企业社会责任的研究却很少——考虑到强制性企业社会责任是新事物，出现这一研究空白并不奇怪。

从自愿性到强制性企业社会责任的转变，可能会对动机以及企业社会责任的发展产生重大影响，也能为法律改革项目提供参考。[6]虽然企业社会责任的实施及相关结果一直依赖于个人和组织层面管理者的动机，但在制度层面制定一项参与企业社会责任的法律义务，就创造了一个新的动机来源。这不仅具有新颖性，还为研究这两个分析层面与道德行为动机之间的联系提供了机会。

本文探讨了印度尼西亚企业社会责任计划的选择，以应对新的监管环境作为动机的表达。研究聚焦于组织层面，即管理者层面，通过识别和分析他们在强制性

〔1〕 Davies PL (2022) Shareholder voice and corporate purpose: the purposeless of mandatory corporate purpose statements. Available at SSRN European Corporate Governance Institute - Law Working Paper No. 666/2022, pp 1–46.

〔2〕 Sheehy B (2005) Scrooge – the reluctant stakeholder: theoretical problems in the shareholder-stakeholder debate. Univ Miami Bus Law Rev 14(1):193–241.

〔3〕 Bebchuk LA, Tallarita R (2020) The illusory promise of stakeholder governance. Cornell L Rev 0106:91.

〔4〕 Hsueh L (2019) Opening up the firm: what explains participation and effort in voluntary carbon disclosure by global businesses? An analysis of internal firm factors and dynamics. Bus Strat Environ 28(7):1302–1322. https://doi.org/10.1002/bse.2317.

〔5〕 Aguilera RV, Rupp DE, Williams CA, Ganapathi J (2007) Putting the S back in corporate social responsibility: a multilevel theory of social change in organizations. Acad Manag Rev 32(3):836–863.

〔6〕 Aureli S, Del Baldo M, Lombardi R, Nappo F (2020) Nonfinancial reporting regulation and challenges in sustainability disclosure and corporate governance practices. Bus Strat Environ 29(6):2392–2403. https://doi.org/10.1002/bse.2509.

企业社会责任资金中选择的项目，并从两个案例研究中获得一些额外的探索性证据。本文通过这样的探究和关注点，来回答以下4个研究问题：

研究问题1：在印度尼西亚的相关法规下，管理者选择并制定了哪些企业社会责任项目？

研究问题2：这些项目能让我们了解到企业社会责任潜在动机是什么？

研究问题3：这些法规所催生的基于关系动机的企业社会责任项目，是否足以充分限制工具性动机？

研究问题4：将企业社会责任转变为硬法，是否成为增加公共利益并减少私营企业危害的有效策略？

二、理论背景

早在10多年前，阿吉莱拉(Aguilera)等人从企业社会责任着手研究，指出当代企业社会责任研究的关键问题在于“是什么促使组织参与到日益稳健的企业社会责任举措中，以及这些举措如何对社会变革产生影响”，并提供了一个全面的理论框架。[1]这一议程的提出旨在探索动机，且该框架经长期验证已证明其价值。相关文献中有一个潜在假设，即道德动机会促使组织参与企业社会责任活动。

在法律领域，学者希伊(Sheehy)认为，企业社会责任作为一种社会政治运动，旨在规范商业组织的行为。[2]这是一种重新平衡权利与义务的努力，旨在限制在私营领域被视为适当的利己行为，但随着商业组织在公共领域的规模和影响力不断扩大，其在公共领域受到越来越多的限制。[3]对于法规而言，无论是硬法还是软法，若要发挥效力，就必须得到执行。它必须恰当地激励行为主体，既不能导致过多意外后果，也不能产生不当激励。企业社会责任和法律这两个相互重叠的视角及相

〔1〕 Aguilera RV, Rupp DE, Williams CA, Ganapathi J (2007) Putting the S back in corporate social responsibility: a multilevel theory of social change in organizations. Acad Manag Rev 32(3):836–863.

〔2〕 Sheehy B (2015) Defining CSR: problems and solutions. J Bus Ethics 131(3):625–648. https://doi.org/10.1007/s10551-014-2281-x.

〔3〕 Sheehy B (2012) Understanding CSR: an empirical study of private self-regulation. Monash Univ Law Rev 38(2):103–127 Sheehy B (2017a) Conceptual and institutional interfaces among CSR, corporate law and the problem of social costs. Va Law Bus J 12(1):95–145. http://ssrn.com/abstract=2156751 Teubner G (1984) Corporate fiduciary duties and their beneficiaries: a functional approach to the legal institutionalization of corporate responsibility. In: Hopt K, Teubner G (eds) Corporate governance and directors' liabilities: legal, economic and sociological analysis on corporate social responsibility. De Gruyter, Berlin & New York, pp 149–177.

关文献，为本文提供了理论框架。

最后，企业社会责任项目在不同的地理和经济背景下差异显著。[1]在西方及其他发达国家，企业社会责任通常侧重于员工福利和环境绩效；而在发展中国家，企业社会责任往往侧重于公共基础设施和公共产品的发展。例如，印度的《企业社会责任法》要求在道路、学校和医院方面进行支出[2]。虽然这些项目反映了国家的需求，但也为了解管理者的动机提供了线索。与发达国家的管理者一样，发展中国家的管理者也必须行使自由裁量权并做出选择。他们必须选择特定的项目，我们认为这种选择反映了管理者的动机和利益。

（一）法律与企业社会责任的定义及概念化

“规制”是比“法律”更宽泛的术语，是基于当事人有动机遵守法律规则的假设下而发展起来的。关于是什么促使这种遵守存在着各种各样的观点。传统观点来自19世纪法律学者约翰·奥斯丁(JohnAustin)对法律的定义，他认为法律是一种由权威支持的命令。[3]随后的思想已远远超越了这一基本观点，提出法律是一种制度，是人们思维和行为方式的一部分，是一套可通过行使正式和非正式权威来塑造的规则、角色和仪式。[4]这种更现代的法律和规制观点，构成了将企业社会责任视为一种法律形式的基础。

传统上，企业社会责任被理解为企业高管自由行使酌情权的自愿行为，即将企业资源分配给那些不会立即或明显使企业受益的项目。相反，这些分配会使其他利益相关者受益。[5]最近的一些观点则将企业社会责任视为一种应对竞争压力的

〔1〕 Jamali D, Karam C (2018) Corporate social responsibility in developing countries as an emerging field of study. Int J Manag Rev 20(1):32–61. https://doi.org/10.1111/ijmr.12112 Turkina N, Neville B, Bice S (2015) Rediscovering divergence in developing countries' CSR. In: Jamali D, Karam C, Blowfield M (eds) Development-oriented corporate social responsibility: locally led initiatives in developing economies (vol 1). Sheffield: Greenleaf Publishing, pp 13–36.

〔2〕 Khan HUZ (2010) The effect of corporate governance elements on corporate social responsibility (CSR) reporting: empirical evidence from private commercial banks of Bangladesh. Int J Law Manag 52(2):82–109; Kochhar SK (2014) Putting community first: mainstreaming CSR for community-building in India and China. Asian J Commun 24(5):421–440.

〔3〕 Austin J (1832) The province of jurisprudence determined, 1995 edn. Cambridge University Press, Cambridge.

〔4〕 Ayres I, Braithwaite J (1992) Responsive regulation: transcending the deregulation debate. Oxford University Press, New York; Baldwin R, Cave M (1999) Understanding regulation: theory, strategy, and practice. Oxford University Press, Oxford; Black J (2005) Regulatory innovation: a comparative analysis. Edward Elgar Publishing, Cheltenham; Braithwaite J (2002) Rewards and regulation. J Law Soc 29:12–26; Sheehy B, Feaver D (2015) A normative theory of effective regulation. UNSW Law J 35(1):392–425.

〔5〕 Sheehy B (2015) Defining CSR: problems and solutions. J Bus Ethics 131(3):625–648. https://doi.

战略手段，包括产品差异化、合法性以及降低风险。[1]在法律领域，企业社会责任被视为是实现环境保护和员工福祉等监管目标更有效的方式。从法律角度来看，商业在公私分界线上被概念化为私人活动，因此受到的公共监管最少。[2]相应地，企业社会责任作为高管自由裁量的一种行为，在很大程度上与公共监管利益无关。事实上，这种将企业社会责任理解为“自愿”行为的观点，被纳入了一些定义中，比如欧盟2004年的定义。

然而，需要指出的是，将企业社会责任简单划分为自愿或强制的基本二分法，是对这一概念的误解。正如马尔斯(Mares)所指出的，企业社会责任的许多方面，例如，员工安全长期以来一直由立法进行规范。[3]事实上，这种非二元的理解更能反映对企业社会责任的准确认知。可以将其理解为一种监管框架，是新兴全球软法体系中应对企业社会成本和监管失灵的一个实例。[4]正如希伊(Sheehy)所定义的，企业社会责任是一场社会政治运动，它产生私人自我监管的主动性，融合了国际公法和国际私法规范，目的在于减轻和缓解企业造成的社会危害，[5]并通过工业组织来推动公共利益的实现。[6]尽管企业社会责任是外部社会压力和内部组织应对措施共同作用的结果，[7]但在不断发展的公共政策环境下，单纯将企业社会责任看作是一种自愿性的组织行为或企业高管的决策方式，会使其适用范围变得越来越窄。

org/10.1007/s10551-014-2281-x.

〔1〕 Sommer AAJ (1991) Whom should the corporation serve—the Berle-Dodd debate revisited sixty years later. Del J Corp Law 16:3–56.

〔2〕 Carroll AB (2015) The state of CSR in 2015 and beyond. Global compact international yearbook. Macondo Publishers, New York, pp 10–13; Carroll AB, Shabana KM (2010) The business case for corporate social responsibility: a review of concepts, research and practice. Int J Manag Rev 12(1):85–105. https://doi.org/10.1111/j.1468-2370.2009.00275.x.

〔3〕 Ruder DS (1965) Public obligations of private corporations. Univ Pennsyl Law Rev 114(2):209–229 Mares R (2010) Global corporate social responsibility, human rights and law: an interactive regulatory perspective on the voluntary-mandatory dichotomy. Transnatl Leg Theory 1(2):221–285. https://doi.org/10.1080/20414005.2010.11424508.

〔4〕 Crouch C (2009) CSR and changing modes of governance: towards corporate noblesse oblige? In: Utting P, Marques JC (eds) Corporate social responsibility and regulatory governance: towards inclusive development? Palgrave Macmillan, London, pp 26–49; Utting P, Marques JC (2019) Corporate social responsibility and regulatory governance: towards inclusive development? http://RMIT.eblib.com.au/patron/FullRecord.aspx?p=578829.

〔5〕 Sheehy B (2004) Corporations and social costs: the Wal-Mart case study. J Law Commer 24:1–55; Sheehy B (2017b) Private and public corporate regulatory systems: does CSR provide a systemic alternative to public law? UC Davis Bus Law J 17:1–55. http://ssrn.com/abstract=2157316.

〔6〕 Sheehy B (2015) Defining CSR: problems and solutions. J Bus Ethics 131(3):625–648. https://doi.org/10.1007/s10551-014-2281-x.

〔7〕 Sheehy B (2017b) Private and public corporate regulatory systems: does CSR provide a systemic alternative to public law? UC Davis Bus Law J 17:1–55. http://ssrn.com/abstract=2157316.

(二)强制性企业社会责任研究

监管环境的这种变化十分明显，因为不同司法管辖区正在推进法律改革，以立法机构和行政政府通过的权威性硬规则表达社会期望。[1]不同地区的政府已制定了企业社会责任相关法律法规，比如在亚洲(印度尼西亚2007年，菲律宾2011年，孟加拉国2011年，印度2013年，中国2011年)，在欧洲(丹麦2008年，法国2010年，西班牙2011年，挪威2013年，欧盟2014年)，以及在南美洲(如阿根廷和巴西2012年)。具体到各个国家，情况有显著差异。例如，印度已通过程序化的企业社会责任法律，要求商业公司将一定比例的利润捐赠给公共工程。[2]孟加拉国银行业也有类似举措，自2011年起，其银行监管机构就发布了绿色银行、可持续发展和气候变化基金方面的强制性指导方针；孟加拉国监管机构会定期评估银行的社会和环境绩效。[3]欧盟已强制要求进行可持续发展报告。[4]多个普通法司法管辖区已明确董事有义务考虑企业社会责任问题，[5]这一立场与某些关于利益相关者和股东权利的经济和管理理论相冲突。[6]因此，尽管法律从未反对企业社会责任，实际上却一直要求公司考虑非股东利益相关者的权益，但显然，越来越多的立法行动扩大了权利和义

〔1〕 Cominetti M, Seele P (2016) Hard soft law or soft hard law? A content analysis of CSR guidelines typologized along hybrid legal status. UmweltWirtschafts Forum 24(2):127–140. https://doi.org/10.1007/s00550-016-0425-4; Gatti L, Vishwanath B, Seele P, Cottier B (2018) Are we moving beyond voluntary CSR? Exploring theoretical and managerial implications of mandatory CSR resulting from the new Indian Companies Act. J Bus Ethics 160:961–972. https://doi.org/10.1007/s10551-018-3783-8; Sheehy B (2020a) Corporate social responsibility and sustainability reporting: transitioning from transnational soft law to domestic hard law (26 November 2020). Available at SSRN: https://ssrn.com/abstract=3738373.

〔2〕 Gatti L, Vishwanath B, Seele P, Cottier B (2018) Are we moving beyond voluntary CSR? Exploring theoretical and managerial implications of mandatory CSR resulting from the new Indian Companies Act. J Bus Ethics 160:961–972. https://doi.org/10.1007/s10551-018-3783-8.

〔3〕 Bose S, Khan HZ, Rashid A, Islam S (2018) What drives environmental disclosure? An institutional and corporate governance perspective. Asia Pacific J Managt 35(2):501–527; Khan HZ, Bose S, Johns R (2020) Regulatory influences on CSR practices within banks in an emerging economy: do banks merely comply? Crit Perspect Account 71:1–20; Khan HZ, Bose S, Sheehy B, Quazi A (2021a) Green banking disclosure, firm value and the moderating role of a contextual factor: evidence from a distinctive regulatory setting. Bus Strateg Environ 30(8):3651–3670.

〔4〕 Kinderman D (2018) The challenges of upward regulatory harmonization: the case of sustainability reporting in the European Union. Regul Gov 14(4):674–697; Caputo F, Pizzi S, Ligorio L, Leopizzi R (2021) Enhancing environmental information transparency through corporate social responsibility reporting regulation. Bus Strategy Environ 30(8):3470–3484. https://doi.org/10.1002/bse.2814.

〔5〕 Sheehy B, Feaver DP (2014) Anglo-American directors' legal duties and CSR: prohibited, permitted or prescribed? Dalhousie Law J 37(1):347–395. http://ssrn.com/abstract=2157315.

〔6〕 Sheehy B (2005) Scrooge – the reluctant stakeholder: theoretical problems in the shareholder-stakeholder debate. Univ Miami Bus Law Rev 14(1):193–241.

务的范围。

虽然先前对强制性企业社会责任监管的研究，已为理解欧盟[1]等司法管辖区内企业的应对措施提供了一些见解，但对于印度[2]和孟加拉国[3]等新兴经济体，以及印度尼西亚等其他背景下的强制性企业社会责任，相关信息较为匮乏。希伊和达马扬蒂(Damayanti)之前对印度尼西亚企业社会责任法律的研究表明，由于国家监管中案例研究有限，存在较高程度的不确定性和不可预见性。[4]

或许有些出人意料的是，据我们所知，目前尚无针对受监管的企业社会责任背景下管理者动机和认知的研究，也仅有少数研究关注监管实施后企业社会责任项目的具体选择。理解监管的影响是研究的一个重要领域，而强制性企业社会责任也不例外。积极的成果以及意外产生的后果都需要加以识别和处理。截至目前，唯一涉及这些主题的研究是针对印度公司管理者展开的，该研究发现，企业社会责任立法导致慈善活动和其他举措从较高水平降至监管规定的基线。[5]

(三)企业社会责任中的动机

动机是任何监管机制的核心，因为如果没有恰当的动机，监管注定会失败。企业社会责任也不例外。已有多项研究探讨了企业社会责任中的动机问题。在一篇基础性论文中，阿吉莱拉等人构建了一个分析矩阵。纵轴从“工具性、关系性和道德性”的角度阐述动机——这些动机源自鲁普和威廉姆斯[6]以及阿吉莱拉等人的

---

〔1〕 Aureli S, Del Baldo M, Lombardi R, Nappo F (2020) Nonfinancial reporting regulation and challenges in sustainability disclosure and corporate governance practices. Bus Strat Environ 29(6):2392–2403. https://doi.org/10.1002/bse.2509; Pedersen ERG, Neergaard P, Pedersen JT, Gwozdz W (2013) Conformance and deviance: company responses to institutional pressures for corporate social responsibility reporting. Bus Strat Environ 22(6):357–373.

〔2〕 Subramaniam N, Kansal M, Babu S (2017) Governance of mandated corporate social responsibility: evidence from Indian government-owned firms. J Bus Ethics 143(3):543–563. https://doi.org/10.1007/s10551-015-2804-0; Mukherjee K (2017) Mandated corporate social responsibility (mCSR): implications in context of legislation. In: Raghunath S, Rose E (eds) International business strategy. Palgrave Macmillan, London. https://doi.org/10.1057/978-1-137-54468-1_19.

〔3〕 Bose S, Khan HZ, Rashid A, Islam S (2018) What drives environmental disclosure? An institutional and corporate governance perspective. Asia Pacific J Managt 35(2):501–527; Khan HZ, Bose S, Mollik AT, Harun H (2021b) ‘Green washing’ or ‘authentic effort’? An empirical investigation of the quality of sustainability reporting by banks. Account Audit Accountab J 34:338–369.

〔4〕 Sheehy B, Damayanti C (2019) Issues and initiatives: sustainability and CSR in Indonesia. In: Sjåfjell B, Bruner CM (eds) Cambridge handbook of corporate law, corporate governance and sustainability. Cambridge University Press, Cambridge, pp 475–489.

〔5〕 Dharmapala D, Khanna VS (2016) The impact of mandated corporate social responsibility: evidence from India’s Companies Act of 2013. Int Rev Law Econ 56:92–104.

〔6〕 Rupp DE, Williams CA (2011) The efficacy of regulation as a function of psychological fit: re-

研究。[1]这些动机类别可以这样理解：工具性动机是指满足自我利益的动机——即“自我提升”。[2]在这种情况下，企业社会责任被用作实现行为者设定的战略目标的一种手段。阿吉莱拉等人所说的“关系性”动机，是指行为者出于建立关系的目的参与企业社会责任活动，包括创建或维护不同的关系。这些关系范围广泛，从企业内部的人际关系，到市场关系，再到全球范围内的制度关系。至于道德性动机，阿吉莱拉等人指的是个人意义，到围绕集体责任和福祉的国家及国际规范等各种道德考量——即“自我超越”。[3]需要注意的是，这些动机并非相互排斥。实际上，阿吉莱拉等人认为，在组织层面存在一个等级结构，尤其是管理者被期望依次展现出工具性、关系性和道德性动机。[4]

纵轴上的这三种动机，即工具性、关系性和道德性动机，会在横轴的各个层面发挥作用。横轴分为四个层面：个人层面、组织层面、国家层面和超国家层面。在本文中，分析单位仅仅涉及个人和组织层面。

由于组织是在制度环境中运作的，它们倾向于根据诸如国家法律和政策等制度性因素，来调整企业社会责任实践。哈恩(Hahn)和舍尔梅塞尔(Scheermesse)观察到，企业社会责任活动存在两类动机：工具性动机和制度性动机。[5]工具性动机促使企业制定企业社会责任项目，它们希望通过这些活动提升自身的竞争优势，开拓新的商业机会，规避烦琐的监管规定，提高企业声誉，并降低企业经营失败的风险。[6]

---

examining the hard law/soft law continuum. Theor Inq Law 12(2):581–602. Aguilera RV, Rupp DE, Williams CA, Ganapathi J (2007) Putting the S back in corporate social responsibility: a multilevel theory of social change in organizations. Acad Manag Rev 32(3):836–863.

[1] Schaefer A, Williams S, Blundel R (2020) Individual values and SME environmental engagement. Bus Soc 59(4):642–675.

[2] Aguilera RV, Rupp DE, Williams CA, Ganapathi J (2007) Putting the S back in corporate social responsibility: a multilevel theory of social change in organizations. Acad Manag Rev 32(3):836–863.

[3] Ibid.

[4] Aguilera RV, Rupp DE, Williams CA, Ganapathi J (2007) Putting the S back in corporate social responsibility: a multilevel theory of social change in organizations. Acad Manag Rev 32(3):836–863.

[5] Hahn T, Scheermesser M (2006) Approaches to corporate sustainability among German companies. Corp Soc Responsib Environ Manag 13(3):150–165.

[6] See De Mendonca T, Zhou Y (2020) When companies improve the sustainability of the natural environment: a study of large U.S. companies. Bus Strat Environ 29(3):801–811. https://doi.org/10.1002/bse.2398; Aguilera RV, Rupp DE, Williams CA, Ganapathi J (2007) Putting the S back in corporate social responsibility: a multilevel theory of social change in organizations. Acad Manag Rev 32(3):836–863; Campbell JL (2007) Why would corporations behave in socially responsible ways? An institutional theory of corporate social responsibility. Acad Manag Rev 32(3):946–967. https://doi.org/10.5465/AMR.2007.25275684; Sen S, Bhattacharya CB (2001) Does doing good always lead to doing better? Consumer reactions to corporate social responsibility. J Market Res 38(2):225–243.

在组织层面，我们会考察各组织实施的企业社会责任项目。虽然这些项目在大体上由印度尼西亚的相关立法规定，但组织仍可自行选择那些能体现自身价值观和利益的项目。因此，依据阿吉莱拉等人的框架，研究人员可以预期在组织层面看到工具性、关系性和道德性动机在发挥作用。工具性项目指的是有助于提升组织的底线，或是增强组织的战略或社会地位的项目。阿吉莱拉等人认识到组织的复杂性，他们指出并非只有一种动机在起作用。相反，他们认为在组织层面，这三种动机都会存在，只是会按照一个反映组织总体目标的等级体系来确定优先级。阿吉莱拉等人提出了一个“由内而外的等级体系”框架，在这个框架中，动机的排序是从工具性，到关系性，再到道德性。[1]接下来，我们将更深入地探讨这些动机类别和层次。

在层次方面，阿吉莱拉等人借鉴了赛尔特(Cyert)和马什(Marsh)的高层管理团队模型，[2]将组织层面视为企业社会责任项目的构成部分。我们研究企业社会责任项目，以了解法规是如何影响组织动机的。然而，要探究个体层面的动机，我们必须采用不同的框架。因此，我们参考心理学和经济学研究，以了解内部、内在和外部的驱动因素是如何影响决策者的。

鲁普和威廉姆斯研究了软法制度下的心理动机。[3]他们批评了简单的新古典主义中追求自身利益的“经济人”概念，进而考察了一系列促使人们“违背自身利益，转而依据规范、合作、公平、同理心和道德责任”行事的驱动因素。[4]相较于依赖在监管背景下由格雷·贝克尔(GaryBecker)定义的“基于违规的边际成本、被发现的概率以及执行的可能性而折现的外部驱动因素”进行理性计算，[5]这种细致入微的心理学方法会考虑其他动机因素，包括自我决定、组织公正和社会影响理论。

简而言之，德西(Deci)和瑞安(Ryan)提出的自我决定理论[6]指出，人类的行为动机源自自主性、能力感和归属感。

〔1〕 Aguilera RV, Rupp DE, Williams CA, Ganapathi J (2007) Putting the S back in corporate social responsibility: a multilevel theory of social change in organizations. Acad Manag Rev 32(3):847.

〔2〕 Cyert RM, March JG (1963) A behavioral theory of the firm. Prentice Hall/Pearson Education. Englewood Cliffs, New Jersey.

〔3〕 Rupp DE, Williams CA (2011) The efficacy of regulation as a function of psychological fit: re-examining the hard law/soft law continuum. Theor Inq Law 12(2):581–602.

〔4〕 Ibid., at p 582—a view taken up in behavioural economics.

〔5〕 Cited in Rupp DE, Williams CA (2011) The efficacy of regulation as a function of psychological fit: re-examining the hard law/soft law continuum. Theor Inq Law 12(2):581–602).

〔6〕 Deci EL, Ryan RM (2008) Self-determination theory: a macrotheory of human motivation, development, and health. Can Psychol 49(3):182–185.

这三种激励因素会引发一种内在的动力和责任感。在企业社会责任的组织环境中，当人们就组织的企业社会责任项目表达相关想法和感受时，这些动机就会显现出来。组织公正理论认为，人们会对公平感做出回应，这一点会体现在那些促进权力运用和分配公平的企业社会责任项目中。[1]

最后，在探讨社会影响理论时，鲁普和威廉姆斯提到了凯尔曼(Kelman)的研究。[2]凯尔曼提出，人们和组织的行为动机源自三个过程："遵从、认同和内化"。[3]遵从是指为了避免痛苦并追求愉悦而产生的一种行为方式，这对于当前这项研究尤为重要，因为研究关注的是强制性企业社会责任背景下的动机本质。认同是指希望与理想的群体联系在一起，同时避免与不良群体相关联而带来的羞耻和尴尬感。内化则是遵循与个人价值观和信仰相符的准则的过程。所有这些理论都与我们的研究相关，因为它们反映了在强制性背景下人们的动机。

两项研究为探究个体层面的动机提供了深刻见解。这两项研究相互独立，且都考察了个体内部和外部的心理动机。第一项研究由斯托里(Story)和内维斯(Neves)开展，他们调查了229对主管—员工关系，以评估内在道德动机对员工绩效的影响。[4]研究发现，内在动机至关重要：当企业社会责任问题得到重视时，员工绩效会提升，这是因为主管和高管对企业社会责任原则的支持。这项研究与阿吉莱拉以个体员工为中心的概念框架相契合，通过人际关系和组织公平性，为鲁普和威廉姆斯的社会影响模型提供了一定的证据。[5]

第二项研究对437名高管进行了调查，考察他们的外部(财务)动机和内部(道德和利他)动机。格拉夫兰德(Graafand)的研究发现，在社会和环境问题上，内部动机更为强烈。[6]该研究结果表明，虽然在组织层面工具性、战略性动机很重要，但在关系和道德动机领域，高管们明显体现出德西和瑞安所提出的动机和责任感。

〔1〕 Rupp DE, Williams CA (2011) The efficacy of regulation as a function of psychological fit: re-examining the hard law/soft law continuum. Theor Inq Law 12(2):581–602.

〔2〕 Kelman HC (2006) Interests, relationships, identities: three central issues for individuals and groups in negotiating their social environment. Ann Rev Psychol 57:1–26; cited in Rupp DE, Williams CA (2011) The efficacy of regulation as a function of psychological fit: re-examining the hard law/soft law continuum. Theor Inq Law 12(2):581–602.

〔3〕 Rupp DE, Williams CA (2011) The efficacy of regulation as a function of psychological fit: re-examining the hard law/soft law continuum. Theor Inq Law 12(2):581–602.

〔4〕 Story J, Neves P (2015) When corporate social responsibility (CSR) increases performance: exploring the role of intrinsic and extrinsic CSR attribution. Bus Ethics: Eur Rev 24(2):111–124.

〔5〕 Rupp DE, Williams CA (2011) The efficacy of regulation as a function of psychological fit: re-examining the hard law/soft law continuum. Theor Inq Law 12(2):581–602.

〔6〕 Graafland J, der Duijn M-V, Schouten C (2012) Motives for corporate social responsibility. De Economist 160(4):377–396.

尽管这些发现很重要，但它们并未涉及其他背景下的动机情况。重要的是，我们对于监管对管理者动机的影响知之甚少。希伊(Sheehy)和费弗(Feaver)探讨了监管与心理驱动因素之间的关系。在他们的研究中，基于命令与控制的法律依赖于威慑，而较为柔性的方法则依赖于激励措施，包括社会、心理或经济方面的激励。[1]

一项关于软法背景下心理动机的综合研究得出了一些有趣的见解。前面提到的鲁普和威廉姆斯的研究，探讨了人类动机的自我决定理论、组织公正理论和社会影响理论在理解软法环境中动机方面的作用。[2]他们提出了一个连续统一理论，一端是软法诉诸道德，另一端是硬法诉诸自我利益。关于自我决定，他们认为在人们有责任感和动力的环境中，德西和瑞安提出的自我决定(自主性、胜任感和归属感)会得到支持。组织公正理论则是阿吉莱拉等人在研究中所采用的理论。

监管设计和相关研究基于一些关于人们在监管环境中如何被激励的观点。先前的研究表明，在监管环境中，内在的道德行为动机往往会被外在奖励机制所取代，[3]这一问题被称为“挤出效应”。[4]对于旨在激励企业超越合规要求的企业社会责任而言，这是个问题。[5]鲁普和威廉姆斯指出，硬法往往只能让企业达到合规的程度，削弱了“个人充分遵循法律精神和条文”的动机。[6]因此，强制推行企业社会责任可能只能实现最低限度的预期效果，并且还会削弱企业为公共福利做出真正贡献的努力。这种意外后果在个体层面的强制性企业社会责任中也可能会出现，在组织层面则可能产生不良影响。阿吉尼(Aguinis)和格拉瓦斯(Glavas)观察到：“关于标准和认证的一个有趣发现是，它们实际上可能会减少对实质性企业社会责任的关注，因为管理层可能主要关注那些仅满足最低要求的象征性活动。”[7]

然而，鲁普和威廉姆斯的观点也引出了一个相反的观点。他们进一步指出，高层管理人员可能会将公正规范内化，从而超越企业社会责任的工具性理由——这

〔1〕 Feaver D, Sheehy B (2015) A positive theory of effective regulation. UNSW Law J 35(3):961–994.

〔2〕 Rupp DE, Williams CA (2011) The efficacy of regulation as a function of psychological fit: re-examining the hard law/soft law continuum. Theor Inq Law 12(2):581–602.

〔3〕 Ayres I, Braithwaite J (1992) Responsive regulation: transcending the deregulation debate. Oxford University Press, New York.

〔4〕 .Rupp DE, Williams CA (2011) The efficacy of regulation as a function of psychological fit: re-examining the hard law/soft law continuum. Theor Inq Law 12(2):581–602.

〔5〕 Sheehy B (2015) Defining CSR: problems and solutions. J Bus Ethics 131(3):625–648. https://doi.org/10.1007/s10551-014-2281-x.

〔6〕 Rupp DE, Williams CA (2011) The efficacy of regulation as a function of psychological fit: re-examining the hard law/soft law continuum. Theor Inq Law 12(2): 595..

〔7〕 Aguinis H, Glavas A (2012) What we know and don’t know about corporate social responsibility: a review and research agenda. J Manag 38(4):932–968. https://doi.org/10.1177/0149206311436079.

一假设在格拉夫兰德的研究中得到了支持，即企业社会责任可能会融入并深入企业运营。最后，鲁普和威廉姆斯指出，与软规范互动的行为可能会引发思维的变化，最终可能导致组织文化的变革。[1]不过，从行动来看，在组织层面，硬监管对推进行动，尤其是对环境问题的行动，是一个重要的激励因素。[2]因此，当前的研究考察了在受监管的企业社会责任背景下，特别是在非西方商业文化背景下，组织和个人管理者的动机。

（四）印度尼西亚的企业社会责任

在印度尼西亚的特定背景下，企业社会责任领域的研究十分稀缺。少数例外情况包括林格瓦蒂·瓦格斯坦(RingwatiWaagstein)在2011年[3]对其在印尼发展情况(包括相关立法)进行的深刻回顾；古纳万(Gunawan)开展的一系列研究，其中2016年[4]的研究探讨了利益相关者的观点，2015年[5]的研究阐述了酒店行业企业社会责任的发展状况，以及古纳万和普特拉(Putra)在2014年[6]对2007年印度尼西亚《有限责任公司法》第74条规定了强制性企业社会责任法律发展的批判性评估。[7]古纳万发现，企业依旧把企业社会责任视为一项成本，是尽量想要规避的事情。[8]希伊和达马万蒂(Damayanti)对印尼的三个案例研究侧重于对实体法结构相关的法律问题。[9]他们的案例研究为严重的腐败现象以及企业社会责任未达预期的后果提

〔1〕 Rupp DE, Williams CA (2011) The efficacy of regulation as a function of psychological fit: re-examining the hard law/soft law continuum. Theor Inq Law 12(2):581–602.

〔2〕 Buehler VM, Shetty Y (1974) Motivations for corporate social action. Acad Manag J 17(4):767–771.

〔3〕 Waagstein PR (2011) The mandatory corporate social responsibility in Indonesia: problems and implications. J Bus Ethics 98(3):455–466. https://doi.org/10.1007/s10551-010-0587-x.

〔4〕 Gunawan J (2016) Corporate social responsibility initiatives in a regulated and emerging country: an Indonesia perspective. In: Idowu S (eds) Key initiatives in corporate social responsibility. CSR, Sustainability, Ethics & Governance.: Springer, Switzerland, pp 325–340.

〔5〕 Gunawan J (2015) Corporate social disclosures in Indonesia: stakeholders' influence and motivation. Soc Responsib J 11(3):535–552.

〔6〕 Gunawan J, Putra ZDP (2014) Demographic factors, corporate social responsibility, employee engagement and corporate reputation: a perspective from hotel industries in Indonesia. Chin Bus Rev 13(8):509–520.

〔7〕 Sheehy B, Damayanti C (2019) Issues and initiatives: sustainability and CSR in Indonesia. In: Sjåfjell B, Bruner CM (eds) Cambridge handbook of corporate law, corporate governance and sustainability. Cambridge University Press, Cambridge, pp 475–489.

〔8〕 Gunawan J (2016) Corporate social responsibility initiatives in a regulated and emerging country: an Indonesia perspective. In: Idowu S (eds) Key initiatives in corporate social responsibility. CSR, Sustainability, Ethics & Governance.: Springer, Switzerland, pp 325–340.

〔9〕 Sheehy B, Damayanti C (2019) Issues and initiatives: sustainability and CSR in Indonesia. In: Sjåfjell B, Bruner CM (eds) Cambridge handbook of corporate law, corporate governance and sustainability.

供了证据。

因此，尽管先前在印尼开展的研究对相关法律的发展和实施情况进行了批判性评估，但这些研究并未涉及企业在选择强制性企业社会责任项目时的管理自由裁量权和动机。在这方面，我们的研究通过详细阐述印尼的强制性企业社会责任实践，为印尼背景下的相关文献增添了新的内容。

从自愿性的软法向强制性的硬法转变过程中，我们预计自我决定、组织公正和社会影响的重要性将继续激励企业遵守法律规定。这些内在的心理驱动因素不太可能仅仅因为外部因素就消失。虽然硬法确实能吸引人们对特定社会问题的关注并使其成为焦点，但不能就此认为硬法一定会消除内在动机。此外，当监管的重点是组织而非个人时，像惩罚这样的外部激励手段可能比高尚的道德诉求更具影响力。

三、印度尼西亚背景案例

印度尼西亚是世界上最大的岛国，人口超过2.38亿，分布在1.7万个岛屿上，划分为34个省份。[1]在经济方面，预计到2030年，印尼将成为全球第五大经济体，到2050年成为第四大经济体。[2]虽然这个国家由300个不同的民族和语言群体组成，但最大和最具政治主导地位的民族是爪哇人，他们约占人口的42%。[3]因此，我们的研究聚焦于爪哇岛，并选择了中爪哇省作为该岛的典型代表。

印度尼西亚的企业社会责任并非自发形成。印度尼西亚一直是国内外商业相关社会活动的聚焦地。在国际上，消费者对李维斯(Levi)和耐克(Nike)在印尼供应商的行为感到震惊。[4]在印度尼西亚国内，活动人士一直呼吁企业履行社会责任，而当地精英阶层则反对这些义务，最终通过一系列企业社会责任立法才解决了这一矛盾。[5]

Cambridge University Press, Cambridge, pp 475–489.

〔1〕 Pusponegoro MD, Notosusanto N, 1930-1985 (2008) Sejarah nasional Indonesia / editor umum, Marwati Djoened Poesponegoro, Nugroho Notosusanto. Jakarta: Balai Pustaka.

〔2〕 PWC, The World in 2050: Will the Shift in Global Economic Power Continue. Retrieved from https://www.pwc.com/gx/en/issues/the-economy/assets/world-in-2050-february-2015.pdf.

〔3〕 Badan Pusat Statistik (BPS) Indonesia [Indonesian Bureau of Statistics], Sensus 2010. https://sp2010.bps.go.id/.

〔4〕 Sharma B (2013) Contextualising CSR in Asia: corporate social responsibility in Asian economies and the drivers that influence its practice. Singapore, Lien Centre for Social Innovation: 1–295.

〔5〕 Sheehy B, Damayanti C (2019) Issues and initiatives: sustainability and CSR in Indonesia. In:

从印度尼西亚法律背景下的企业社会责任角度来看，我们需要追溯到法律基础——1945年印度尼西亚《宪法》。除其他事项外，《宪法》第7条之(1)规定了法律的等级制度：(1)1945年印度尼西亚《宪法》；(2)人民协商委员会法令；(3)法律(或代替法律的政府条例)；(4)政府条例；(5)总统令(也称为条例)；(6)省级条例；(7)县/市条例。

在省级层面，各省在制定自己的法律方面拥有相当大的自主权。每个省都有自己的地方人民代表理事会。此外，印度尼西亚的每个省都有自己的省长和地方法律机构。省级法律以更高层级的法律，即中央政府的国家法律和相关法规为基础，且不得与之相抵触。省级法律和法规通常是为了解决特定的地方问题而制定，并与区域发展计划相一致。最后，在最低层级的政府，即县和市，在法律制定和管理方面仍然拥有相当大的权力。它们有权制定实施上级政府制定法律所需的规则。

印度尼西亚法律承认多种商业组织形式，从各种类型的合伙制，包括普通合伙(persekutuanperdata)、有限合伙(frma)和责任合伙(commanditairevennootschap)，到合作社(koperasi)，再到2007年第40号法律规定的普通有限责任公司(persekutuanperdata)。根据国家法律，每种形式都有其自身的规定，同时都将盈利作为公认的目的。现有以盈利为先的法律制度，并非被企业社会责任法规所取代，而是由其加以补充。

在企业社会责任监管方面，1998年独裁者苏哈托(Soehart)的"新秩序政权"倒台后，新政府回应了社会对企业为社会问题做出贡献的更广泛需求。[1]中央政府颁布了企业社会责任立法，要求企业，尤其是与自然资源相关的企业承担企业社会责任。2007年，两项与企业社会责任相关的法律颁布：2007年第25号《投资法》和2007年第40号《有限责任公司法》，这两部法律被公认为是世界上首批针对国有企业的强制性企业社会责任法律。[2]

此外，对于上市公司，资本市场和金融机构监管委员会(现为印度尼西亚金融服务管理局)在2006年发布了一项单独的规定(第X.K.6号)。根据该规定，所有上市公司的年度报告必须描述与社会和环境企业社会责任相关的活动和支出。[3]

Sjåfjell B, Bruner CM (eds) Cambridge handbook of corporate law, corporate governance and sustainability. Cambridge University Press, Cambridge, pp 475–489.

〔1〕 Kemp M (2001) Corporate social responsibility in Indonesia: quixotic dream or confident expectation? Technology, business and society programme paper number 6, United Nations Research Institute for Social Development.

〔2〕 Rosser A, Edwin D (2010) The politics of corporate social responsibility in Indonesia. The Pacific Rev 23(1):1–22;Waagstein PR (2011) The mandatory corporate social responsibility in Indonesia: problems and implications. J Bus Ethics 98(3):455–466. https://doi.org/10.1007/s10551-010-0587-x.

〔3〕 Waagstein PR (2011) The mandatory corporate social responsibility in Indonesia: problems and

在省级层面，中爪哇省政府通过了2017年第2号关于企业社会和环境责任的规定，该规定自动生效。这项法律旨在实施共和国2007年第40号关于有限责任公司的法律，后被2020年第04号省级法规取代。由于当地企业对企业社会责任缺乏承诺和实践，省级政府决定颁布该法律。在该规定出台之前，企业自行决定是否开展企业社会责任活动，且没有来自政府的任何指导。当时既没有相关框架，也没有要求报告，对于企业社会责任的本质及其影响也缺乏明确界定。

如上所述，这项规定有几个目的。第一个目的是满足社区的发展需求［第3条之(2)］。第二个目的是提高中爪哇省企业对企业社会责任的认识。第三个目的是加强企业社会责任安排，弥补先前国家立法较为薄弱且忽视了企业专业领域的不足。第四个目的，一些企业对于非采掘业的印尼企业是否有义务遵守所有国家企业社会责任规则存在困惑和不明确之处，该省级规定为中爪哇省的企业提供了法律确定性。第五个目的，该规定为企业按照省政府发布的《可持续区域发展计划》实施企业社会责任项目提供了指导。

值得注意的是，国家法律在设计上存在缺陷，因为不遵守法律没有任何后果。因此，中爪哇省的法律规定，不遵守该法律和相关规定可能会被处以行政处罚。对于这项省级规定，省长可以通过警告信和/或在当地媒体上发布公告的方式实施处罚［第21条之(2)，省级条例］。

最后，该法律明确了被认定为企业社会责任活动的具体内容。中爪哇省2017年第2号关于企业社会和环境责任的规定中，第13条将以下11项计划列为被认可的企业社会责任活动：(1)教育项目；(2)福祉或健康项目；(3)体育、艺术或旅游项目；(4)公共福利项目；(5)增强社区经济项目；(6)宗教活动项目；(7)环境保护和管理项目；(8)农业、种植园、林业、畜牧业、海洋和渔业项目；(9)可持续能源项目；(10)应急和减灾项目；(11)社区援助和基础设施项目。虽然这11项规定的活动涵盖范围广泛，在执行时有很大的自由裁量空间，也可能出现利己行为、暗箱操作和欺诈情况，但至少它提供了一些参考标准和指导方针。

这些计划主要聚焦于关系性动机。在一定程度上，它们限制了过度追求工具性和道德性动机的可能性。然而，通过发挥人类的创造力，人们可以在这些框架内创造新的机会，比如在商业领域中被熟知的“创造性会计”行为。

基于上述讨论，我们提出以下4个研究问题：

研究问题1：在印度尼西亚，管理者依据相关规定选择和制定了哪些企业社会

implications. J Bus Ethics 98(3):455–466. https://doi.org/10.1007/s10551-010-0587-x.

责任项目?

研究问题2:这些项目能让我们了解到企业社会责任背后的哪些动机?

研究问题3:旨在激发关系性动机的企业社会责任项目的相关法规,是否足以有效限制工具性动机?

研究问题4:将企业社会责任纳入硬法范畴,是不是增加公共利益、减少私营企业危害的有效策略?

四、研究方法

本研究采用定量研究方法,因为这种方法既能对活动进行全面概述,也有助于深入探究运营细节和内部动机。通过深度互动,它能洞察参与者的观点,并梳理出他们对各类事件和项目的解读。[1]为回答上述研究问题,我们开展了问卷调查和文献分析。

首先,我们向位于中爪哇省的50家非国有企业发放了问卷。最初有25家企业做出回应,其中15家通过与当地研究人员对话的方式完成问卷。当地研究人员前往这些企业的办公室,与负责的管理者进行沟通,每次沟通时长为一到两个小时。在访问过程中,研究人员帮助管理者理解问卷中的问题,并记录答案。问卷使用印尼语编写,讨论则采用印尼语和当地语言(爪哇语)相结合的方式,以便更清晰地交流。

研究人员要求管理者提供公司在以下不同领域的企业社会责任活动信息:(1)教育;(2)福祉或健康项目;(3)体育、艺术或旅游项目;(4)公共福利项目;(5)增强社区经济项目;(6)宗教活动项目;(7)环境保护和管理项目;(8)农业、种植园、林业、畜牧业、海洋和渔业项目;(9)可持续能源项目;(10)应急和减灾项目;(11)社区援助和项目及基础设施项目。当地研究人员将调查结果翻译出来后,也将受访者的意见翻译成了英文。

研究的二手数据来自相关立法、企业和当地政府,用于构建背景信息以及确定实在法。

然后,研究人员将规定的11项活动,按照阿吉莱拉等人确定的三种动机类型进行分类,即工具性动机、关系性动机和道德性动机。由于这些项目既要提高人们

[1] Yin R (2009) Case study research: design and methods. 3rd edn, vol 5. SAGE Publications, Thousand Oaks, CA.

的意识，又要确保企业社会责任的首要目标，即社区利益成为关注焦点，所以一开始工具性动机类别是研究空白，该类别中只在有明确的纯粹工具性利益时才标记“X”。这种分类方式认可了阿吉莱拉等人提出的混合动机的复杂性和可能性，尤其是在组织层面。结果如下表1所示。

当然，这些动机的分类并非绝对且无可争议。相反，它们是试探性的，例如，我们认识到工具性动机可能在所有类别中都起作用，而其他动机也可能在其他类别中发挥作用。例如，为当地人提供学徒机会被归类为“道德性”动机，但当地研究人员表示，提供当地就业机会是一些组织采取的策略，目的是防止当地利益相关者对其运营的其他方面提出抗议。

五、研究结果

本节阐述了研究的结果。我们注意到，企业开展了各种各样的项目。这种多样性在15位参与者中的大多数回应中都有体现。我们在下面列出了展示这些活动的表格。然后，我们将探讨从调查中获得与动机相关的信息。

（一）印度尼西亚管理者依据规定选择的企业社会责任项目（研究问题1）

总体的企业社会责任项目如表2所示。从表2可以明显看出，所有接受调查的企业都在参与企业社会责任活动，并且正在实施各种项目。

表1　强制性社会项目的分类

2017年第2号法规13条（分项）	工具性动机	关系性动机	道德性动机
A			教育
B		幸福和健康项目	
C	X	体育、艺术或旅游项目	
D	X	公共福利项目	
E		增强社区经济项目	
F	X		宗教活动项目
G			环境保护与管理项目
H			农业、种植园、林业、畜牧业、海洋及渔业项目

续表

2017 年第 2 号法规 13 条（分项）	工具性动机	关系性动机	道德性动机
I			可持续能源项目
J	X	应急与减灾项目	
K	X	社区援助与基础设施项目	

表 2　企业社会责任项目

激励因素	道德层面	关系型	关系型 +X	关系型	关系型	道德层面 +X	关系型 +X	关系型 +X
2017 年第 2 号法规第 13 条	A	B	C	E	E	F	K	K
项目	学徒制	健康 / 保健	体育 / 艺术 / 旅游	社会赋能	优先雇佣当地工人	宗教活动	社区建设	基础设施
企业 1	是	是	是	是	否	是	是	是
企业 2	是	是	是	是	是	是	是	是
企业 3	是	是	是	否	是	是	是	是
企业 4	否	是	是	否	否	是	否	是
企业 5	是	是	是	是	是	是	是	是
企业 6	否	是	是	是	否	是	是	是
企业 7	否	是	否	是	是	是	是	否
企业 8	是	是	是	否	是	是	是	是
企业 9	是	是	是	是	是	是	是	是
企业 10	否	是	否	是	是	否	否	是
企业 11	否	否	否	是	否	否	是	否
企业 12	否	否	否	否	否	否	否	否
企业 13	是	是	是	是	否	是	是	是
企业 14	是	是	是	是	否	是	是	否
企业 15	否	否	否	否	否	否	否	否

然而，同样清晰的是，尽管有五项法规（C、D、F、J和K）为工具性项目提供了机会，但这些项目集中在C、F和K相关的体育、宗教、社区援助和基础设施领域。而教育、

健康和社区赋能等领域的项目(法规A、B和E),其工具性吸引力较弱,仍有待开发。

进一步分析可以发现,健康和社区发展项目是最常见的。就具有更强工具性动机的项目而言,与宗教、基础设施和体育相关的项目最为普遍。

从表3中可以看出,企业启动了不同的社会项目计划,并考虑了当地和社区的需求。这些举措包括为周边社区的当地人提供就业机会,为当地社区建立健康和财富项目,以及为当地高中生启动学徒计划(8家企业)。

这些企业通过制定整合当地和社区需求,并优先考虑当地需求和福祉的项目,进一步推进了企业社会责任倡议(12家企业)。这些企业的项目尤其值得注意,因为它们与先前研究中的观点一致,即企业社会责任项目应根据当地不同的具体情境来制定。[1]

表3　案例企业的社会项目开展频率(案例企业数量15家)

项目	频率	百分比(%)	工具性
1. 为员工和周边社区建立健康福利项目	12	80	
2. 启动社区发展项目	11	73	
3. 为员工和社会开展宗教活动	11	73	X
4. 为社会和当地进行基础设施建设	10	75	X
5. 为员工和当地社区开展体育、艺术和/或旅游活动	9	60	X
6. 为职业高中学生提供学徒制项目以及为周边社区提供实践课程	8	53	
7. 通过为当地社区提供工作岗位来建立社会赋能项目	7	46	

来源：根据研究结果汇编

将省级法律下的项目与国家政府对CSR项目的授权联系起来,可以提供一些有趣的见解。在下面的表4中,对这些项目与国家强制推行的项目进行了比较。[2]表4中的所有活动,即合作项目和社区发展项目,均源自2020年第04号共和国法律。在该表中,企业参与这些项目的情况以参与频率和百分比的形式呈现。

〔1〕 Jamali D, Mirshak R (2007) Corporate social responsibility (CSR): theory and practice in a developing country context. J Bus Ethics 72:243–262;Yin J, Zhang Y (2012) Institutional dynamics and corporate social responsibility (CSR) in an emerging country context: evidence from China. J Bus Ethics 111(2):301–316;Kochhar SK (2014) Putting community first: mainstreaming CSR for community-building in India and China. Asian J Commun 24(5):421–440.

〔2〕 Sheehy B, Damayanti C (2019) Issues and initiatives: sustainability and CSR in Indonesia. In: Sjåfjell B, Bruner CM (eds) Cambridge handbook of corporate law, corporate governance and sustainability. Cambridge University Press, Cambridge, pp 475–489.

同样明显的是，从表4可以看出，项目种类相当丰富。农业领域的活动较少，原因尚不明确。其余活动的分布相对平均。

表4　企业社会责任经济项目的开展频率(案例企业数量15家)

项目	频率	百分比（%）
1. 为经济发展建立社区赋能项目	9	60%
2. 与政府机构共同为中小企业建立合作项目	7	46%
3. 开展公共福利项目	7	46%
4. 农业 / 种植 / 林业 / 畜牧 / 海洋及渔业项目	2	13.33%

来源：根据研究结果汇编

最后，我们来看被视为“管理职责”(属于阿吉莱拉等人划分的道德范畴)的环境项目。

从表5中可以明显看出，企业已经启动了不同的环境项目来保护自然环境。这些项目包括建立环境保护和管理体系，以及开展植树绿化项目(14家企业)。此外，相当数量的受访企业开展了一些环保活动，比如建立固体废物处理项目，以及制定应对环境灾害的管理方案(7家企业)。最后，60%的受访企业(9家企业)建立了液体废物处理项目。尽管阿吉莱拉(Aguilera)等人认为这些项目在本质上是“道德性”的，但需要注意的是，它们在经济研究中具有很强的工具性，[1]这是一个重要问题，对于那些首先出于经济后果考虑而反对企业社会责任的印尼公司来说，这是一个重要问题。[2]

表5　企业社会责任环境项目的开展频率(案例企业数量15家)

项目	频率	百分比（%）
1. 建立环境保护与管理项目	14	93.33
2. 开发可持续能源项目	5	33.33
3. 开发应对环境灾害的灾害管理项目	7	46
4. 建立回收项目	6	40
5. 开展植树绿化项目	14	93.33
6. 建立固体废物处理项目	7	46

〔1〕 Reinhardt FL, Stavins RN, Vietor RHK (2008) Corporate social responsibility through an economic lens. Rev Environ Econ Policy 2(2):219–239. https://doi.org/10.1093/reep/ren008.

〔2〕 Gunawan J (2016) Corporate social responsibility initiatives in a regulated and emerging country: an Indonesia perspective. In: Idowu S (eds) Key initiatives in corporate social responsibility. CSR, Sustainability, Ethics & Governance.: Springer, Switzerland, pp 325–340.

续表

项目	频率	百分比（%）
7. 建立液体废物处理项目	9	60
8. 建立噪音废物处理项目	5	33.33
9. 建立空气和气体废物处理项目	5	33.33

来源：根据研究结果汇编

必须指出的是，很多项目，如宗教活动和社区基础设施建设项目，背后有着很强的关系动机。特别是，这些项目会给当地社区留下深刻的积极印象，让人们看到这些企业在当地所具有的社会价值。最后，没有任何一个项目是公然出于工具性目的而开展的。显然，企业社会责任相关法规在限制工具性动机方面是有效的。虽然这些动机在运营中正如预期的那样存在，但它们并没有占据主导地位，从而排除关系性和道德性动机。

（二）在印尼受监管的企业社会责任环境下，调查管理者对企业社会责任问题的看法及其潜在动机（研究问题2和研究问题3）

在问卷调查过程中的对话交流中，对这些分为工具性、关系性和道德性类别的项目进行了探讨。在这些对话中，大多数企业明确表示，他们的动机是为了合规，也就是出于工具性目的。他们并非出于对员工、周边社区或环境的道德考量而行动。

此外，与企业行为的同构理论相反，他们对其他企业的行为并不特别感兴趣。[1]最后，与战略管理理论在该问题上的观点相反，他们并不认为将企业社会责任作为实现战略差异化或获取其他经济优势的手段有多大意义。[2]相反，企业社会责任项目仅仅是政府的又一项要求，只是企业经营成本的一部分，这与古纳万的研究结果一致。

然而，从企业社会责任项目的选择中可以提取更多的动机信息。在遵守相关法规时，大多数企业似乎是出于关系性动机，希望通过选择高度关注当地的企业社会责任项目来协助当地社区。我们还注意到，除了农业项目外，企业选择的一系列

〔1〕 DiMaggio PJ, Powell WW (1983) The iron cage revisited: institutional isomorphism and collective rationality in organizational fields. Am Sociol Rev 48(2):147–160.

〔2〕 Heslin PA, Ochoa JD (2008) Understanding and developing strategic corporate social responsibility. Organ Dyn 37:125–144.

项目再次体现了对当地社区需求的考量。因此，除了合规之外，我们可以从不同项目中看出企业支持当地社区的动机。

在调查过程中，我们发现有两家企业是主动开展企业社会责任项目以追求道德目标。在这两家企业中，企业社会责任项目是创始人理念的体现——这些理念关乎企业的本质及其与社会的关系，为企业社会责任项目提供了道德动力。

（三）通过监管创建由关系驱动的企业社会责任项目，是否足以充分限制工具性动机(研究问题3)。企业社会责任硬法是不是增加公共利益以及减少私营企业危害的有效策略(研究问题4)

这项研究让我们深入了解了印度尼西亚背景下的企业社会责任硬监管及其运行情况。研究表明，硬监管能够促使企业做出显著回应。这些回应产生了公共利益，而且，这些回应并非仅仅局限于工具性动机的企业社会责任行为。相反，虽然在企业社会责任项目中，工具性动机的元素确实存在，但更多明显体现出的是关系性和道德性动机，尤其是在对社会和环境关怀方面。那些真正为社区做出贡献的项目很明显，它们促进了社区的福祉。虽然有些项目，如宗教项目，产生了积极且强大的声誉效应，但显然那些影响不太明显的项目并未被完全忽视。因此，有证据表明法律在限制利己行为以及重新平衡企业运营中公私利益方面发挥了作用。

此外，企业在环境项目上的投资也出人意料。尽管省级法规并未对此做出要求，但许多企业还是开展了相关项目(见表5)。此外，尽管中央政府在某些情况下有相关要求，但正如前文所述，对于不遵守规定的情况并没有相应的处罚措施。

印度尼西亚共和国2020年第04号法律(取代了2015年第07号法律)的要求或许提供了一定激励。然而，尚不清楚该法律在多大程度上激发了企业对环境改善方面的投资。

有趣的是，有间接证据表明，当企业创始人有融入社会的意愿时，会存在持续的道德动机，而不受工具性动机的影响。这些道德动机似乎一直存在，并推动着更高质量的企业社会责任项目及参与度。特别值得注意的是，我们的研究并未发现强制性的企业社会责任会削弱道德动机。虽然目前还不清楚个人层面的道德动机是否发生了变化，但在组织层面，该证据是明确的。

我们的研究表明，在企业组织中，多种动机共同发挥作用。内在的、自我超越的动机在强制性的环境中生存并保有重要意义。同样，正如预期的那样，外在的、自我提升的动机也在发挥作用。

进一步而言，企业社会责任显然能够持续有效地灵活应对当地实际情况，这得益于法规给予了足够的自由裁量空间。也就是说，尽管政府可能强制要求企业履行社会责任，但具体的企业社会责任项目仍可以根据当地社区的需求进行调整。企业所选择的社会责任项目在很大程度上切实反映了对社区需求的关注，以及为解决当地社区问题所付出的努力。由此可以得出，至少可以肯定存在一种关系性动机，即满足社区需求，而不仅仅是最低限度的合规。相关法规似乎足以避免企业社会责任仅受工具性动机驱动，并且在减少私营部门活动产生的外部性危害方面起到了良好的保障作用。所以，从这个意义上说，由关系驱动的企业社会责任项目能够在一定程度上限制受工具性动机驱使的企业社会责任行为。

然而，同样明显的是，在大多数情况下，企业参与企业社会责任活动主要是为了遵守法律规定。大多数企业仅仅做到满足最低要求，这表明除了合规之外，他们缺乏其他的动机。换句话说，有一定证据和理由支持这样一种观点：强制性的企业社会责任法规旨在改善当地社区的生活。

此外，至少在本研究的有限样本中，很明显企业的经营理念仍然是企业开展社会责任活动的根本动机。特别是，从理念上致力于社会责任项目的企业，并不会觉得法律会取代或削弱他们的这种承诺。有人担心强制性的企业社会责任必然会消除企业的慈善动机，[1]正如在其他地方所发现的那样，[2]但在印度尼西亚的研究证据并没有证明这一观点。这些研究结果很重要，因为它们反驳了那种认为强制推行企业社会责任只会削弱企业的响应能力和原有的道德动机的观点。

六、结论

本文深入剖析了从软法过渡到硬法过程中个人和组织层面的动机。以印度尼西亚这样的发展中国家的企业社会责任监管及其运作为例进行研究，研究表明，硬性监管能够促使企业在社会和环境保护方面做出显著回应。当前研究有助于加深对法律的理解，阐释了硬法如何影响人们遵守法规背后的动机。研究显示，硬法可以成为激励组织的有效方式。此外还表明，硬法不一定会抑制内在的道德动机；特

〔1〕 Ayres I, Braithwaite J (1992) Responsive regulation: transcending the deregulation debate. Oxford University Press, New York.

〔2〕 Bhagawan MP, Mukhopadhyay JP (2019) Does mandatory expenditure on CSR affect firm value? Empirical evidence from Indian firms. Paper presented at the Financial Markets & Corporate Governance Conference, 2019.

别是组织领导者在制定合规制度以及相关决策时，会受到自我决定、组织公正和社会影响的驱动。

本文还从两个重要方面丰富了企业社会责任的相关文献。首先，本文对硬监管背景下的工具动机与道德动机问题提供了批判性的见解。在监管与治理领域以及企业社会责任文献中，关于企业在硬法环境下，其遵守企业社会责任法规的动机究竟是工具性的还是出于对社区和环境问题的道德考量，此前尚无研究涉及这一问题。当前研究通过回答该问题，为相关文献做出了贡献。此外，本文还捕捉了在硬监管环境下管理者对企业社会责任项目的态度。先前的研究主要调查管理者在企业社会责任实践中的动机，而这些实践大多是自愿性质的。[1]本文通过探究管理者在硬监管环境下对企业社会责任的选择和行为，为该领域的文献增添了新的内容。

其次，本文拓宽了对印度尼西亚企业社会责任的理解。尽管先前关于强制性企业社会责任监管的研究，为孟加拉国等其他新兴经济体中企业的应对情况提供了一些见解，[2]但对于印度尼西亚的企业社会责任情况却缺乏相关信息。目前，本文详细阐述了印度尼西亚的企业社会责任状况，补充了先前关于印度尼西亚企业社会责任的研究，提供了对当前案例中法律[3]实施的洞察，与早期研究中发现的腐败问题相比取得了某种成功。

这项研究存在一些局限性。首先，样本量相对较小，难以有力地证明研究结果的普遍性，这是未来进一步研究的方向。其次，如果我们能够采用访谈等定性研究方法，就有可能更深入地探究项目选择问题，并为个体动机的研究增添细节。最后，当前研究仅在印度尼西亚的背景下进行，因此研究结果无法推广到其他情境。由

---

〔1〕 Khan HZ, Halabi AK, Samy M (2009) Corporate social responsibility (CSR) reporting: a study of selected banking companies in Bangladesh. Soc Responsib J 5(3):344–357;Belal AR, Owen DL (2007) The views of corporate managers on the current state of, and future prospects for, social reporting in Bangladesh: an engagement-based study. Account Audit Account J 20(3):472–494;Costa E, Agostini M (2016) Mandatory disclosure about environmental and employee matters in the reports of Italian-listed corporate groups. Soc Environ Account J 36(1):10–33

〔2〕 Khan HZ, Bose S, Johns R (2020) Regulatory influences on CSR practices within banks in an emerging economy: do banks merely comply? Crit Perspect Account 71:1–20; Khan HZ, Bose S, Sheehy B, Quazi A (2021a) Green banking disclosure, firm value and the moderating role of a contextual factor: evidence from a distinctive regulatory setting. Bus Strateg Environ 30(8):3651–3670; Bose S, Khan HZ, Rashid A, Islam S (2018) What drives environmental disclosure? An institutional and corporate governance perspective. Asia Pacific J Managt 35(2):501–527.

〔3〕 Sheehy B, Damayanti C (2019) Issues and initiatives: sustainability and CSR in Indonesia. In: Sjåfjell B, Bruner CM (eds) Cambridge handbook of corporate law, corporate governance and sustainability. Cambridge University Press, Cambridge, pp 475–489.

于其他发展中国家也正在制定强制性的企业社会责任法规，未来的研究可以通过考察两个或多个发展中国家，并考虑制度、政治和社会经济背景等因素来比较强制性监管的有效性。

随着在强制性企业社会责任发展方面进行迅速且大量的投资，显然需要更多研究来探讨监管设计以及可能出现的非预期后果和影响。这些影响不仅要考虑实际制定和实施的项目，还需要考虑背后的动机。毕竟，正是潜在动机激发了对相关规定的遵守，并为有关企业社会责任、法律及其实施的决策提供依据。

处理犯罪所得财产的法律规制及其对经商环境的影响——拉脱维亚的经验

［拉脱维亚］阿尔曼兹·斯曼斯*著
贾同乐**译

一、引言

物质财富在当代社会中的主导地位〔1〕无疑也影响着犯罪的本质。目前，刑事犯罪的主要目的是获取物质利益。〔2〕鉴于上述情况，在大多数刑事案件中，若不有效解决刑事诉讼中的财产问题，则难以实现拉脱维亚现行《刑事诉讼法》第1条所规定的刑事诉讼目的——对刑事法律关系进行公正规制。〔3〕因此，关于刑事诉讼财产问题的法律规制应符合当代要求，并在不对个人生活造成不当干预的情况下，有助于实现刑事诉讼的目的。

刑事诉讼中的财产问题之一是对犯罪所得财产的处理。〔4〕这一财产问题涉及刑事诉讼法中普遍认可的原则，即实施犯罪行为的人不应享有因该犯罪行为所获

---

* 阿曼德斯·斯曼斯，拉脱维亚大学法学院法学硕士、博士研究生。感谢作者授权翻译并出版此文。

** 贾同乐，西北政法大学民商法学院讲师、硕士生导师、“一带一路”营商环境研究院执行院长，法学博士。

〔1〕 Hamkova D. “Noziedzīga nodarījuma kvalificēta un salikta sastāva konstrukcijas problēmas.” Tiesību efektivitāte postmo e rnā sabiedrībā. Latvijas Universitātes 73. zinātniskās konferences rakstu krājums,(2015),p.157 .

〔2〕 Kūtris G. “Noziedzīgi iegūta manta: tiesiskais regulējums un problemātika.” Jurista Vārds, (2007), No.16 ,P.469.

〔3〕 Meikališa Ā., Strada-Rozenberga K. “Kriminālprocesa izpratne, mērķis un kriminālprocesa tiesību avoti.” LatvijasVēstnesis,(2010), p.35.

〔4〕 See Meikališa Ā., Strada-Rozenberga K.“Procesuālie termiņi, dokumenti un mantiskie jautājumi.” Latvijas Vēstnesis, (2010), p.185.

得的物质利益。[1]在这方面，法律文献中合理指出，个人应被剥夺其通过非法手段或非法所获取的收益，即不正当利益。[2]期刊文献中提到，这种做法能够剥夺犯罪发展的经济基础。[3]因此，根据拉脱维亚现行《刑法》第70.11条第1款的规定，“作为刑事犯罪的直接或间接结果而归个人所有或占有的财产”应被认定为犯罪所得财产。

本文探讨了拉脱维亚刑事诉讼程序中关于犯罪所得财产处理的法律规制，并评估该规制对商业环境的影响。换言之，本文解答了如何利用拉脱维亚现行《刑事诉讼法》提供的法律规定，保护作为被害人的商人权利的相关问题。还分析了当执法机构推定商人财产系犯罪所得时，商业活动所面临的法律风险。

同样，本文也关注上述法律的适用与欧盟公认的人权保护之间的关联性。阐述了拉脱维亚刑事诉讼程序中有关犯罪所得财产的没收或返还被害人的热点问题，并介绍了拉脱维亚在实施《指令2014/42/EU》方面的经验。希望本文的研究成果能为刑事诉讼领域的理论研究者、实务工作者及商界人士提供有益的参考。同时，作者期望本研究有助于国际经验的交流与共享。

第一部分探讨了拉脱维亚《刑法》中对犯罪所得财产概念的理解；第二部分研究了拉脱维亚《刑事诉讼法》中关于犯罪所得财产处理的法律规制；第三部分则分析了该法律规制对商业环境的影响。研究过程中所得的主要结论将在文章的结论部分予以阐述。

本文在写作中使用了以下研究方法：

对法律文献、判例法和法规的分析与综合：本文分析了拉脱维亚及外国的法律文献、判例法和法规。使用该方法是为了揭示犯罪所得财产概念的内涵，并研究《刑事诉讼法》中对犯罪所得财产处理的相关规定。

比较法：该方法用于分析国际法律文献中确立的法律规制，以及欧洲人权法院判例法中对相关规范的解释。使用此方法有助于确定拉脱维亚的法律规制及其法律适用实践是否符合国际公认的实践和人权标准。

分析法：该方法用于研究法律学说和判例法中的发现，拉脱维亚及国际法律文件，以及揭示该主题所需的其他材料。

---

〔1〕 Boucht J. “Civil Asset Forfeiture and The Presumption of Innocence under Article 6(2) ECHR.” New Journal of European Criminal Law, (2014), p.221.

〔2〕 Meikališa Ā., Strada-Rozenberga K. “Procesuālie termiņi, dokumenti un mantiskie jautājumi.” *Latvijas Vēstnesis*, (2010), p.183.

〔3〕 Kūtris G. “Noziedzīgi iegūta manta: tiesiskais regulējums un problemātika.”*Jurista Vārds*, (2007), No.16 ,P.469.

归纳法与演绎法：归纳法用于通过分析具体的实践案例来推导出一般化结论。演绎法则用于依据理论指导和一般性结论得出结论。

二、拉脱维亚刑法中对犯罪所得财产的理解

2017年8月1日，为了实施2014年4月3日欧洲议会和欧盟理事会颁布的《指令2014/42/EU》)，该指令涉及冻结和没收犯罪工具及犯罪所得，在此背景下，《刑法》[1]和《刑事诉讼法》[2]进行了大规模的修订，修订内容包括引入关于犯罪所得财产的法律规制。

关于犯罪所得财产的概念，在上述修订之前，犯罪所得财产的概念是在《刑事诉讼法》中定义的，但在作者看来，这种做法并不正确。从《刑事诉讼法》第1条可以看出，《刑事诉讼法》的目的是确立一种刑事法律程序，确保有效应用刑法规范，并公正地调整刑事法律关系，而不对个人生活进行不必要的干预。这意味着，《刑事诉讼法》规范了刑事诉讼程序(即在该程序中调整刑事法律关系)，本质上，《刑事诉讼法》应当包含程序性规范，而非实体性规范。但定义犯罪所得财产概念的规范应被视为实体性规范，因此，立法者选择在《刑法》中界定认定财产为犯罪所得的依据(以消除实体性规范在程序法中被规制的情况)的做法是值得称赞的。在这方面，《刑事诉讼法》修订案的注释中指出："鉴于《刑事诉讼法》第355条(刑事所得财产)定义了应当认定为犯罪所得财产的财产是一项实体性规范，计划通过草案第8条删除《刑事诉讼法》第355条，并将其所包括的规范纳入《刑法》。"[3]

修订法案过后，刑法第八章第2节新增了"特殊没收财产"相关法条。刑法第70.10条规定，特殊没收财产是指将刑事所得财产或犯罪工具，或与犯罪相关的财产强制转移归国家所有，无需补偿。在刑法新章节中特别强调，特殊没收财产不是刑罚，而是用于调整刑事法律关系的措施。

在这方面，拉脱维亚是欧盟少数几个仍然保留将财产没收作为刑事处罚的成员国之一(见《刑法》第42条)。该处罚适用于合法获得的财产的转让[4]以惩罚犯罪

〔1〕《刑法修正案》, https://likumi.lv/ta/id/292016-grozijumi-kriminallikuma, 2017年10月27日]访问。

〔2〕《刑事诉讼法修正案》, https://likumi.lv/ta/id/292018-grozijumi-kriminalprocesa-likuma, 2017年10月27日访问。

〔3〕《刑事诉讼法修正案注释》, http://titania.saeima.lv/LIVS12/SaeimaLIVS12.nsf/0/AB2871419A747C7FC2258011002DD2FA?OpenDocument, 2017年10月27日访问。

〔4〕 Meikališa Ā., Strada-Rozenberga K. *Mantas konfiskācijas tiesiskais regulējums Latvijā un Eiropas Savienībā, tās izpildes mehānisma efektivitātes nodrošināšana*, 2010, p.9.

的人。作为刑罚的没收，并不适用于没收犯罪所得财产。在这一方面，没收本质上类似于罚款——其目的不是为了转移犯罪所得，而是通过财务性质的追缴来惩罚个人。[1]尽管关于将财产没收作为刑罚的可接受性已经进行了长期激烈的讨论，甚至讨论是否放弃这种类型的处罚的问题，[2]（一些从业者甚至将财产没收称为“可耻的‘石器时代’类型处罚”[3]），最终拉脱维亚宪法法院（以下简称宪法法院）于2015年认可了“失去财产的可能性是一种适当的措施，能够有效阻止个人犯下财务性质的犯罪”[4]这一观点。

《刑法》第70.11条定义了犯罪所得财产的概念，并规定了与犯罪所得财产有关的行为，其相关程序在刑事诉讼法中有更详细的规定。

因此，《刑法》第70.11条的第1款规定，犯罪所得财产是指因犯罪行为某人直接或间接获得所有权或占有的财产。根据《刑法》第70.11条第1款，必须明确确定该财产是因何种犯罪行为所得，才能认定该财产为犯罪所得。[5]

必须指出，类似于《刑法》第70.11条第1款定义的犯罪所得财产概念，也可以在国际法律文件中找到。根据《联合国打击跨国有组织犯罪公约》（巴勒莫公约）和《欧洲委员会关于洗钱、搜查、扣押和没收犯罪所得及资助恐怖主义的公约》（华沙公约）规定，“犯罪所得”是指通过犯罪行为直接或间接获得的任何财产（经济利益）。根据《指令2014/42/EU》，“犯罪所得”是指通过犯罪行为直接或间接获得任何经济利益；它可以是任何形式的财产，并包括任何后续的再投资或直接所得的以及任何有价值的利益。

所描述的案例并非唯一一个可以认定为犯罪所得财产的情况。《刑法》第70.11条第2款规定，如果财产的价值与个人的合法收入不成比例，并且个人未能证明该财产是合法获得的，那么可以认定属于以下人员的财产为刑事所得财产：(1)曾实施犯罪行为，且该行为本质上是为了获得经济或其他类型的利益；(2)是有组

〔1〕 2011年1月6日，拉脱维亚宪法法院关于终止2010年1月31号案件法律程序的判决：“关于刑法第320条第2款（2002年4月25日版本）中‘财产没收’一词与拉脱维亚共和国宪法第105条的合规性问题”，第[7.3]段。

〔2〕 See Meikališa Ā., Strada-Rozenberga K. *Mantas konfiskācijas tiesiskais regulējums Latvijā un Eiropas Savienībā, tās izpildes mehānisma efektivitātes nodrošināšana*, 2010, pp.9-15.

〔3〕 “Nedēļas jurists: Egons Rusanovs”. *Jurista Vārds*,(2011),P.657. The document is available online at: http://www.juristavards.lv/doc/226711-egons-rusanovs/ [accessed on 27 October 2017].

〔4〕 2015年4月8日，拉脱维亚宪法法院在2014—34—1号案件中的判决：“关于刑法第36条第2款第1项、第42条及第177条第3项中‘是否没收财产’一词与拉脱维亚共和国宪法第105条第2和第3句的合规性问题”，第[19]段。

〔5〕 Meikališa Ā., Strada-Rozenberga K. “Pārmaiņu laiks kriminālprocesā turpinās – 2017. gada Grozījumi”. *Jurista Vārds*, (2017), P.996.

织团体的成员或协助该团体；(3) 与恐怖主义有关联。

本条规范了所谓的“推定”犯罪所得财产的情况。即，该条规定了认定财产为“推定”犯罪所得财产的三个前提条件：财产的价值与个人的合法收入不成比例；个人未能证明该财产是合法获得的；该财产属于以下人员：曾实施犯罪行为，且该行为本质上是为了获得财务或其他类型的利益；是有组织团体的成员或协助该团体；或与恐怖主义有关联。

在这方面，法律学说中有效地指出，适用这一推定时，不必确定利益确实已经获得；只要犯罪本质上是为了获得利益即可。[1]遵循本条文中的措辞(犯罪“本质上是为了获得财务或其他类型的利益”)，可以认识到，这一推定可以适用的情况范围是无限的，实际上，它可以用于所有财务犯罪、腐败性质犯罪、商业活动中的犯罪以及其他各类犯罪。[2]

这一推定通过实施《指令2014/42/EU》被纳入刑法，该指令第5条规定，对被定罪的犯罪人所有的财产进行没收，这些财产可能直接或间接地产生经济利益，法院根据案件的具体情况，包括具体事实和可用证据(如财产的价值与被定罪者的合法收入不成比例)，确信该财产来源于犯罪行为。

该推定的可接受性不仅源于《指令2014/42/EU》，还源于若干国际法律文书。例如，巴勒莫公约第12条第7款规定，缔约国应考虑要求罪犯证明可能被没收的财产的合法来源，前提是此要求符合其国内法的原则。同样，《联合国禁止麻醉药品和精神药物非法贩运公约》(维也纳公约) 第5条第7款规定，各缔约国可以考虑确保在证明涉嫌收益或其他可能被没收财产的合法来源时，采取举证责任倒置，前提是此类措施符合其国内法的原则以及司法程序和其他程序的性质。

《刑法》第70.11第3款规定了另一种“推定”犯罪所得财产的情况。即如果某人拥有与第2款所述人员(有旨在获得经济或其他类型利益的犯罪；是犯罪集团的成员或协助该集团；或与恐怖主义有关的人员) 保持永久性家庭、经济或其他类型的财产关系，则该财产也可以被认定为犯罪所得财产，前提是该财产的价值与该人的合法收入不成比例且该人未能证明该财产是合法获得的。因此，可以认定，《刑法》规定了可以将与犯罪行为者有联系的人的财产认定为犯罪所得财产，即使该人并未亲自实施犯罪。

〔1〕 Meikališa Ā., Strada-Rozenberga K. “Pārmaiņu laiks kriminālprocesā turpinās – 2017. gada Grozījumi”. *Jurista Vārds*, (2017), P.996.

〔2〕 Meikališa Ā., Strada-Rozenberga K. “Pārmaiņu laiks kriminālprocesā turpinās – 2017. gada Grozījumi”. *Jurista Vārds*, (2017), P.996.

《刑法》第70.11条第4款规定：犯罪所得财产；从处置此类财产中获得的犯罪收益；以及作为使用犯罪所得财产而获得的收益，必须被没收，除非它必须归还给所有者或合法持有人。

还必须指出，《刑法》第70.14条规定了在若干情况下，不能直接没收犯罪所得财产时，可以没收犯罪所得财产的价值或其他财产的价值。根据《刑法》第70.14条的规定，在犯罪所得财产已被转移、销毁、隐匿或伪装且无法没收该财产的情况下，可以追缴该财产的价值。

如果已对某人判定没收犯罪所得财产，可以用等值的财务资源替代被没收的财产。具有历史、艺术或科学价值的财产不能被替代。在犯罪所得财产因被转移、销毁、隐匿或伪装无法被没收且犯罪嫌疑人没有其他可以进行追缴程序的财产的情况下，以下财产可以被没收：该人于犯罪开始后无偿转让或以明显低于或高于市场价值的价格转让的财产；犯罪嫌疑人的财产及其配偶的共同财产，除非至少在犯罪开始前一年已明确规定了配偶的财产分配；属于与犯罪嫌疑人有共同(单一)家庭的人所有的财产，如果该财产是在犯罪后获得的。

关于犯罪所得财产的没收，可以适用于第三方(不仅限于与被告或犯罪人保持关系的人)，必须指出，根据《指令2014/42/EU》第6条，成员国应采取必要措施，使其能够没收收益或与收益等值的其他财产，这些财产直接或间接地由嫌疑人或被告转让给第三方，或者由第三方从嫌疑人或被告那里获得，至少在第三方知道或应当知道转让或获取目的为规避没收的情况下，基于具体的事实和情况，包括转让或获取是无偿进行或以明显低于市场价值的金额进行的情况。[1]

三、《刑事诉讼法》关于处理犯罪所得财产的规定

《刑事诉讼法》也对处理犯罪所得财产进行了规定。即，《刑事诉讼法》规定了处理被认定为犯罪所得的财产的两种处理方式：(1)根据所有权，必须将其归还给所有者或合法占有人(《刑事诉讼法》第357条)；(2)通过法院判决予以没收，所获得的财务资源纳入国家预算(《刑事诉讼法》第358条)。

第一种方式适用于已经确定财产的所有者或合法占有人的情况(例如，被抢劫的受害人)，此外，在不再需要保管该财产以实现刑事诉讼目的后。通过法院判决，

〔1〕 参见《刑法修正案注释》，http://titania.saeima.lv/LIVS12/SaeimaLIVS12.nsf/0/1CF2B4A0A7C28D09C2258011002BB45B?OpenDocument，2017年10月27日访问。

已不再需要保管以实现刑事诉讼目的且不得归还给所有者或合法占有人的非法所得财产，将被没收为国家所有，所获得的财务资源将纳入国家预算。

同时，在刑事诉讼中处理犯罪所得财产的部分中的问题，有多种方式可以解决。

(1)财产可以通过已生效的法院判决或检察官终止刑事诉讼的决定被认定为犯罪所得财产(《刑事诉讼法》第356条第1款)。

(2)在刑事诉讼前的调查过程中，如果在调查过程中发现并从嫌疑人、被告或第三方处查获财产，且该财产的所有者或合法占有人曾提交财产丧失报告，且在发现财产后证明了对该财产的权利，消除任何合理怀疑，则财产可通过负责案件的人员(即调查员或检察官)的决定被认定为犯罪所得财产(《刑事诉讼法》第356条第2款第2项)。

(3)在刑事诉讼前的调查过程中，财产还可以通过地区(市)法院根据《刑事诉讼法》第59章规定的程序，依据负责案件的人员(即调查员或检察官)所提供的充分证据，如果这些证据不会对财产的犯罪来源或财产与犯罪行为之间的关系产生疑问，将会被认定为犯罪所得财产。(《刑事诉讼法》第356条第2款第1项)。

在上述处理犯罪所得财产的行动中，第三项关于犯罪所得财产的独立和单独程序特别值得关注。正如宪法法院所认可的，在刑事诉讼中，可能需要同时处理与确立一个人犯罪责任相关的问题，以及涉及个人财产权利或财务利益的问题。

然而，刑事犯罪的调查通常是一个复杂且漫长的程序，在此过程中，需要决定是否将财产认定为犯罪所得，并决定如何处理该财产，而无需等待刑事诉讼中的最终判决。因此，刑事诉讼法规定，财产问题不仅可以在基本刑事诉讼中处理，还可以在涉及犯罪所得财产的诉讼中处理。〔1〕

这些程序在预审刑事诉讼过程中启动，重点解决在刑事诉讼中出现的财产问题。在涉及犯罪所得财产的诉讼中，并不确认个人的罪责，而是对财产的犯罪来源或与犯罪行为的联系作出决定。〔2〕实际上，在涉及犯罪所得财产的诉讼中，法院的管辖权仅包括基本刑事诉讼中法院审查和评估的多个问题中的一个，尤其是关于个人是否犯罪的决定。

---

〔1〕 2017年10月11日，拉脱维亚宪法法院在2017—10—01号案件中的判决："关于刑事诉讼法第629条第5款与拉脱维亚共和国宪法第92条第1句的合规性问题，以及关于刑事诉讼法第631条第3款第二句与拉脱维亚共和国宪法第91条第1句的合规性问题"，第[20.1]段。

〔2〕 2017年5月23日，拉脱维亚宪法法院在2016—13—1号案件中的判决："关于刑事诉讼法第629条第5款与拉脱维亚共和国宪法第92条第1句的合规性问题"，第[10]段。

必须指出，在这些诉讼中做出的财产处理决定是最终的。如果预审刑事诉讼中包括了有关犯罪所得财产的诉讼，并且法院在其中已将财产认定为犯罪所得，则在基本刑事诉讼中，法院不再对犯罪所得财产的处理作出决定。[1]

这种特殊诉讼的可接受性依据可以在国际法律文书中找到。例如，《指令2014/42/EU》第4条第2款规定，至少在因嫌疑人或被告人的生病或潜逃无法进行没收的情况下，成员国应采取必要措施，确保在已启动关于犯罪行为的刑事诉讼中，能够没收犯罪工具和所得，还有该犯罪行为可能直接或间接导致的经济利益，如果嫌疑人或被告能够接受审判，则该诉讼可能会导致刑事定罪。同样，金融行动特别工作组(FATF)在其《建议第4号——“没收与临时措施”》中指出，国家应考虑采取允许没收犯罪所得或犯罪工具的措施，而不要求刑事定罪(即非定罪基础上的没收)。

根据《刑事诉讼法》第626条，启动有关犯罪所得财产的刑事诉讼有两个先决条件：所有证据共同表明，犯罪或与犯罪行为有关的财产将予以扣押或没收；由于客观原因，刑事案件无法在近期(合理期限内)移送至法院审理，或此类移送可能会导致大量不合理的费用。

作者认为这两个要求同样重要；然而，在拉脱维亚执法机构的实践中，通常可以看到其对启动关于犯罪所得财产诉讼的第二个要求持较为形式化的态度。即通常遵守这一要求与《刑事诉讼法》第389条第1款规定的，限制一个人在预审刑事诉讼中权利的最大期限(到期后应释放扣押财产)即将到期的事实相关。作者认为，单纯这一情况并不能证明存在“客观原因”，即导致刑事案件无法在近期(合理期限内)移送至法院审理，或此类移送可能会导致大量不合理费用。如案件的大规模或法律复杂性、程序启动的数量和复杂性等情况可以视为“客观原因”。启动关于犯罪所得财产诉讼时，案件负责人应在启动诉讼的决定中说明这些原因，因为法院应核实这些原因，并决定这些“客观原因”是否存在[2](即决定启动关于犯罪所得财产诉讼是否合法)。

---

〔1〕 2017年10月11日，拉脱维亚宪法法院在2017—10—01号案件中的判决：“关于刑事诉讼法第629条第5款与拉脱维亚共和国宪法第92条第1句的合规性问题，以及关于刑事诉讼法第631条第3款第2句与拉脱维亚共和国宪法第91条第1句的合规性问题”，第[20.1]段。

〔2〕 See Stukāns J. “Mantas konfiskācijas tiesiskais regulējums Latvijā un Eiropas Savienībā: tās izpildes mehānisma efektivitātes nodrošināšana”, p.23. The document is available online at: https://www.tm.gov.lv/files/l1_MjAxNS9Qcm9qZWt0dSBzYWRhxLxhL2tvbmYgSUlJL1JpZ2ExNzE4MTAyMDEyU3R1a2Fuc19sdi5wZGY/2015/Projektu%20sada%C4 %BCa/konf%20III/Riga1718102012Stukans_lv.pdf [accessed on 27 October 2017].

在《刑事诉讼法》第626条所述先决条件具备的情况下，案件负责人做出启动犯罪所得财产诉讼的决定，并将犯罪所得财产案件移交法院审理。“犯罪所得财产案件”应理解为与犯罪案件(即所谓的“基本案件”)分离出来的犯罪所得财产材料。

法官在收到关于犯罪所得财产诉讼启动决定后：确定庭审的时间和地点(庭审必须在案件负责人收到决定后的10天内举行)；召集案件负责人和公诉人(如果由侦查员做出决定)，以及《刑事诉讼法》第628条所述的人员(即，嫌疑人或被告和与被扣押或没收财产有关系的人，如果在相关刑事诉讼中涉及此类人员，或其他有权占有该财产的人)。

《刑事诉讼法》第630条第1款规定，在审查关于犯罪所得财产的材料时，法院决定：财产是否与犯罪行为相关或是否来源于犯罪；是否有关于财产所有人或合法持有人的信息；是否有人对该财产享有合法权利；对犯罪所得财产的处理措施。

如果法院发现财产与犯罪行为的关联没有得到证明，或该财产不是来源于犯罪，则决定终止关于犯罪所得财产的诉讼。

法院在关于犯罪所得财产的刑事诉讼中的裁定只能向上诉法院提起上诉(《刑事诉讼法》第631条第1款)。《刑事诉讼法》未规定在再审法院审查关于犯罪所得财产的诉讼。

关于在这些诉讼中赋予相关人员的程序性保障范围，必须指出，欧洲人权法院的判例法已确认，不涉及施加或确立刑事处罚的司法诉讼(包括关于没收犯罪所得财产的司法诉讼)不属于《欧洲人权公约》第6条第1款所述的“刑事案件中指控的有效性”。然而，作为关于犯罪所得财产诉讼结果的财产没收应视为《公约》第1号议定书第1条所述的“控制”财产使用，因此与此相关的司法诉讼涉及《公约》第6条第1款所指的个人民事权利和义务的确认。〔1〕

欧洲人权法院在其判例法中已确立，对于第三方而言，涉及没收财产的措施若对未被起诉的人员的权利产生不利影响，则属于《公约》第6条运作中的民法层面问题。〔2〕因此，《公约》第6条第1款提供的保障，与拉脱维亚共和国宪法第92条第一句规定的保障(“每个人有权在公正的法庭上维护自己的权利和合法利益”)相互关联，完全适用，且这一点也已得到宪法法院的认可。〔3〕

〔1〕 例如，2015年5月12日，欧洲人权法院在案件“其他人诉格鲁吉亚”中的判决，第121段。

〔2〕 参见2012年4月10日，欧洲人权法院在案件“西利基耶内诉立陶宛”中的判决，第45—46段。

〔3〕 参见2017年5月23日，拉脱维亚宪法法院在2016—13—01号案件中的判决：“关于刑事诉讼法第629条第5款与拉脱维亚共和国宪法第92条第1句的合规性问题”，第[10]段。

四、法律规范对处理犯罪所得财产在商业环境中的影响

本文的最后一部分将探讨法律规范在处理犯罪所得财产过程中对商业环境的影响。以下将讨论三种最典型的情况：商人作为受害人，其财产被盗；商人作为一方，其财产存在犯罪来源的推定；商人作为第三方。

（一）商人作为受害人

作者认为，关于商人(其遭受刑事犯罪并且财产被盗)处理犯罪所得财产的法律规范是有利的，并旨在尽快恢复(恢复原状)。如上所述，《刑法》和《刑事诉讼法》规定了在刑事诉讼中，案件实质审理前，可以决定如何处理犯罪所得财产，显著增加了商人尽快恢复被盗财产的可能性。

如果商人的财产被盗，商人可以提交失物申请(在实践中，这意味着向执法机构报告被盗财产)。当被盗财产被找到并被扣押时，商人必须证明其对财产的所有权，消除合理怀疑。即商人应向负责诉讼的人员(侦查员或检察官)提交证明其拥有该财产的证据，例如，能够证明财产来源的文件。

当商人证明了自己对被盗财产的所有权后，负责诉讼的人员(侦查员或检察官)可以采用《刑事诉讼法》第356条第2款第2项规定的机制，即根据《刑事诉讼法》第357条第1款的规定，确认财产为犯罪所得，并将其归还给商人(当不再需要储存该财产以达成刑事诉讼目的时)。同样，负责诉讼的人员可以按照《刑事诉讼法》第59章规定的程序，启动关于犯罪所得财产的诉讼，以在缩短的期限内决定是否将财产认定为犯罪所得，并将其归还给受害人——商人。必须指出，《刑事诉讼法》在财产根据所有权归还给所有者或合法占有人时，规定了一些额外的保护机制。例如，根据《刑事诉讼法》第357条第4款的规定，如果犯罪所得财产——不动产——基于所有权归还给所有者或合法占有人，那么在犯罪行为发生后签订的租赁或出租住宅的协议将不再有效。同样，《刑事诉讼法》第356条第1.1款的规定也需要强调；该条款规定，在财产被认定为犯罪所得的情况下，对其实施的扣押、负担、限制和质押权，包括在公共登记簿中做出的所有负担和限制的登记，必须被删除。因此，财产应当以商人被盗时的原状归还给商人的原则已经在《刑事诉讼法》中确立。

鉴于上述内容，必须认识到，关于处理犯罪所得财产的法律规范，对于作为刑事犯罪受害人的商人，并且在其财产被盗的情况下，具有积极的商业环境影响，因

为它为刑事犯罪案件中尽快恢复(恢复原状)提供了一个非常有效的行动机制。

(二)商人作为一方，其财产存在犯罪来源的推定

在那些推定商人所拥有财产来源于犯罪的案件中，商人必须考虑一些适用于证明财产来源的重要规则。

首先，自2017年8月1日起，针对证明财产来源于犯罪的情况，适用了一个特殊的证明标准。即根据《刑事诉讼法》第125条第5款的规定，如果在证明过程中排除了所有关于事实存在或不存在的合理怀疑，那么证据对象中的事实可视为已被证明；然而，关于证明上述第5款所指财产来源于犯罪的情况，已设定了另一个证明标准——如果在证明过程中，有理由认为该财产最可能来源于犯罪而非合法来源(即所谓的“可能性优势”)，则可视为已证明财产的犯罪来源。

其次，必须注意《刑事诉讼法》第126条第3款之1的规定，该条款规定，如果刑事诉讼中的某人主张该财产不应视为犯罪所得，则该人有责任证明财产的合法来源。从上述内容可知，在那些对商人拥有财产的犯罪来源做出推定的案件中，商人应能够证明相反的情况，即向负责诉讼的人员(侦查员、检察官或法院)提交可信的证明财产合法来源的信息。实际上，在证明财产合法来源时，适用了所谓的“举证责任倒置”原则。

最后，根据《刑法》第59章规定的程序，对商人启动关于犯罪所得财产的刑事诉讼时，必须考虑这些诉讼的具体情况，并迅速做出相应的法律反应。

如上所述，《刑事诉讼法》第629条第2款规定，法院庭审必须在收到法院负责人决定后的10天内举行。此外，如果召唤程序已遵守，缺席被召唤的人不会成为作出关于犯罪所得财产决定的障碍。这意味着，若商人希望证明其拥有的财产来源合法，必须积极参与诉讼并出席庭审，否则，该问题可能会在商人缺席的情况下作出决定。同样，在关于犯罪所得财产的诉讼中，必须考虑程序性权利受到限制的事实，主要表现为两种方式——案件材料的有限访问权限和对法院裁决提出上诉的有限可能性。

根据《刑事诉讼法》第629条第5款，关于犯罪所得财产的案件材料属于调查秘密，只有负责诉讼的人、检察官和审理此案的法院可以查阅这些材料。商人只能在诉讼负责人(侦查员和检察官)允许的范围内查阅案件材料。因此，《刑事诉讼法》第629条第5款中的规定允许出现一种情况，其中涉及犯罪所得财产诉讼的人的权利范围不同，即决定某人财产的犯罪来源或与犯罪行为的关联时，该人可能完全或

部分被拒绝查阅有关犯罪所得财产的案件材料。

该规范的合宪性曾在宪法法院被质疑，2017年5月23日，宪法法院认定《刑事诉讼法》第629条第5款规定，在法院无法审查负责诉讼的人关于当事人是否有权查阅犯罪所得财产案件材料的决定是否合法有效时，该规定与《拉脱维亚宪法》第92条表述的“获得公正审判权”不符[1]。这意味着，在未来，审理相关诉讼的法院将审查负责诉讼的人(侦查员或检察官)拒绝商人查阅案件材料的决定(预计不久的将来将会对《刑事诉讼法》第629条第5款进行修订)。必须指出的是，之前《刑事诉讼法》规定仅能在检察院框架内对拒绝的决定进行上诉，宪法法院认为这一做法缺乏足够的客观性。

与此同时，宪法法院已认定，在犯罪所得财产的诉讼中，未经事先评估即公开和呈现案件材料将违反其他人的公正审判权，并可能危及预审刑事诉讼程序的顺利进行[2](鉴于犯罪所得财产的诉讼发生在预审刑事诉讼程序期间)。因此，宪法法院已认定，只要这一做法符合公正审判权，尤其是对等辩论原则，所有涉及刑事所得财产的诉讼材料均不向某人披露。

如上所述，关于犯罪所得财产诉讼的法院裁决只能在上诉法院进行上诉(《刑事诉讼法》第631条第1款),《刑事诉讼法》未规定在最高法院审查诉讼程序。

上述规范的合宪性也曾在宪法法院受到质疑，2017年10月11日，宪法法院认定该规范所规定的程序与《拉脱维亚宪法》相符。即宪法法院裁定，在法治国家中，立法者在制定程序性法律时享有一定的裁量权，既包括决定各类案件应在相应程序中审查的类别，又包括决定审查不同类别案件的程序。[3]

鉴于上述情况，关于处理犯罪所得财产的法律规定对于商人来说是相当严格的，尤其是对于商人所有财产被推定为来源于犯罪的情况。此类商人的权利和合法利益的保护在很大程度上取决于商人自身在刑事诉讼中的积极参与，尤其是商人是否能够独立证明其财产的合法来源。

---

〔1〕 参见2017年5月23日，拉脱维亚宪法法院在2016—13—01号案件中的判决：“关于刑事诉讼法第629条第5款与拉脱维亚共和国宪法第92条第1句的合规性问题”。

〔2〕 参见2017年5月23日，拉脱维亚宪法法院在2016—13—01号案件中的判决：“关于刑事诉讼法第629条第5款与拉脱维亚共和国宪法第92条第1句的合规性问题”，第[14.2]段。

〔3〕 参见2017年10月11日，拉脱维亚宪法法院在2017—10—01号案件中的判决：“关于刑事诉讼法第629条第5款与拉脱维亚共和国宪法第92条第1句的合规性问题，以及关于刑事诉讼法第631条第3款第二句与拉脱维亚共和国宪法第91条第1句的合规性问题”，第[20.2]段。

（三）商人作为第三方

本小节中，“第三方”是指已善意获得被认定为犯罪所得财产的商人。

《刑事诉讼法》第360条第1款规定，如果犯罪所得财产被发现由第三方持有，必须根据所有权将其归还给所有人或合法占有人。根据第360条第2款的规定，如果犯罪所得财产归还给所有人或合法占有人，善意获得该财产或抵押物的第三方有权提出赔偿损失的请求，包括向被告或被定罪的人提出赔偿要求。

宪法法院也审查了该程序的合宪性。在具体案件中，申请人——丹麦挪威银行——在2011年通过拍卖获得了不动产(公寓)。2015年，负责诉讼的人——一名侦查员——在预审刑事诉讼过程中做出决定，认定该财产为犯罪所得，并将其归还给因犯罪行为(诈骗)失去不动产的所有人。在刑事诉讼过程中，确认通过诈骗获得的不动产后来被转售给他人，该人已在土地登记簿中确认了其财产所有权。此后，该公寓归丹麦挪威银行所有。

宪法法院已认定，在法治国家中存在公共信用原则，该原则衍生出保护善意购买者的原则，并且在拉脱维亚，这一原则通过土地登记制度得以实施。尽管不动产登记和物权确认是强制性的，并且相应的登记簿确保了对第三方的公共信用，但在犯罪行为发生后进行的此类登记不能被视为合法。宪法法院认为，如果法律关系基于犯罪行为，则可以对保护善意取得者的原则做出例外规定。[1]因此，宪法法院认定上述程序是符合宪法的。

作者认为，根据《刑事诉讼法》规定，作为第三方的商人向法院提起民事赔偿诉讼的权利，特别是向被告或被定罪的人员提出赔偿请求，不能被视为足够有效的法律救济，因为被告或被定罪者通常没有可供赔偿损失的财产。因此，必须得出结论，关于处理与第三方相关的犯罪所得财产的法律规定总体上是不利的，这可能对商业环境产生负面影响。特别是，程序性保障的不足影响了银行业，因为如前所述，如果质押财产被认定为犯罪所得财产，则该财产上施加的负担、限制以及质押权，包括在公共登记簿中对该财产负担和禁止事项的所有记录，都必须删除。

〔1〕 参见2017年3月8日，拉脱维亚宪法法院在2016—07—01号案件中的判决：“关于刑事诉讼法第356条第2款和第360条第1款与拉脱维亚共和国宪法第1条、第91条第1句、第92条和第105条的合规性问题”，第[25.1]段，[25.2]段。

五、结论

在拉脱维亚刑法中，犯罪所得财产是指因刑事犯罪的直接或间接结果而进入个人所有权或占有的财产。同时，刑法还规定了所谓的“推定”犯罪所得财产的情况。

拉脱维亚刑事诉讼法规定了两种处理已被认定为犯罪所得财产的行动模式：根据所有权，必须将其返还给所有者或合法占有人（《刑事诉讼法》第357条）；通过法院决定予以没收，所获得的财产纳入国家预算（《刑事诉讼法》第358条）。

在刑事诉讼中关于处理犯罪所得财产的部分，有多种方式可以解决：

(1) 财产可通过已生效的法院判决或检察官决定终止刑事诉讼的决定被认定为犯罪所得（《刑事诉讼法》第356条第1款）。

(2) 在预审刑事诉讼中，若在预审过程中财产与嫌疑人、被告或第三方相关并已被查获并扣押，且该财产的所有者或合法占有人曾提交财产丧失的声明，经过查明后，证明其对该财产的权利，消除了任何合理怀疑，则可以通过负责诉讼的人员（即调查员或检察官）的决定，认定该财产为犯罪所得（《刑事诉讼法》第356条第2款第2项）。

在预审刑事诉讼过程中，财产也可以通过区（市）法院的决定被认定为犯罪所得，按照《刑事诉讼法》第59章规定的程序进行，如果负责诉讼的人（即调查员或检察官）有足够的证据，且这些证据不会对财产的犯罪来源或财产与刑事犯罪的关联产生任何疑问（《刑事诉讼法》第356条第2款第1项）。

关于处理商人被抢劫财产的犯罪所得财产的法律规定是有利的，并对商业环境产生积极影响，因为它规定了一个相当有效的行动机制，以便在刑事犯罪案件中尽可能快速地恢复原状（恢复先前的情况）。即《刑事诉讼法》规定了若干程序性可能性，以便在预审刑事诉讼期间就能追回被抢财产。

关于处理与商人相关的犯罪所得财产的法律规定是非常严格的，并且此类商人的权利和合法利益的保护在很大程度上依赖于商人自身在刑事诉讼中的积极参与，尤其是商人能够独立证明财产的合法来源。即，设定了特别的证据标准（概率优先）；此外，如果商人主张财产并非犯罪所得，他有责任证明相反的情况。在某些情况下（在涉及刑事所得财产的诉讼中），当事人的程序性保障是有限的。

关于处理与第三方相关的犯罪所得财产的法律规定总体上是不利的，这可能对商业环境产生负面影响。即如果财产被发现属于第三方，财产必须根据所有权返还给所有者或合法占有人，而第三方若以善意取得该财产或质押物，依照民事程序有权提出赔偿损失的索赔，包括针对被告或被定罪者；然而，被告或被定罪者往往没有财产可以用来偿还损失。

第三方的程序性保障的不足，尤其会影响到银行业，因为如果质押给银行的财产被认定为犯罪所得，那么对该财产施加的负担、限制以及质押权，包括所有关于该财产的负担和禁止事项的公示登记，都必须被删除。